日本経済

——混沌のただ中で

井村喜代子

keiso shobo

日本経済——混沌のただ中で　目　次

第Ⅰ部　一九八〇年代の日本経済
――八〇年代の経済発展、八〇年代後半の好景気とバブル――

第II部　混沌たる状態に陥った日本経済（一九九〇〜二〇〇四年）

図表・囲み・資料目次

日本経済——混沌のただ中で

序　本書の課題と分析視角

(1)　日本経済は一九九〇年代はじめに好景気の終焉、バブルの崩壊が表面化した後、長いあいだ先行き不透明で不安定きわまりない状態にある。強力な政策が次々と実施されても事態はいっこうに改善されないばかりか、新しい政策発動によってかえって事態は悪化し、混沌とした状態に陥っている。これまでの資本主義の歴史では経験しないことである。この根源を辿っていくと一九七〇年代における「現代資本主義の変質」に辿り着く。「金・ドル交換」停止・「初期ＩＭＦ体制」の崩壊による変動相場制への移行と、新自由主義政策の台頭による「変質」である。この「変質」は第二次世界大戦後の現代資本主義の枠組みを大きく変化させ、これまでにはみられなかった「新しい特質」・「新しい矛盾」を生み出していくことになった。この「現代資本主義の変質」は日本経済の動向をもその根底において規定している。

筆者は本書のタイトルに「混沌」という概念を使ったが、「混沌」という概念はこれまでの資本主義経済、現代資本主義経済の理論には存在しないものである。しかし日本経済の状況は、「恐慌」、「金融恐慌」、「経済停滞」、「長期停滞」等、これまでの経済学的概念の当てはまらないものとなっている。このことは「現代資本主義の変質」のもたらした一連の変化によるものと考えられる。筆者があえて「混沌」という概念を用いたのは、もはやこれまでの経済学的概念では把握できない経済状況となったという筆者の認識の表明である。

本書は以上のような問題意識をもって一九九〇年代はじめ以降、日本経済がなぜ、いかにして、「混沌」たる状況に陥っていったのかを考察しようとするものである。

(2) 本書における分析視角は次のとおりである。

第一は、一九九〇年代以降の事態の根源を七〇年代における「現代資本主義の変質」に求め、この変質の意味とそれがもたらす変化の解明を本書の分析の根底に据えることである。本書の「序章」を「現代資本主義の変質」としたのはこのためである。このことは歴史的視点をもって分析するということでもある。

従来、日本の一九九〇年代以降の長期不況、長期停滞、経済低迷（概念はさまざま）を論じるもののほとんどは、その直前の八〇年代後半だけを取り上げ、その多くはもっぱらバブルに注目し八〇年代後半をバブル好況、バブル経済という不明確な言葉で呼ぶことを流布させた。このことは、九〇年代以降の長期不況等をバブル崩壊が生み出したものであるという見解に結びつく。また最近では数年前からの消費者物価低下の連続＝デフレを不況の元凶とみなし、「インフレ・ターゲット」までのインフレ誘導で不況を克服できるという主張も現れてきている。しかし八〇年代後半だけを取り上げてバブルのみに注目したり、数年前からのデフレのみに注目するような一面的把握では、八〇年代後半における好景気と異常なバブルが錯綜する日本経済の全体像も明らかにならないし、その後の九〇年代以降において、強力な国家政策の相次ぐ発動にもかかわらずなぜ経済のあらゆる面において問題が噴出し、なぜ「混沌」とした状況に陥ったのかを明らかにすることはできない。

第二は、アメリカとの関連を軸として分析することである。このことは二重の意味をもっている。一つは敗戦後の日本とアメリカとの特殊な関係のためである。日本は敗戦後六年八ヵ月ものあいだアメリカの占領（事実上の単独占領）のもとに置かれ、その後もヨーロッパ諸国がEEC（ヨーロッパ経済共同体）→EC（ヨーロッパ共同体）→EU（ヨーロッパ連合）を構築していくのとは異なって、アジアでの「冷戦」激化に対するアメリカの拠点として単独でアメリカの支配のもとにおかれていた。日本はそのことを容認し、それといわば引き換えに経済的発展のための条件を獲得してきたのである。この特殊な関係は「現代資本主義の変質」の後も「冷戦」終焉の後も基本的に継続されている。

いま一つはいうまでもなく「金・ドル交換」停止・「初期IMF体制」崩壊以降も、アメリカがいっそう強化された基軸通貨国特権をもって自由に振る舞い、世界中に金融自由化をはじめとする規制緩和とあらゆる市場開放を要求し、アメリカのスタンダードやルールを世界のスタンダードやルールにしようとしているからである。もっともアメリカの一極支配に対しては、対抗勢力としてEUの拡大と共通通貨・ユーロが誕生したので、これらの意味と役割を考慮する必要がある。

第三は、実体経済と広義の金融活動とを併せて分析しなければならないことである。もっとも実体経済と金融とが密接な相互関連をもっており、経済動態の分析ではこれら両者を併せて考察する必要があるということ自体は、金本位制下で競争の支配する資本主義分析においても同じである。また投機やバブルは旧くから存在していた。

しかし「金・ドル交換」停止・「初期ＩＭＦ体制」崩壊と金融面での規制緩和・国際化が進んでいった後においては、国際的な投機的金融活動が膨大化・恒常化し、金融が実体経済から離れて投機的金融活動それ自体から利得を求めるいわゆる〝マネーゲーム〟が活発化していった。ここではそれ以前の資本主義における金融の役割、金融と実体経済との関係とは異なる質のものとなったのであり、投機やバブルもかつてのものとは異なる質のものとなった。したがって実体経済と広義の金融活動とを併せて考察するということはきわめて困難ではあるが、避けることのできない重要なものとなっているのである。

序章　現代資本主義の変質

第二次世界大戦終了後、資本主義はきわめて大きな変容を遂げた。資本主義諸国はソ連・東欧諸国との「冷戦」に対抗するために、突出した軍事力・政治力・経済力を持ったアメリカの主導のもとに強力な国際的協調体制（NATO＝北大西洋条約機構、IMF＝国際通貨基金、GATT＝関税と貿易に関する一般協定）を構築するとともに、社会保障制度の確立、高雇用維持、労働者の権利拡大の容認等を実施していった。これらにもとづいて、国家が経済過程に大規模かつ恒常的に介入して持続的高度成長を実施していったのである。この結果、経済復興の後ほぼ一九六〇年代中葉までは、資本主義諸国は敗戦国をも含めて持続的な経済成長・高雇用を実現することができた。このことが現代資本主義の特徴であり、七〇年代において生じた「現代資本主義の変質」は、このような持続的な高度成長・高雇用を支えた国際的枠組みが崩壊し、それを実現した国家政策が破綻していったことを意味するものである。

第一節　「金・ドル交換」停止と変動相場制への移行

「現代資本主義の変質」を生み出した第一の柱は「金・ドル交換」停止・「初期IMF体制」の崩壊と変動相場制への移行である。（第二次世界大戦後に構築されたIMF体制は一九七三年に完全に崩壊して変動相場制へ移行した。IMFは「IMF協定改正」［七八年発効］によってまったく変貌した内容となったが[1]、しかし現在まで同じIMFの名称が使われている。したがって本書では崩壊までのものを

「初期ＩＭＦ体制」と呼ぶ。）

第一項　「初期ＩＭＦ体制」とその崩壊

「初期ＩＭＦ体制」の特質

「初期ＩＭＦ体制」は、第二次世界大戦前における金本位制崩壊後の為替切下げ競争、為替管理、ブロック経済化、ブロック間対立激化↓戦争を回避するために、アメリカ主導で構築された統一的な国際通貨体制である。その基本は、アメリカの圧倒的な経済力・金の集中的保有にもとづいたドルと金との交換＝「金・ドル交換」と、これを軸にした固定相場制であり、経常取引の自由化を原則としていた。「初期ＩＭＦ体制」は、不充分ではあるが一応国際的不均衡の是正・為替相場の安定をはかる機能を備え、通貨膨張・信用膨張と財政赤字への歯止め、インフレへの歯止めをもっていたといえる。

その第一の特徴は、アメリカだけがドルの平価を金で表示し（金一オンス＝三五ドル）、ドルと金との交換、つまり金によるドルの対外決済を外国の公的機関に対して認めたことである。もちろん「金・ドル交換」は外国の公的機関のみに限定されており、ドルは真に金の裏づけをもっていたわけでは決してない。しかしたとえ限定的であっても「金・ドル交換」の容認はドルの信認をもたらし、この「金・ドル交換」が「初期ＩＭＦ体制」を支える中心軸となっていた。こうして国内的には不換通貨にすぎないドルが、対外決済、国際準備通貨、介入通貨の役割を中心的に果たす基軸通貨としての地位を保っており、したがってアメリカだけはこの基軸通貨国特権によって不換通貨ドルの増発によって国際収支赤字を続けることが可能であった。もっともアメリカも国際収支を完全に無視できたわけではない。年々国際収支赤字を続けると、年々ドルが海外に流出してアメリカの対外短期債務は増大し、黒字国がドルの減価のリスクを避けるためにドルを金と交換すればアメリカの金保有額は減少していく。アメリカの金保有額が対外短期債務（とくに公的機関分）をかなり下回るようになれば「金・ドル交換」が危うくなり、ドルへの信頼が揺らぐので、アメリカはそれを阻止する必要があった。（一九五七・五八年以降のアメリカからの金の継続的流出に対し、六〇年アイゼンハワー大統領のドル防衛策をはじめ、六三年金利平衡税等の措置がとられたのはこのためである。）

第二に、アメリカ以外のＩＭＦ加盟諸国は、自国通貨の平価をドルで表示し（たとえば一ドル＝三六〇円）、現実の為替相場を平価の上下一％以内に維持する義務を負っていた。平価の変更は「基礎的不均衡」是正のために必要なときに限って、ＩＭＦの承認を得てはじめて許された。このためアメリカ以外の諸国では固定レート維持のために国際収支均衡が至上命令となり、生産力発展・国際競争力強化をはかるとともに、国際収支を悪化させるインフレを阻止することが不可欠であった。また国際収支均衡化のために、国内経済政策を犠牲にすることを余儀なくされた。一般的に高度成長が続くと原料・機械等の輸入増大と製品の輸出減少によって国際収支が赤字になる傾向があるが、各国は固定レート維持のために、国内成長にはマイナスとなる金利引上げ・金融引締めの政策をとることを余儀なくされた。大戦後、高度成長・好況が「国際収支の壁」やインフレ抑制政策（内容的には「国際収支の壁」）によってたびたび反転させられるといわれたのはこのためである。

第三に、本来「ＩＭＦ」は為替安定のために加盟諸国が金と自国通貨を出資して「基金」を形成し外貨不足のさいは「基金」からの借入れを認める制度であったが、実際には外貨の供給はこの「基金」からではなくアメリカによって行われた。アメリカは「冷戦」下で、膨大な貿易収支黒字にもとづいて西側諸国に対する巨額の対外軍事支出・対外援助を続けたうえ、ヨーロッパ諸国に対する民間対外投融資を拡大して膨大なドル散布を続けた。このことは欧・日資本主義諸国に対して直接・間接にドルを供給し、それら諸国の貿易拡大と高度成長の実現を促す役割を果たした。

以上、「初期ＩＭＦ体制」はアメリカの圧倒的な金保有・経済力によって支えられていたものといえる。「初期ＩＭＦ体制」は安定的な国際通貨制度として機能し、資本主義諸国の持続的高度成長・高雇用を実現する基礎となっていたのであるが、しかしこれが安定的に機能したのは短期間にすぎず、一九六〇年代中葉以降はその動揺→崩壊の過程に入っていく。

「金・ドル交換」停止・「初期ＩＭＦ体制」の崩壊⑵

アメリカは巨額の対外軍事支出・対外援助と民間による対外投融資を続けたうえ、欧・日諸国の経済復興・経済発展によって貿易収支黒字が激減していったため、国際収支赤字の拡大とアメリカからの金の持続的流出に直面することになった。しかもアメリカはこうした状況のもとで一九六五年以降ヴェトナム戦争を強行したため、対外軍事支出・対外援助の膨大化とともに、戦争とインフレ下で貿易収支黒字が大幅に減少（主に日本からの輸入急増・対日貿易赤字激増）、アメリカの国際収支赤字は急増していった。対外短期債務が金保有額をはるかに上回っていき、「金・ドル交換」不能への不安、ドル不信が高まり、六〇年代後半には猛烈なドル売りと自由金市場での金買い・西独マルク買いの殺到という形で国際通貨危機が頻発した。

一九七一年、ついにアメリカの金保有高一〇二億ドルに対し対外短期債務が六七七億ドル（公的機関保有五一二億ドル）となったうえ、大戦後膨大な黒字であった貿易収支が八三年ぶりに赤字に転落するという予想もしなかった事態が出現した。大戦後、巨額の対外軍事支出・対外援助を埋め合わせてきた貿易収支黒字の赤字転落であった。アメリカ国際収支はまさに危機的状態に陥った。

アメリカは一九七一年七月、ニクソン大統領の中国訪問を発表、ヴェトナム戦争からの撤退（事実上の敗北）に踏み切るとともに、八月一五日にはＩＭＦと協議することもなく突如として一方的に「金・ドル交換」の一時停止を実施し、世界に衝撃を与えた。アメリカは「金・ドル交換」停止の直後、為替相場の多国間調整（金に対するドル切下げと円・マルク等の切上げ）を行ったうえで固定相場制の「スミソニアン体制」を発足させるが、アメリカが国際収支改善・ドルの安定を行わないかぎりこれが維持されるはずがない。七三年初頭、ドル不信から激しいドル売りが再燃し、先進諸国は独自に為替市場を閉鎖した後、変動相場制に移行した。スミソニアン体制消滅で「初期ＩＭ

F体制」は完全に崩壊した。アメリカが「一時的」といっていた「金・ドル交換」停止はそのまま現在まで続いている。

第二項　「金・ドル交換」停止の意味するもの

「金・ドル交換」を停止したアメリカの意図

「金・ドル交換」停止・「初期IMF体制」崩壊はアメリカ経済力の相対的低下の現れであるが、そこにアメリカの衰退のみを見るのは誤りである。それは「金・ドル交換」を維持できなくなった状況下で、自国に有利な新しいシステムの構築を目指したアメリカの政策選択であったといえる。

アメリカは、基軸通貨国でありながら自国の国際収支危機によってドル不信・国際通貨危機を頻発させたのであるから、国際収支の根本的改善によってドルの信認・安定を取り戻す義務があったはずである。しかしアメリカはその義務をまったく果たさないで、一方的に「金・ドル交換」停止を強行した。アメリカは「金・ドル交換」を停止し「金・ドル交換」による制約を取り除いてしまうことによって、もはや金準備・国際収支問題にとらわれないで成長政策のために通貨膨張・信用膨張や財政赤字拡大を続けることを可能にするとともに、他方ではこれまで「金・ドル交換」のために仕方なく実施してきた対外投融資規制を撤廃して（一九七四年一月）、国内外の金融自由化を推進し、アメリカ金融証券市場の活性化・アメリカの金融覇権の強化をはかろうとしたのである。

(それまではアメリカから海外へ流出した膨大なドルは、ロンドンを中心とする規制のないユーロ市場(旧)に集まり、そこが多国籍銀行・多国籍企業による国際的資金の調達・運用の中心となっていたので、アメリカ国内の金融業・一般大企業の不満が強かった。)

アメリカの基軸通貨国特権と巨額の経常収支赤字の累増

「金・ドル交換」停止によってドルは金で決済されることはなくなり、金の裏づけをまったくもたなくなったが、それにもかかわらずドルは事実上基軸通貨としての地位を保ち、対外決済、国際準備、為替介入、通貨間取引媒介において(比重は低下したが)中心的役割を果たしていた。アメリカは貿易収支赤字転落、国際収支赤字の恒常化でドル信認が揺らいだとはいえいぜんとして超経済大国であり、ドルに代わる安定的な通貨は存在しなかったし、またヴェトナム戦争に敗れたとはいえいぜんとして「冷戦」下で資本主義陣営を統率する超軍事大国であった。

アメリカが「金・ドル交換」を停止した後にも、対外赤字を自国の不換通貨ドルで決済できる基軸通貨国の特権をもち続けたということは、アメリカの経常収支赤字拡大、対外債務累増に対する歯止めが無くなったことを意味するものである。アメリカは対外支払い超過＝対外赤字で年々ドルが海外に流出し対外債務が累増しても、これを金で決済する必要が無くなったため、不換通貨ドルによって財貨・サービス取引、国際金融取引を行い、対外赤字、対外債務累増をいつまでも続けることが可能となったのである。ドル暴落の不安がないかぎりのことではあるが。

アメリカは、「初期IMF体制」下でも基軸通貨国として国際収支赤字を続けることのできる特権をもってはいたが、赤字拡大には金交換による制約・歯止めがあったので、「金・ドル交換」停止後の方がアメリカの基軸通貨特権は強化されたのである。事実、アメリカは貿易収支赤字の大幅拡大に加えて一九七七年以降は経常収支も大幅赤字基調となり、現在にいたるまで長期にわたって貿易収支赤字・経常収支赤字の膨大化を続け、年々巨額のドルを海外に流出し続けている。このことがその後の国際通貨・金融において新しい諸困難を生み出す根源となるのである。

アメリカとその他諸国との格差の拡大

「初期IMF体制」崩壊の後、アメリカ以外の国々は固定レート維持の義務が無くなったため、国際収支均衡化という至上命令から解放され、国内景気政策として過度な通貨膨張・信用膨張、財政赤字を続けることが可能となった。しかしアメリカのように巨額の経常収支赤字を継続することは不可能である。アメリカ以外の国々では、対外赤字を自国通貨で決済することは一部地域を除けば不可能であって、ドルを中心とする外貨で決済しなければならない。対外赤字が生じるとドル（外貨）準備を取り崩すか、外国からのドル借入れが必要となる。ドル準備が枯渇し外国からの借入れが不可能となれば、その国は対外債務返済不能に陥り国家破産に追い込まれる。

しかも、アメリカ以外の国々では、なんらかの理由で自国通貨の対ドルレートが不当に高騰ないし下落する場合には、ドル買い（売り）介入を行う必要があるし、そのためのドル（外貨）準備が必要である。アメリカは経常収支赤字の膨張によってドルが下落傾向を示しても、自国経済にとって支障とならないかぎり、またドル暴落の不安がないかぎり、赤字拡大を放置しておく。だが対ドル相場が不当に高騰する国はドル買い・自国通貨（たとえば円）売り介入を行い、そのためにドル保有が増大する。これはアメリカにとっては外国の介入によってドル下落の緩和が行われることである。日本のようにドル買い介入で取得したドルの多くをアメリカ財務省証券（アメリカ国債の大部分）の購入に充てるならば、アメリカの国債消化を助けることになる。反対に自国通貨の対ドルレートが下落していく場合にはその暴落を抑止するためにドル売り・自国通貨買い介入が必要であるので、このためにもドル準備が必要である。

また「初期ＩＭＦ体制」崩壊以降、ドルは趨勢的に下落傾向にある（一ドル＝三六〇円から二〇〇四年春一〇六円前後。第3図）。アメリカ国内における資産取引では問題は生じないが、ドル建て資産を大量に保有してきている外国の公的機関・民間は大幅な減価・損失を蒙っている。

以上で明らかなように、「金・ドル交換」停止・「初期ＩＭＦ体制」崩壊の後には、基軸通貨国特権をもつアメリカとアメリカ以外の諸国との格差は一段と拡大したのである。

金融自由化の推進

アメリカは、それまでの「金・ドル交換」・「初期ＩＭＦ体制」のもとで余儀なくされていた資本取引の規制を撤廃し、金融面での規制緩和＝金融自由化を国内外にわたって推進・強要していった。

国内では一九七二年にシカゴ商業取引所で通貨先物取引が始まり、これはデリバティブ（金融派生商品→二九頁）発展の端緒となる。アメリカは七四年一月に対外投融資規制を撤廃し、世界に対し「初期IMF体制」では容認されていた「国際資本移動の規制に必要な管理」の撤廃を要求していく。メーデーと呼ばれる証券市場の抜本的改革（一九七五年五月一日実施）等も実施される。これによってそれまで国内の金融・資本市場の中心であったニューヨーク、東京等の市場が国際的市場として躍進するとともに、規制緩和によって新しい金融取引手法・金融商品の開発が相次ぎ、新しい内容をもった国際的金融取引が活発化していくことになる。

恐慌を阻止する力の増大とその結末

本来、金本位制崩壊後の不換通貨制では、中央銀行の通貨発行が金兌換によって制約されないため、国家は恐慌爆発を阻止するために救済融資をはじめ通貨膨張や赤字財政によって巨大独占企業・巨大金融機関の倒産とその波及を防止し、恐慌爆発を阻止する可能性をもつことになったのである。ただしそれがどのように現実に発揮されるかは不換制の内容によって左右される。

第二次世界大戦後では、資本主義国家が持続的成長・高雇用政策を掲げ、景気の過熱を抑制するとともに景気下降に対しては財政・金融政策でその深化を阻止する措置をとった。また「初期IMF体制」では、すでに指摘したように各国は固定レート維持の義務を果たすために国際収支均衡化が不可欠であったことが、過熱を抑制する役割を果たしていた。アメリカにおいても「金・ドル交換」は不充分ではあるが金融膨張・財政赤字の膨張に歯止めの役割を果たしたので、そのかぎりで景気の過熱は制約されていた。いわば消極的に過熱を制約することによって恐慌爆発を抑制していたといえる。（一九七〇年代の混乱は「初期ＩＭＦ体制」の枠を越えその崩壊を生み出した。七四・七五年世界大不況とその対策は「初期ＩＭＦ体制」崩壊後の混乱過程でのものといえる。）

これに対し、「金・ドル交換」停止・「初期ＩＭＦ体制」崩壊後は、通貨膨張・信用膨張・財政赤字への歯止めがほとんど取り除かれたので、国家は中央銀行の「最後の貸手」機能を大幅に拡大し、赤字財政拡大や通貨膨張・信用膨張によって金融・非金融の大企業の倒産を防止するとともに倒産の連鎖波及を食い止め恐慌の爆発を阻止する力を格段と強めたのである。しかしこのことはその後の経済停滞、失業の長期化を深化するものでもある。

かつての金本位制下での循環性過剰生産恐慌は、企業や銀行の倒産の連鎖波及をつうじて過剰資本（過剰生産物・過剰生産設備・過剰貨幣資本）をいっきょに破壊・縮小し価格急落・大量失業をもたらしたが、恐慌はこの過剰資本の破壊・縮小と大量失業の発生をもたらすと同時に、このことをつうじて大幅に縮小した規模で安い原料や労働力を利用してなんとか再生産を始める条件を準備する機能を果たしたのである。したがって、右のように恐慌を阻止する力が格段と強まるということは、この恐慌の機能が働かなくなることでもある。巨大独占企業・巨大金融機関は多大の債権・債務を清算しないまま、膨大な過剰生産設備・過剰貨幣資本・過剰信用を抱えたままで生き残り、大量失業も慢性化することになる。同時に財政赤字が累積され、中央銀行・公的金融機関の資産悪化

が残ったもとで、不況対策が展開することになる。(3)

ただしこのような状況下では、国家が財政面・金融面から強力な景気政策をとっても、新たに大規模な市場を開拓できる新生産物・新産業の開発か既存の生産設備の廃棄を迫る革新的生産方法の開発かがないかぎり、操業率上昇・生産拡大をもたらすだけで本格的な設備投資を誘発することは困難である。経済停滞は克服されずに経済停滞のもとで過剰流動性が累増する可能性が強い。恐慌を阻止することはできても、その後に経済成長をもたらすことははるかに困難なのである。

第二節　新自由主義政策の台頭

「資本主義の変質」を生み出した第二の柱は、アメリカ主導で新自由主義政策が世界に普及・強要されていったことである。これは先進資本主義諸国の持続的高度成長・高雇用政策の破綻に対して、第一の柱と結合して資本主義経済再生のための政策の転換をはかったものである。

大戦後の持続的高度成長・高雇用政策の破綻

大戦後の資本主義諸国は、国内外の社会主義勢力の急増と「冷戦」激化に対し、資本主義体制を擁護するために高雇用政策、社会保障制度、労働者の権利容認とともに恒常的な軍事力維持の必要に迫られていた。これらの実現のためには、各国国家が経済過程へ大規模かつ恒常的に介入して持続的成長を実現する政策を遂行することが不可欠であった。大戦後、アメリカ以外の資本主義諸国は国土、生産設備、都市・住宅等の生活基盤の破壊による経済活動の混乱・低迷が続いていた。その後の経済復興と持続的経済成長の実現は、「初期IMF体制」下でのアメリカのドル供給と、アメリカが戦中・戦後に開発・改良した自動車、民生用電気・電子機器、合成繊維、石油化学等の「大量生産型重化学工業」の導入・普及と、アメリカ的「大量消費・浪費型生活様式」（多様な新耐久消費財、エネルギーの石油転換、モータリゼーション等）の普及とが結合して実現されていった。各種の大量生産型重化学工業における設備投資の群生を軸として高度成長・高雇用が始まり、アメリカ的大量消費・浪費型生活様式の普及と社会保障制度や高雇用政策による消費需要の拡大・安定がこれを支える重要な役割を果たした。また「初期IMF体制」における固定レート維持の義務（アメリカ以外の諸国）とGATTにおける自由貿易の原則が、先進諸国に対し国際競争力強化のために国内産業の大型設備投資による生産力向上を迫った。さらに大戦後では米欧資本主義諸国相互の貿易が顕著に拡大したことが各国の生産拡大の持続を支えた。他方、アメリカ系メジャーを中心に進められた中東産油国の油田の開発・支配権掌握が原油の低廉かつ大量の供給を可能にし、エネルギーの石油転換、モータリゼーションの実現を支えた。各国は中期・長期の成長・雇用等の政策目標を策定し、金融・財政の政策手段を動員して、諸産業の設備投資・生産や消費者動向等の経済活動を誘導しつつ、刺激と景気過熱抑制とを行っていった。「初期IMF体制」における国際収支均衡のための金融引締め（↓一〇頁）は、結果的には景気過熱を抑制しつつ高度成長・高雇用を持続させる役割を果たした。

ところがこのような持続的高度成長・高雇用政策は一定期間は目的実現に成功したが、一九六〇年代中葉には新しい設備投資拡大も消費市場・輸出市場拡大も限界にぶつかり設備投資の減退を余儀なくされた。新しく設備投資を喚起していく新生産物・新産業の開発や画期的な新生産方法の開発は六〇年代に入ってからは世界的に現れなかった。

設備投資の低迷・成長の鈍化は一九六〇年代中葉にはすでにヨーロッパ諸国で明らかになっていたが、高度成長・高雇用の破綻は「金・ドル交換」停止、第一次石油ショック、世界的物価高騰等の複雑な経過を経て七四・七五年世界大不況において明白な形で現れた。七四・七五年世界大不況は持続的高度成長・高雇用の破綻を告げるとともに、その後の経済停滞・大量失業の長期化とインフレとを同時に克服する政策がないことを明らかにした（いわゆるスタグフレーションの出現である。七四・七五年世界大不況の出現とその後の経済停滞・大量失業の長期化については別の著書(4)で明らかにしたので参照されたい。）

新自由主義的思想・政策の台頭

経済停滞・大量失業の長期化とインフレの持続が資本主義諸国を覆っていたのに対し、一九八〇年代はじめにレーガン米大統領（八一年一月～八九年一月）はサッチャー英首相（七九年五月～九〇年一一月）とともに、それまでのケインズ的有効需要拡大政策を厳しく批判して新自由主義政策を打ち出した。日本の中曾根首相（八二年一一月〜八七年一一月）がこれを強く支持した。

新自由主義政策は明確に内容を規定されたものではないが、一般的主張からみると、経済活性化のための規制緩和、競争市場原理による経済活性化を前面に出して、金融自由化をはじめとする規制緩和、独占規制の緩和、企業減税と高額所得層の減税、民間企業の活力利用、国有企業・公的機関の民営化、社会保障・社会福祉の縮小＝自助努力、労働組合の力の抑制を主張したものといえる。（新自由主義政策の原型は、レーガン大統領が就任直後の八一年二月一八日に公表したアメリカ「経済再生計画」である。その骨子は、①社会福祉削減を含む政府支出の削減、ただし軍事支出は増大、②大幅減税――大幅企業減税による生産力向上・設備投資促進、および高額所得層を中心とする所得税減税による貯蓄促進→設備投資促進、③金融、独占等にかんする政府規制の大幅緩和による民間企業意欲の活性化と政府コストの削減、を柱に経済再生をはかり、④通貨供給の管理によってインフレを克服するというものである。）

この新自由主義政策は、第二次大戦後において資本主義体制擁護のために生み出された高雇用維持、社会保障制度、独占規制、産業国有化、労働者の諸権利の容認等が資本主義諸国の経済にとって重荷となったため、これらを大幅に削減あるいは廃止して、新しい政策原理によって経済再生を実現しようとするものである。これが台頭した背景には、ソ連の経済的行詰り・軍事技術開発のいちじるしい遅れによって社会主義体制の脅威が激減したという現実があった。（一九七〇年代、ソ連はエレクトロニクス・コンピュータ技術でアメリカに完全に立ち遅れ、軍事技術開発に格段の差が生じ、ソ連・東欧〝社会主義諸国〟では経済的行詰りと国民の不満の増大が進んでいた。中国では文化大革命による政治的・経済的大混乱等が明白になっていた。）

規制緩和・民間活力の利用・競争市場原理主義

新自由主義政策が規制緩和、民間企業の活力利用、競争市場原理主義、「小さい政府」を主張していることは、一見したところでは第一節でみた「金・ドル交換」停止・「初期IMF体制」崩壊によってアメリカを中心に国家が強力な経済政策をとりうる余地が拡大したことと相反するようにみえる。しかし新自由主義は、大戦後に資本主義体制擁護のために余儀なくされた制度や規制のなかで、資本主義経済にとって重荷となり不要となったものを除去して資本主義経済の活性化をはかろうとするものであって、競争市場原理にすべてを委ね、国家の政策・支配を弱めようとするものでは決してない。アメリカは発展途上国をも含めて世界中に金融自由化、規制緩和・競争市場原理を強要していったが、同時にアメリカが自国の利益のために国際的・国内的に必要とするとき、必要な分野では、規制・制度・政策は強化された。各国でも程度の差はあるが同様に両側面があった。つまり「規制緩和」はその本質において「規制強化」と併存する、きわめて身勝手なものである。

事実、アメリカは一九八五年九月のG5で日本や西ドイツに市場開放を約束させると同時に、「新通商政策」を発表し、アメリカ側の一方的認定によって「諸外国の不公正な貿易慣行」に対する「報復措置」を採ることができる七四年通商法三〇一条を積極的に活用する措置をとった。これはGAT

Tの原則に反すると国際的波紋をよんだが、アメリカは八八年「包括貿易・競争力強化法」制定によってスーパー三〇一条で「報復措置」をいっそう容易に発動できるようにし、さらに知的所有権を保護するスペシャル三〇一条を新設し自国の開発技術の保護・独占を過度に容認する傾向を強めた。

また変動相場制といっても競争市場原理に委ねられているわけではまったくないことは第三節でみるとおりである。

第三節　国際的金融システムの変容と投機活動の恒常化

「現代資本主義の変質」は国際金融システムの変容と、そこにおける対外不均衡の恒常化、基軸通貨ドル・為替の不安定性の増大、膨大な国際的投機活動の恒常化というこれまで資本主義経済の経験したことのない事態を生み出した。

過去における投機

投機は価格変動それ自体から価格差益（投機利益）を獲得しようとする取引である。取引の資金は一般的に借入れに依存する傾向が強いので、投機の失敗は資金の借入れ先の銀行等に損失を与え、金融危機の引き金となる可能性があるということも投機の特徴である。投機の歴史は古く一六三七年オランダのチューリップ球根をめぐる投機ブーム、一七二〇年イギリスの南海商会バブル等、資本主義確立以前にも熱狂的投機と崩壊があった。競争の支配する一九世紀資本主義では投機は広範化するが、天候に左右されやすい農作物・原料等の一部品目を別とすると、一般商品、株式についての投機は好況期に需要拡大・価格上昇・利潤率上昇の予想が膨らむもとでそれらのいっそうの価格上昇を期待して活発化した。そこでは商品の投機的買付けが行われることは過剰生産の発現を一時隠蔽し好景気を過熱する役割を果たし、したがってこの投機の失敗（商品の価格下落・販売不能、株価の下落）を直接の契機として過剰生産が明るみに出て過剰生産恐慌が発現することが多かった。投機の多くは借入れ資金に依存しているので金融機関の破綻とその連鎖的波及による金融恐慌から過剰生産恐慌が生じることも多かった。そして投機も投機をめぐる信用膨張も、恐慌によっていっきょに収縮・破壊されたのである。

「初期ＩＭＦ体制」は「金・ドル交換」と固定相場制によってドルと各国通貨の安定をはかる制度であったので、為替投機が入り込む余地はほとんど無かった。ただしある国の平価の変更が不可避と予想される場合に限って、当該通貨の投機的売り浴びせ、あるいは買い殺到が生じ平価変更の幅がかえって拡大することになる。また基軸通貨ドルへの不信が高まると猛烈なドル売りと金や強い通貨の買い殺到が生じるが、これが頻発したのは一九六〇年代後半の「初期ＩＭＦ体制」の動揺・崩壊の過程のことである（↓一二頁）。なお「初期ＩＭＦ体制」ではニューヨーク・ダウ平均が五六年三月から「金・ドル交換」停止直後の七二年一一月までの十数年間において、五〇〇ドルから一〇〇〇ドルまでしか上昇しなかったこと（資料1）も注目に値する。

国際的な投機的金融活動の膨大化・恒常化

「初期IMF体制」崩壊後の変動相場制において出現した国際的な投機的金融活動は、それ以前の投機とは質を異にするものである。この変動相場制では、金の裏付けのないドルが基軸通貨としての地位を保持し、金融自由化が世界的に広がっていることに加えて、アメリカが基軸通貨国特権を乱用して巨額の貿易収支赤字・経常収支赤字を続けているという特殊条件が存在していた。アメリカの経常収支赤字は、一九八〇年代中葉におけるアメリカの対外純債務国への転落とその持続によって恒常的なものとして定着していった（第1表・第2表）。

「対外純債務国」とは「対外投資ポジション」でアメリカが海外にもつ資産残高よりも、外国がアメリカ国内にもつ資産残高が上まわることであるが、強大な対外純債権国であったアメリカが対外純債務国へ転落したことは一九一四年以来七〇年ぶりの驚くべき一大変化であった。これはアメリカが「金・ドル交換」停止以降の基軸通貨国特権に安住した結果である。すなわちアメリカが七〇年以降恒常化した巨額の貿易収支赤字、八二年以降の経常収支赤字の恒常化、対外軍事支出赤字と巨額の財政赤字を放置したまま、八〇年代はじめの高金利政策によって海外からの資本流入を促し、これによって貿易収支赤字・経常収支赤字と財政赤字をファイナンスする関係を続けた結果である。この対外純債務国化・対外純債務の拡大は当然のことながらアメリカの対外投資収益収支の黒字の激減をもたらす。ところがこの対外投資収益の黒字は七〇年代以降アメリカの貿易収支赤字、対外軍事支出赤字を埋め合わせ経常収支を黒字にする唯一の項目であったから、この黒字の激減は、八〇年代中葉以降

第１表　アメリカの国際取引の推移

（単位：10億ドル）

	1970	1980	1985	1990	1995	2000	2003
貿易収支	2.6	△25.5	△122.2	△111.0	△174.2	△452.4	△547.6
輸出	42.5	224.3	215.9	387.4	575.2	△772.0	713.1
輸入	△39.9	△249.8	△338.1	△498.4	△749.4	△1224.4	△1260.7
経常収支	2.3	2.3	△118.2	△79.0	△109.5	△413.4	△530.7
米国の資本流入超(a)+(b)	△2.1	△23.2	101.4	60.3	86.3	477.1	545.8
米国の対外資産純増(a)	△8.5	△85.8	△44.8	△81.2	△352.3	△569.8	△283.4
米国内の外国資産純増(b)	6.4	62.6	146.1	141.6	438.6	1046.9	829.2

資料出所：U. S. Dept. of Commerce, *Survey of Current Business*, July 1991, pp. 44-45, July 2004, pp. 76-77.

補足：アメリカの貿易収支・経常収支が長期にわたって膨大化していること，この赤字が外国からの資本流入超過でファイナンスされていることが示されている。

第２表　アメリカの国際投資ポジション（対外債権・債務，対外純債務）

（単位：10億ドル）

	1980	1986	1990	1995	2000	2003
純国際投資ポジション[1]						
(current cost)	360,838	△36,209	△245,347	△458,562	△1,388,745	△2,430,682
(market value)	—	100,782	△164,495	△305,836	△1,588,556	△2,650,990
米国の海外資産総計*	929,806	1,469,396	2,178,978	3,486,272	6,231,236	7,202,692
民間直接投資*	388,072	404,818	616,655	885,506	1,531,607	2,069,013
民間外国証券	62,454	158,123	342,313	1,203,925	2,385,353	2,474,374
米国内の外国資産総計*	568,968	1,505,605	2,424,325	3,944,734	7,619,981	9,633,374
民間直接投資*	127,105	284,701	505,346	680,066	1,421,017	1,553,955
民間米社債その他債権	9,545	140,863	238,903	459,080	1,068,566	1,852,971
民間米株式	64,569	16,894	221,741	510,769	1,554,448	1,538,079
民間財務省証券	16,113	96,078	152,452	326,995	381,630	542,542
公的米財務省証券	111,336	173,310	285,911	489,952	639,796	956,663

資料出所：*Survey of Current Business*, July 2004, pp. 76-77.

注：1. アメリカの海外資産総額からアメリカ国内の外国資産総額を差し引いた額で，プラスは対外純資産額，マイナスは対外純債務額＝対外純負債額である。
2. current cost は工場・土地等を現在取り替えるとした場合の価格で評価したもの(replacement cost)。
3. market value は株式市場の年末価格によって評価するもの。
4. アメリカ国内への外国資産（外国投資ストック額）の証券投資については主要な内わけと外国公的機関の財務省証券のみを表示した。
5. *は current cost である。

もはやアメリカの経常収支赤字拡大を改善する途が無くなったことを意味する。貿易収支赤字・経常収支赤字の拡大→外国資金流入超過の拡大→対外投資収益収支黒字の減少→経常収支赤字拡大→……という悪循環であり、これはアメリカが大胆な政策でどこかを切断しないかぎり、継続するのである。

アメリカが年々巨額の経常収支赤字を続け年々巨額のドルを海外に流出させ続けることは黒字国のドル残高を累増させるが、世界的な実体経済停滞のもとでは、その多くは有効な投資先のない余剰資金として、金利差や投機的利益を求めて世界を動きまわるようになる。また黒字国での保有ドルの累増は当該国での通貨膨張・信用創造膨張を容易にし、投機的活動への資金供給を拡大していった。こうして欧米諸国における実体経済の停滞のもとで、むしろ実体経済停滞のゆえに、有効な投資先のない膨大な過剰資金が投機的利益を求めて世界を駆けまわり、膨大な国際的投機的金融取引が恒常化するという新しい事態が出現したのである。

アメリカの対外不均衡の恒常化、ドルの不安定性の恒常化のもとで、外国為替市場における投機活動の膨大化・恒常化という資本主義の歴史でみられなかった事態が出現した。ニューヨーク外為市場での外国為替取扱高（二重計算を避ける修正後）の一日平均は一九八三年四月二六〇億ドル、八六年三月五八五億ドル、八九年四月一二八九億ドルと飛躍的に拡大した。八九年の世界の外国為替取扱高は一日平均六五〇〇億ドルになり、これは世界の財・サービス輸出の一日平均額の約四〇倍にのぼる。実体経済における取引とは関係のない投機的外国為替取引が毎日いかに大規模に行われているか、驚異的である。

この国際的な投機的資金はニューヨーク株式市場はじめ先進諸国の株式市場にも向かい、一九八〇年代中葉以降、実体経済が停滞しているにもかかわらず株価は急上昇を始め、投機的取引による高騰と暴落とが始まる。八七年一〇月ニューヨーク市場で暴落が生じた（ブラック・マンデー）。

デリバティブの大膨張

一九八〇年代、アメリカで始まったデリバティブズ（derivatives；金融派生商品、日本での呼称はデリバティブ）取引が急激な拡大をとげ、その規模は実体経済にそくした財・サービスの取引規模をはるかに上まわるようになっていった。デリバティブとは「本源的」なもの（為替・証券等の実物取引）から「派生」したという意味である。ＢＩＳ（国際決済銀行）の「年次報告（九〇年）」は「取引所や店頭で取引される派生商品（デリバティブ・プロダクト）の市場が急拡大したことは、一九八〇年代に金融市場で生じたもっとも注目すべき出来事といえよう(5)」（傍点引用者）という。

デリバティブは大別すると、①通貨、株式、債券等の将来の価格をあらかじめ決めて取引する「先物取引」、②金利（変動金利と固定金利）や異なる通貨建て債権・債務等を交換する「スワップ」、③為替や債券を売る権利・買う権利を売買する「オプション」がある。それらに共通する特徴は、将来のある時点での通貨・株式・債券の価格や金利水準等を予測し、現時点でそれを確定して取引を行うことにある。したがって将来予測を確定することによって将来のリスクを回避することが可能であるが、将来の価格や金利の変動差益を獲得するように取引を設定することもできる。

デリバティブはリスク回避の有効な手段であるが、同時に投機的利益獲得の手段ともなるのである。

一九八〇年代におけるデリバティブの急激な拡大の原因は、変動相場制・金融自由化のもとでドル・為替相場の不安定性、金利等の変動によって国際的金融取引や金融資産保有におけるリスクが急増しリスク回避の必要性が増大したことと、同時に他方ではこのようなもとでデリバティブ取引を利用して投機的収益を獲得しようとする動きが高まったこと、である。さらにコンピュータ、ME技術革新によって膨大な国際的情報を即座に処理・管理するオンライン・ネットワーク化が実現したことは、複雑で高度な技術を必要とするデリバティブ「新商品」の相次ぐ開発とその利用拡大を促していった。そしてこの過程で、経験の蓄積と高度技術力をもったヘッジファンド等が投機的利益を獲得する機会を独占的に拡大していったのである。

そしてデリバティブ「新商品」の取引が急速に拡大していくことが為替相場、金利、証券価格等の変動を増幅し、これまで存在しなかった各種のリスクを生み出し、リスク回避の必要性をいっそう増大してデリバティブの必要性を増大していったのである。一般にデリバティブはリスク回避のための有効で不可欠な手段といわれているが、しかし注目すべきことは現代の変動相場制、金融自由化のもとで国際的な投機的金融取引が膨大化することをつうじてさまざまなリスクが拡大されていったこと、デリバティブの拡大がさらにまた新しいリスクを生み出していき、不安定とリスクに充ちた現状にしていったことである。

デリバティブは高いレバレッジ（「てこ」の効果）によって手持ち資金（元手）の何十倍もの取引

ができ、しかもバランスシートに載らない簿外取引であるという有利性をもっており、このこともデリバティブ取引の拡大を促進する役割を果たしている。このように手持ち資金の何十倍にものぼる簿外取引を行うデリバティブが普及したもとでは、国際的流動性の把握も困難となりそれへの対策も困難となる。なお日本ではデリバティブについての理解も乏しくその開始時期もその技術もアメリカよりはるかに遅れ、デリバティブでの格差は大きい。

為替相場、証券価格を動かすヘッジファンドたち

アメリカで始まったヘッジファンドは富裕な個人や機関投資家から巨額の資金（最低一〇〇万ドル程度）を預かって高利回りで運用しようとする投資運用グループであり、各国の通貨・株式・国債・社債・不動産等を対象にし、デリバティブや空売りを駆使して高収益をあげその経験から各種のデリバティブや新しい金融商品の開発を促してきた。クリントン政権は一九九六年「証券市場改革法」でヘッジファンドの運用の規制緩和によってそれへの参加を容易にしたため、九〇年代にヘッジファンドは格段の発展を遂げる。またアメリカでは一般大衆の資金運用のため多数の証券を組み合わせて投資信託型運用を行うミューチュアル・ファンドが普及していたが、投機的資産運用の急増・デリバティブの急増と対応して九〇年代はじめ以降急激な拡張をとげる。ミューチュアル・ファンドは七八年の国内歳入法四〇一条（k）項で容認された「確定拠出型」退職貯蓄プラン（略称四〇一k。従業員が自己責任で拠出金の投資先を決定・運用するもの）[6]の巨額の資金運用とともに、

個人年金積立奨励制度の個人退職勘定からの資金運用を行うことによって巨大な資金を動かす力を拡大していった。ここでは一般国民の貯蓄、将来の退職年金基金までもが、投機的利益を求めてリスクのある取引に運用されていっていることが注目される。

膨大な資金力をもったヘッジファンドやその他の証券資金運用機関は、たんに為替相場、金利、証券価格等の変動を利用して投機的利益を獲得するだけではなく、世界各国の為替、金利、証券価格等の変動を操作する力をもち、それらの操作をつうじて巨額の投機的利益を獲得するようになっていった。これらの操作によって為替相場、金利、証券価格等に不規則で一般的に予想されない変動が生じ、これまで存在しなかった各種リスク、予想されなかった各種リスクが生み出されていった。アメリカのヘッジファンド等は世界中の為替市場、証券市場が投機的活動と多様なリスクの危険にさらされていくことを促進していった。

一九九二年八月末、米クォンタム・ファンド代表のジョージ・ソロス氏は七〇億ドルにものぼる英ポンドを徹底的に空売りしてポンド暴落を惹起し、六〇億ドルのマルクを買いわずか一週間で一五億ドルを儲けたという。イギリスはこの暴落によって「欧州通貨制度」のERM（為替相場メカニズム）からの離脱を余儀なくされた。またアジア通貨危機の発端となった九七年夏のタイのバーツ暴落でもソロス氏が仕掛け巨額の利益を獲得したと噂されており、マレーシアのマハティール首相がソロス氏を非難し、アメリカ政府筋が反論する一幕もあった。

アメリカが生み出したデリバティブとヘッジファンド等の大膨張は国際金融市場におけるアメリ

カの覇権を強化していったといえるが、同時に世界中に投機的活動領域を広げていき、国際金融システムを国家や国際協調ではコントロールできないものにしていったのである。

管理しようとしても管理できない変動相場制

変動相場制移行のさい、M・フリードマンをはじめ非常に多くの経済学者や日本の『経済白書』、『通商白書』等は、変動相場制は自動的に国際収支均衡化と為替の安定を達成する制度である、と主張していた。M・フリードマンは変動相場制では「国際収支問題は完全に解消される」、「流動性問題を解消する。公的為替準備をもつ必要はない。個々の民間主体が必要な準備を提供する……」といい、投機についても「不安定化的投機」はありえない、「実証研究」では「投機が安定化に貢献した」「証拠が圧倒的である」と超楽観的であった[7]。

これらの主張では、変動相場制はいくつかの仮定にもとづいて抽象的に論じられている。しかし変動相場制について注意したいことは、変動相場制一般が存在するわけでは決してないことである。変動相場制はある特定の歴史的・現実的諸条件のもとでそれらに規定されたものとして実在し機能するのである。「初期IMF体制」崩壊後の変動相場制は、通貨膨張・信用膨張への歯止めがほとんどなくなったもとで、金の裏付けのないドルが事実上基軸通貨としての地位を占め、アメリカが基軸通貨国特権を乱用して巨額の貿易収支赤字・経常収支赤字の拡大を続けるという特殊的・現実的な諸条件のもとで、それによって規定されたものとして存在している。

したがって変動相場制はその発足直後に、国際収支の均衡化・為替の安定化をもたらす「自動的調節作用」をまったくもっていないことを露呈した。変動相場制は各国通貨当局の為替市場への介入を必要とする「管理された変動相場制」となったといわれた。一九七五年に始まった先進国首脳会議＝サミットは石油問題の対策とともに、ドルを中心に為替相場の調整・安定をはかる場となった。さらにまたアメリカは八五年九月の五ヵ国蔵相・中央銀行総裁会議＝G5で国際協調によるドルの「秩序ある」引下げを行うという合意（プラザ合意）を取り付け、金利の協調的引下げ（アメリカの金利よりも他国の金利をより低く保持すること）の協力をも取り付けた。アメリカは国内産業の国際競争力低下、貿易収支赤字拡大に対しドルの大幅切下げと金利引下げの必要に迫られたが、同時にドル暴落を阻止する必要があったからである。さらにその後、予想を超えてドルが下落したのに対し、八七年G7で為替相場（ドル）を当時の水準で安定するよう合意した（ルーブル合意）。ここで注目されるのは、アメリカが規制緩和・金融自由化、競争市場原理を世界中に強要しているにもかかわらず、自国のドル相場や金利を変動相場制の競争市場原理に委ねることなしに、ドル切下げ、金利引下げを国際的合意＝国際的規制に頼って実施したことである。競争市場原理が無力であることは誰の目にも明らかであった。

しかもサミットやG5、G7の国際的合意の効果は一時的で、その後もアメリカの貿易収支と経常収支の大幅赤字、ドルの乱高下は続いている。変動相場制は「管理された変動相場制」になったといわれたが、「管理しようとしても管理できない変動相場制」というべきものである。

理論的にみても、変動相場制が自動的に国際収支均衡化と為替の安定を達成するという見解は誤りである。仮に国際取引が貿易取引のみであり為替相場が貿易取引のみと直接結び付いていると仮定すれば、為替相場の変動を媒介にして貿易収支の均衡化作用が働くといえるが、国際取引は膨大な対外資本取引を含みそれには投機的取引が含まれている。これらは各国の為替相場、金利・金利差、証券価格等の変動とその予想によって大きな動きを起こし為替相場の変動を惹起する。こうしたもとで為替相場が貿易収支を均衡化させる機能を果たすことはない。たとえ貿易収支が赤字であっても、金利や証券価格の見通しによって海外の資金・投機的資金が当該国に集中的に流入し、為替相場の上昇をもたらし貿易収支赤字を倍加するよう作用することは容易にありうる。したがって変動相場制は自動的に国際収支の均衡化、為替の安定化を実現する機能をもっていないし、理論的にみてドル（価値）の基準、ドルの適正基準は存在しないのである。仮に変動相場制が為替相場の変化を媒介として国際収支の均衡化・為替の安定化をもたらす自動的メカニズムをもつと仮定すれば、そこで生じた水準が適正基準といえようが、かかるメカニズムは存在しないのである。現在の変動相場制は本来的な意味では「制度」といえるものではない。

投機的M&Aの拡大

以上のような金融面での投機的活動の膨大化・恒常化はアメリカの企業の合併・買収＝M&A（mergers and acquisitions）にも影響を与えた。アメリカでは金融自由化と独占禁止措置の緩和にもとづいて一九八〇年代に高収益で戦略的重点分野と予想されるハイテク部門、金融部門、サービス部門へ経営を集中し衰退部門を切り捨てることを狙ってM&Aが活発化したが、そのなかでは経営の長期的改善のためのもの以外に、企業資産の売買差益を狙った投機的内容のものが増大した。こうしたM&Aでは、少額の自己資金でレバリッジ（「てこ」の効果）を働かせて巨大規模の買収資金を借り入れるLBO（leveraged buyout）方式が増大したが、ここでの借入れ＝貸付けは被買収企業の資産や将来の収益見込みを担保にしたものでリスクは高く、買収側も貸付け側も投機的性格が強い。八〇年代にはM&A関連情報を収集し可能なM&Aを選択・仲介して報酬を取得する多様なM&A業務組織も急速に拡大した。

以上はすでに見た金融面における投機的活動が企業経営にも及んだことであるが、同時にこのM&Aの拡大が金融面での新しい投機的活動領域を拡大する関係にあった。こうしたM&Aの動きはその後世界的に拡がっていき、日本でも九〇年代後半以降に展開することになる。

〔1〕ヘッジファンド

一九八〇年代にアメリカで急速に拡大した私募型投資グループであるが、正式の規定はない。（ヘッジはリスク回避という意味であるが、実態はヘッジとは異なるものとなっている。）多くはパートナーシップで運営され、富裕層、年金基金、財団等から巨額の資金を集め、資金運用を請け負う。これを担保にした借入増殖とデリバティブ利用によって、高いレバレッジ（「てこ」の効果）で巨額の投機的取引を行い高い収益を目指す。これらは本国での課税や情報開示を避け、ケイマン等のタクス・ヘブン（課税忌避地）に設立したファンドをつうじて取引することが多いので実態は把握できない。ヘッジファンドとそれが駆使するデリバティブは八〇年代以降の国際的投機的活動を代表し国際金融市場を揺り動かすものである。九二年ジョージ・ソロスは英ポンドの暴落を仕掛け多額の投機利益を獲得しイギリスが大打撃を蒙った。九七年アジア通貨危機の発端となったタイのバーツ暴落でもソロスの関与が問題になった。

クリントン米大統領の規制緩和によってその活動が格段と強化され、さまざまな規模のファンドが多数生まれた。世界各国にもヘッジファンドが急速に拡大した。一九九八年ロシア通貨危機でアメリカ最強のヘッジファンド＝LTCMが破綻に追い込まれその危険の巨大さも世界の注目を集めた。

ヘッジファンドに対し、アメリカの公募型投資信託はミューチュアル・ファンドと呼ばれる。九〇年代の株価高騰の過程で零細資金をも含めた個人の資金を集めて激増し、これがアメリカ株価上昇を促した。

日本のバブル期とその崩壊においてアメリカのヘッジファンドが株価操作によって利益を獲得したことはしばしば報道されたが、その全貌は把握できない。日本では従来公募型の投資信託だけが容認されていたが、九八年に私募型ヘッジファンドが許可され急速に増大している。

最近では多様な形のものが増え、広義に投資ファンドと呼ぶことが多い。

第Ⅰ部　一九八〇年代の日本経済

——八〇年代の経済発展、八〇年代後半の好景気とバブル——

本書の課題は日本経済が一九九〇年代はじめの好景気の終焉、バブルの崩壊から、なぜ、いかにして「混沌」とした状況に陥っていったのかを解明することであるが、八〇年代を対象とする第I部はこの課題の解明のための基礎であり、その重要な構成部分として位置づけられている。なぜなら九〇年代以降、日本経済のあらゆる面で問題が噴出していくことの根は深い。右の本書の課題を解明するためには、八〇年代後半の好景気とバブルの展開を明確にしなければならないし、そのためにはこれが八〇年代はじめからの新自由主義政策の実施と日本経済の発展の基礎上・延長線上に展開されたことをも明らかにする必要がある。そこには「現代資本主義の変質」(序章)の影響がある。

このためまず第一章では、第一節で日本における新自由主義政策の積極的な導入・実施を明らかにし、第二節では世界的な経済停滞のもとで日本が「例外的」成長を続けた根拠をME技術革新と「輸出依存的成長」を中心に明らかにする。

第二章では一九八〇年代後半における好景気とバブルの展開を取り上げる。ここで重視しているのは、この好景気とバブルが、八五年のG5・プラザ合意、円高不況、低金利政策など八〇年代後半の諸要因のみから生じたのではなく、第一章の新自由主義政策の実施と輸出依存的成長を軸とした日本経済の発展の基礎上・延長線上で展開していることである。また実体経済の好調とバブルとの両者を統合して把握する必要があるということである。

第I部の分析は当然のことながら「序」で示した「本書の分析視角」にたっている。

第一章　一九八〇年代における新自由主義政策と日本経済発展の特徴

第一節　新自由主義政策の実施

一九八〇年代には、日本政府、とくに中曾根首相（八二年一一月〜八七年一一月）はレーガン達の新自由主義政策に同調し、きわめて積極的に金融自由化をはじめ広範な分野にわたる規制緩和、「民間活力活用」＝「民活」、競争市場原理主義の新政策を強行していった。これらはさまざまな形で八〇年代後半における好景気、バブル発生を促す役割を果たすことになる。またこの新自由主義政策は九〇年代にも継承され強化されていく。

金融の自由化・国際化

日本の金融自由化は財政危機を反映して国債取引の制限緩和措置から始まった（民間金融機関の保有国債の市中売却制限の緩和［一九七七、八四年］、国債のフル・ディーリング認可［八五年］、国債の公募入札発行、国債の多様化など）。国家債務が累増するもとで、国債の流通市場がいっきょに形成され、たんなる債務証券である国債の運用をめぐって利益獲得を求める金融活動が活発化したのである。八三年国債発行残高は一〇〇兆円を突破、一年間の「東京店頭」の国債売買額（往復計算）は八三年二七五兆円から八五年にいっきょに二〇七〇兆円に膨張、八八年四〇二四兆円となる。

他方、アメリカの強い要求を受けて一九七九年一二月「外国為替及び外国貿易管理法」の大幅改正（外資法は廃止・統合、八〇年一二月施行）を行い、外国為替取引の原則禁止を原則自由に転換し、居住者による外貨預金および外国為替銀行からの外資借入れを完全に自由化した。さらに八三年一一月に来日したレーガン大統領が金融・資本市場の開放を強く迫り、「日米円・ドル委員会」が発足し、八四年にはきわめて重要な決定がなされた。実体取引関連以外の先物取引を原則的に禁止してきた「実需原則」の撤廃、および調達通貨を円に転換できる限度枠を規制してきた「円転換規制」の撤廃である。これによって国際的金融活動の自由化、国際的投機的活動の自由化の途が開かれた。八六年一二月には「東京オフショア市場」（非居住者との間での預金取引・資金取引を、国内金融取引と遮断して、預金利子課税等なしに行える市場）が創設された。また日本が著しく出遅れていたデリバティブは、八五年債券先物取引の開始、八九年「東京金融先物取引所」創設によって拡大への途が開かれた。

以上の日本における金融自由化は、アメリカからの厳しい要求によるものではあるが、日本の政府・財界には貿易収支黒字・経常収支黒字の膨大化にもとづいて対外資本取引を拡大したいという要望が強まっていたので、自らの利益からもアメリカの要求を急速に受け入れたといえる。しかし日本の受入れ措置は非常にずさんであった。従来の「実需原則」、「円転換規制」は国内金融市場の秩序の維持と投機的な為替売買の抑制を意図していたのに対し、これらの撤廃による影響やそれへの対応策を充分検討することもないままで撤廃が強行されたのである。またアメリカ主導で急速に拡張していた新しいデリバティブについても、政府・関連公的機関はその特徴や危険性にかんする充分な理解もそれへの準備もないままに、金融の自由化・国際化のうねりに安易に加わっていったといえる。(1) このため日本が対米中心に大戦後はじめて本格的な対外投資活動に乗り出し国際金融活動を急激に拡大していく過程で、アメリカによる日本企業の不正取引への制裁措置、日本企業のデリバティブでの多額の損失、日本の株式市場・外為市場における外国投機業者の投機的手法による市場撹乱などを蒙ることになった。

このように理解も準備も不充分なまま金融自由化、規制緩和が急速に実施されたもとで対外投資活動が急激な拡大を遂げ、国際的投機的活動のうねりのなかに巻き込まれていったことは、バブルを生み出す土壌となったといえる。

政府関係機関の民営化

日本政府は財政の危機的状況に対し一九八一年を「財政再建元年」とし「増税なき税制再建」と「行政改革」を打ち出していたが、この課題を担って登場した中曾根内閣は、政府関係機関の民営化――日本電信電話公社→NTT（一九八四年）、日本専売公社→JT（八五年）、日本国有鉄道→JR7分割・民営化（八七年）、日本航空等の特殊会社の完全民営化（八七年）を強行する。民営化によって「高度情報化」の基盤強化をはかり、民間活力の活用・余剰人員整理による「効率性」重視を追求するといわれたが、まず実施された重要なことは約一八万人にものぼる職員削減（JR一二万五〇〇〇人、NTT四万四〇〇〇人、JT九〇〇〇人）であった。民営化は官公労働組合を分解し、とくに国鉄の分割・民営化では国鉄労働組合の分断と一部組合員の排除（ＪＲの採用拒否）によって組合の無力化を実現した。戦後四〇年にわたって日本の労働組合運動を指導してきた「総評」はすでに勢力を弱めていたが、この官公労の解体によって八九年一一月解散した。

規制緩和・民間活力活用——巨大規模の都市再開発・地域開発

さらにまた中曾根政権は規制緩和・「民活」の主要な柱として大規模な都市再開発と地域開発・リゾート開発政策を打ち出したが、これはその後の日本経済に対しきわめて重要な役割を果たした。まず中曾根首相は一九八三年、情報化、金融の自由化・国際化に対応して国際的金融・情報化都市を創設する大規模都市再開発を決定、中曾根首相自らがアーバン・ルネッサンスと命名した。同時に開発実施のためにいっせいに各種規制の緩和・撤廃を実施するとともに、国家が基本政策を決め、民間企業が事業を実施する民活方式を採用していった。ここで実施された宅地開発、中高層建築物建設等にかんする規制緩和は後にみるように、これまで不充分ながらも環境・住宅諸条件を守る役割を果たしてきた各種規制をいっせいに緩和・撤廃し、地価上昇をかえって倍加するとともに、都市の乱開発、高層建築の乱立、住宅環境の悪化・破壊を促すことになった。また八四年以降、膨大な旧国鉄用地や国公有地等を「民活」の一環として、入札制で公示価格の二〜三倍の価格で民間企業に払い下げていった。

他方、一九八六年には「民活法」（「民間事業者の能力の活用による特定施設の整備の促進に関する臨時措置法」）を制定し、「特定施設」（工業技術、電気通信・放送、外国との経済交流、港湾、情報処理、外国企業……等に関する施設）について「公」が「整備計画」を策定したうえで民間企業を活用し、税、資金、公共施設利用等について援助する方式を確立した。これを受けて翌八七年には地方の大規模リゾート開発のための「総合保養地域整備法」＝通称「リゾート法」が制定された。

「民活法」、「リゾート法」によるものの多くは、〃民活方式〃の代表となるいわゆる第三セクター方式をとっていた。「第三セクター」の法的な定義はないが、国や地方自治体（「公」）＝第一セクターと、民間企業（「民」）＝第二セクターとが共同出資して株式会社や有限会社を設立して事業を行うものである。具体的に「リゾート法」による開発では、国の認可にもとづいて地方自治体の資金提供、税制上の優遇、政府金融機関の融資、国公有地利用規制・森林保護規制の緩和等の優遇措置が与えられた。また「公」の参加という信用によりかかって民間金融機関からも巨額の資金を調達して大規模開発を実施していくのである。政府は「民間活力」活用は効率性の向上、創造的企業の創設・参入を促すと強調してきたが、民活化方式・第三セクター方式では「公」と「民」の役割分担も責任の所在も不明確なまま、〃官民癒着〃のもとで無謀な大規模事業が推進されたのである。多くの無駄なものを含み、自然環境の破壊、森林・山野の乱開発をいっきょに推し進める開発であった。

以上のような土地利用にかんする規制緩和措置と都市・地方にわたる大規模開発政策は、広範な土地の買い漁りを煽り土地関連のバブルを加速する役割を果たした。それればかりではない。「リゾート法」をはじめ第三セクター方式の開発事業は、九〇年代には開業早々経営赤字に陥り巨額の負債を抱えて倒産も相次いだため、九〇年代以降に不良債権の新規発生と地方財政赤字、財投資金赤字を生む主要原因の一つとなるのである（第II部第二章第一節）。

さらに以上の大規模開発投資はアメリカからの「内需拡大」のための公共投資拡大の強い要求と結合して「内需拡大」政策として倍加・促進されていった（↓五八頁）。一九八七年六月、以上の一連の大規模開発政策を具体化する「第四次全国総合開発計画」（略称「四全総」）が閣議決定されたが、目標年次二〇〇〇年で、投資規模は一〇〇〇兆円（見込み）といわれる巨大なものとなった。都市、地域・リゾート開発、高速道路・新幹線・空港・港湾、情報・通信体系等、多種多様の開発を含み、実施の主体・財源も複雑であるが、これらは右に指摘した第三セクターと共通した無謀で無責任な開発を含み、莫大な赤字を累積していくことになった。

「日米共同防衛体制」では規制と圧力の強化

一九八〇年代、アメリカ主導の規制緩和・自由化が推進されたが、軍事・軍事技術面ではまったく反対に規制強化と罰則・制裁の強化が進められていった。日本では、七八年「日米防衛協力のための指針」（通称ガイドライン）によって、日本の軍事力が日本のみではなくアジア防衛のためにアメリカ軍事体制に動員される「日米共同防衛体制」が確立し（一九六〇年改定の日米安保条約の実質的変更）、「レーガン・中曾根共同路線」はその具体的強化を推進していった。アメリカは安全保障上の理由から日本に軍事関連技術の供与を迫り、「対米武器技術供与に関する交換公文」（八三年一一月署名）、「武器技術共同委員会」の設置、ＳＤＩへの参加、新日米科学技術協定（八八年）を取りつけるとともに、安全保障上の理由から日本の先端技術企業への制裁・牽制を強めた（ココム違反による東芝機械への制裁、ＦＳ－Ｘ〔次期支援戦闘機〕事件等）。ここにみられるのは、新自由主義政策の基本原理＝規制緩和、競争市場原理にはまったく反する、アメリカの軍事力を背景とする強力な規制と圧力の行使であり、国内では規制緩和、競争市場原理主義を強調しながらアメリカの規制・圧力に追随する日本政府の姿である。

また財政危機・財政再建といわれながら、一九八〇年代には防衛費は大幅に拡大し、日本が在日米軍駐留費を負担する「思いやり予算」は八七年度から「特別協定」によって始まり、負担範囲が拡大し費用も増大した。（日米安保条約にもとづく「日米地位協定」では在日米軍駐留費は基地地主の地代などを除いて、すべてを米国が負担することになっていたが、アメリカは財政危機によりその一部負担を求め、日本政府は七八年に「思いやり予算」という曖昧な形で六二億円を負担した。八七年度以降は「特別協定」によって負担拡大が進むことになる。二〇〇二年度の「思いやり予算」は二五〇〇億円で、この他に地代、建設費、防音装置等を日本が負担している。）

第二節　輸出依存的成長、ME化の普及、大規模開発政策

第一項　輸出依存的成長持続とME化の躍進

日本は一九七〇年代中葉以降、先進資本主義諸国が経済停滞に陥っているなかで「例外的」に成長を続けたが、その基本は輸出拡大に依存する輸出依存的成長であった。八〇年代はじめに主要な輸出依存産業（国内生産総額のうち輸出比率が恒常的に高い産業）が推進したME技術革新・ME化（囲み〔2〕）は輸出依存的成長を強化させるとともに、その他の広範な分野にわたってME化・ME化設備投資を普及させていった。日本経済の発展が輸出依存的成長として実現されたということは、八〇年代以降の日本経済の動向を大きく規定した。また九〇年代はじめにはこの輸出依存的成長の破綻という事態が生じ、これが九〇年代以降の日本経済にきわめて深刻な影響を与えることになる。

輸出依存産業の確立と輸出依存的成長

日本が貿易収支・国際収支の赤字基調から黒字基調への転換、黒字の大幅拡大を実現したのは、一九六五年アメリカによる本格的なヴェトナム戦争介入・戦争激化のもとで、日本企業がアメリカとヴェトナム周辺地域に対する輸出を急激に拡大していく過程でのことである。この輸出の大幅拡

大の持続を見込んだ輸出産業における大型化設備投資と輸出の持続的大幅拡大を軸として、大戦後最大で最長の高度成長＝〃いざなぎ景気〃が現れた。輸出依存的成長の明らかな姿である。『経済白書（七一年版）』は日本が「輸出大国」となったという。(2)（以上は拙著で詳しく述べたので参照されたい。(3)）その後、重要な輸出依存産業による輸出拡大が日本の成長を持続させ不況を克服する最大の要因となった。七一年のニクソン新政策（「金・ドル交換」停止と輸入課徴金）と円の大幅切上げによる大不況の危惧（ニクソンショック）を軽微に乗り切れたのは七〇～七二年における年率二〇％を超える輸出拡大のためであったし、七四・七五年世界大不況・世界貿易の大幅縮小による大打撃を克服して、世界で「例外的」な成長を実現していった主要原因も七六年以降の〃集中豪雨的〃といわれた輸出の大幅拡大の持続であった。

日本独特の輸出依存産業を代表するものの一つは民生用電気（電子）機器・電子部品であるが、それは次のような特徴をもって確立された。第二次大戦後のエレクトロニクス革新の基本技術はすべてアメリカが開発したが、アメリカではこの開発・製造がもっぱら先端軍事技術開発・宇宙開発のために行われたのに対し、日本はアメリカから導入した基本技術を民生用・産業用分野で徹底的に活用していき、これら分野でアメリカを凌駕しアメリカをはじめ世界への輸出を急増していった。一九五四年、東京通信工業（後のソニー）がトランジスタ基本技術を導入して翌五五年トランジスタ・ラジオを開発し、トランジスタの大量生産技術の改良とトランジスタ・ラジオの大量生産・大量輸出に成功したのが原型である。ソニーはその後ただちにトランジスタをテレビ、テープレコーダ、電卓、それらのポータブル型に応用しこれらの小型化・軽量化・低廉化をはかり、かなりのあいだは世界市場を独占する形で輸出を急増していった。さらに高度なＩＣ（integrated circuit；集積回路）では早川電機（後のシャープ）が六七年超小型ＩＣ電卓を開発し、電卓の大量生産・大量輸出とＩＣ大量生産技術の改良を進め、他社も加わってＩＣの応用機器の相次ぐ開発とこれらの大量生産・大量輸出を実現した。これらは日本固有の優秀な低賃金労働者の存在、労働管理体制、下請中小企業利用の体制によって支えられていた。また日本政府による先端技術導入、ＩＣ産業、コンピュータ産業の育成・発展に対するきわめて手厚い保護政策があった。以上は輸出依存的成長の基軸となった輸出依存産業の一つの型である。

他方、いま一つの基軸の自動車（乗用車中心）産業の登場は遅れた。日本の自動車産業は一九七〇年代の石油ショック＝原油価格急騰のもとで燃料効率改良の努力と産業ロボット等の省力化設備の導入、下請中小企業利用の効率化によって、品質改良、低廉化を進めていたが、アメリカをはじめ海外では石油ショックのもとで小型で燃料効率が良く低価格の日本車への需要が急増し、輸出はアメリカを中心に急激に拡大した。七七年、自動車は鉄鋼を抜いて輸出品目第一位になり、自動車産業は一躍日本の輸出依存産業を代表する産業（第二の型）となっていった。第一の型に対し、第二の型は生産設備改良、生産技術・品質管理技術の改良と労働者管理・下請中小企業利用によって、品質改善と低廉化を進め、販売市場拡大をはかるものである。

ME技術革新・ME化による輸出依存産業の躍進

一九七〇年代後半以降、日本のME機器・ME部品産業、自動車産業（乗用車中心）は国際競争力強化のためにME技術革新・ME化を追求し、その成功によって国際競争力を格段と強化していった。

日本企業はICの集積度の向上に努め、当時コンピュータ用をはじめ汎用メモリーとして最大需要のあるDRAM（dynamic random access memory；記憶保持動作が必要な随時書込み読出しメモリー）では一九八〇年代はじめに超LSIのDRAMの生産で世界一となる。これには通産省指導の「超LSI技術研究組合」が大きな役割を果たした。もっとも設計・技術改良段階でソフトの蓄積が重要でありパソコンの心臓部といわれるMPUや、特定用途向けICではいぜんとしてアメリカが優位性を堅持していたが。

一九七〇年代後半以降、ME技術を応用した新消費財の開発・工業化はつぎつぎと進んでいった。VTR（ビデオテープレコーダ）、産業ロボット、パソコン、オフィス・コンピュータ、ワードプロセッサ、（中小型）電子複写機、（小型・家庭用）ファクシミリ、（家庭用）カメラ一体型VTR＝ビデオカメラ、コンパクトディスク（CD）、CDプレーヤー、ビデオ・ディスク（VD）、VDプレーヤー等を相次いで生み出し、八〇年代末には自動車用・携帯用電話、録音可能CDなどを生み出した。これらの多くは輸出市場の開拓を見込んで量産体制を確立し、開発当初は生活水準が高く消

〔2〕ME技術革新・ME化

ME（microelectronics）技術革新の基礎はIC（integrated circuit：集積回路）の集積度の高いLSI（large scale integration：大規模集積回路、一九六八年）、MPU（microprocessor unit：七一年）、マイクロコンピュータ（マイコン）改良型（七三年）の開発にある。

ICは数ミリ角の半導体基板（通常はシリコン）の上にトランジスタ、抵抗等を集積し回路を構成したものである。一個のICに集積される素子数が大規模化したのがLSI→超LSIである。MPUはコンピュータの中央演算処理装置（CPU）の機能を半導体基板に組み込んだもので、この開発がME技術革新の原動力であり中枢部分である。MPUにそれを動かすプログラム記憶装置、演算処理結果の記憶装置、MPUと外部の装置とを結合する入出力装置を付けたのがマイコンである。

ME技術革新は、各種機械器具へのME技術の導入とME部品の内臓化によって、製品の精度と機能の飛躍的向上、超小型化・軽量化、大幅コスト削減、高性能の新しい応用製品の開発等を生み出した。

ME技術革新はその性質上、製造業だけではなく、あらゆる産業分野にわたるME技術・ME機器の導入によって産業の内容を変革していく。

ME化はこのようにME技術・ME機器の導入が広範に進むことを指す。大別すると、①ME技術・ME部品を応用した各種の機械器具の開発（プロダクト・イノベーション）、②ME技術・ME機械の導入による生産過程（広義）の変革（プロセス・イノベーション）、③その他の情報処理機能・通信機能の発達による金融、情報・通信、流通、サービスの分野の変革、である。

このME技術革新のいっそうの進展による情報・通信技術の発展とインターネットの開発とが結合して後に「情報通信革命」、「IT革命」が生み出されていくのである。

費規模の大きいアメリカを中心に新しい需要を開拓し、その信用にもとづいて世界市場をほぼ独占する形で海外市場を拡大していった（第3表・第4表）。

他方、〝産業ロボット普及の元年〟といわれた一九八〇年を起点として、産業ロボット、生産工程制御コンピュータ、CNC（computer numerical control；コンピュータ数値制御）工作機械、多種類の加工工作機械を組み合わせたマシニングセンター、CNC工作機械や各種産業ロボット等を組み合わせて製品の生産数量の変化や製品の多様化に対応するFMS（flexible manufacturing system）、さらには各種ソフトを内臓したコンピュータによって設計および製造を実施するCAD／CAM（computer aided design/computer aided manufacturing）システム等が急速な普及を遂げた。CAD／CAMはIC、自動車をはじめ各種機械、金型製造、土木・建築、繊維・衣料・ファッション等の多様な産業分野に普及し、生産工程の自動化・省力化、品質改良、コスト削減と、大量生産の基礎上での多品種生産を促していった。

自動車産業は一九七〇年代末以降、世界に先駆けてME技術革新・ME化を実施し、以上のような生産・販売過程での革新によって品質改良（燃料効率化・エンジン高出力化、排気ガス抑制、各種内装設備改良等）、大量生産の基礎上での多品種生産（多様な車種需要に応じた供給）等を実施するとともに、次の徹底的「減量経営」を進め、八〇年代には輸出を格段と増大していった。（もっとも自動車産業では対米輸出激増で日米貿易摩擦が生じ、八一年以降政府間交渉による輸出の自主規制が続いたうえ、八五年以降は大幅円高の打撃を受けたが、それでも対抗策をはかっていく。）

輸出依存的成長は元来日本独特の労働管理体制と下請中小企業の利用体制とによって支えられてきたが、一九七〇年代における相次ぐ世界的経済混乱のもとで日本企業が先進諸国には例をみない徹底的な「減量経営」を行ったことがその後の輸出依存的成長の大きな支えとなった。「減量経営」の柱は、①労働面でのコスト削減（雇用削減、賃金面での節約、転籍出向、定年前退職勧奨等）、②生産の効率化（省力化のためのNC工作機械・産業ロボット・各種コンピュータ等の導入、石油高騰下で省エネルギー、原材料の原単位の節約、中小下請企業の効率的利用、企業内の労働者の生産協力体制）、③金融コストの削減（間接金融方式による金融負担を軽減するための借入金縮小・自己資本比率の向上、余裕資金の株式運用）、である。

一部少数の重要産業に偏った輸出拡大

日本の輸出依存的成長について注目すべきことは、輸出が一部少数の先端重要産業へ集中しているという特徴である。アメリカ市場を中心に輸出を持続的に拡大できたのは、以上のような新しい大規模な需要を創出することのできる一部少数の先端重要産業に限られていた。その産業は時期によって若干変化するが、一九七〇年代後半以降ではIC電子部品、カラーテレビやVTR等の民生用電子機器、自動車（主に乗用車）が中心である、そして国際競争力を高めたこれらの一部少数産業による集中豪雨的輸出・貿易収支黒字急増によって円高が進み、この円高進行が中小企業の多い在来輸出産業の輸出困難と衰退を促していった。これによって日本の輸出はますます国際競争力の

第3表　電気（電子）製品の世界の生産・輸出にしめるシェア

	1983年				1987年			
	生　産		輸　出		生　産		輸　出	
	日本のシェア	順位	日本のシェア	順位	日本のシェア	順位	日本のシェア	順位
家電品合計*	40.2	1	50.2	1	44.6	1	36.8	1
家庭用電気機器*	31.3	1	22.7	1	36.6	1	15.2	2
エアコン	42.8	1	67.2	1	45.3	1	43.1	1
電子レンジ	42.8	2	90.3	1	47.3	1	35.2	2
民生用電子機器*	45.8	1	61.1	1	50.0	1	44.6	1
カラーテレビ	22.9	1	34.6	1	18.4	1	10.8	3
VTR	94.6	1	92.9	1	70.9	1	67.7	1
テレビカメラ	99.3	1	91.6	1	99.9	1	92.3	1
CDプレーヤー	—	—	—	—	96.4	1	82.8	1
カーオーディオ	39.3	1	57.8	1	36.8	1	20.5	2
コンピュータ・事務用機器*	24.2	2	28.5	1	46.6	1	27.6	1
コンピュータ	4.0	3	26.1	1	35.2	1	9.3	2
コンピュータ周辺機器*	25.6	2	22.9	2	51.9	1	29.6	1
電子タイプライター	—	—	56.1	1	91.4	1	42.5	1
電卓	67.7	1	47.6	1	44.2	2	22.8	3
複写機	98.9	1	71.5	1	71.9	1	64.9	1
磁気テープ*	93.1	1	50.0	1	77.9	1	36.7	1

資料出所：『通商白書（1990年版）』227ページ。
注：世界に占めるシェアは台数ベース。ただし＊は金額ベース。
注記されていないが，VTRは家庭用，複写機は中小型のみを対象としていると推測される。

第4表　日本の対米貿易の推移

（単位：100万ドル）

年	対米輸出 実額	対米輸出 %*	対米輸入 実額	対米輸入 %*	対米貿易収支(a)（通関収支）	貿易収支総計(b)（通関収支）	対米比率(a/b) %
1965	2,479	29.3	2,366	29.0	113	283	39.9
1970	5,940	30.7	5,560	29.4	380	437	87.0
1980	31,367	24.2	24,408	17.4	6,959	△10,721	
1981	38,609	25.2	25,297	17.5	13,312	8,740	152.3
1983	42,829	29.3	24,647	19.6	18,181	20,543	88.5
1984	59,937	35.2	26,862	19.7	33,075	33,611	98.4
1985	65,278	37.2	25,793	19.9	39,485	46,099	85.7
1987	83,580	36.5	31,490	21.1	52,090	79,706	65.4
1988	89,634	33.8	42,037	22.4	47,597	77,563	61.4
1989	93,188	33.9	48,246	22.9	44,943	64,328	69.9

資料出所：1987年までは『通商白書（1988年版）』272ページ，88，89年は『通商白書（各論）』〔1990年版〕12～13ページ，より作成。%は計算したもの。
注：*日本の総輸出（入）に占める対米輸出（入）の比重。

強い一部少数の輸出依存産業に集中し、一部少数産業による〝集中豪雨的輸出〟という特徴を強めたのである。同時にまた、円高進行は国際競争力の弱い農産物や雑貨品等の輸入増大によって国内農業および在来小零細企業の衰退を促していった。（日本の輸出総額に占める機械機器の比重は七〇年四六・三%、八〇年六二・八%、八九年七四・七%と大幅に上昇しているが、その中心はME機器と自動車〔主に乗用車〕である。ICにおける日本の対米貿易収支では、アメリカからの輸入に依存し大幅入超であった七〇年代に対し、八〇年には出超に転じ、八四年輸出三七二二億円、貿易黒字二〇八六億円となる。そして輸出依存度〔国内生産総額のうち輸出の占める比率〕は、八五年、工作機械三七・六%、乗用車五七・九%、テレビ受像機七七・五%、ビデオテープレコーダ九〇・一%、電子式卓上計算機七九・一%ときわめて高い。）

以上の結果、日本経済は構造的に国内消費と内需産業を犠牲にした輸出依存的成長という特徴をもち、その矛盾を抱えることになったのである。他方、これらの重要な産業製品の輸出が生活水準の高いアメリカの市場に向かいアメリカ産業へ打撃を与えたため、日米貿易摩擦が熾烈化した。なお日本が輸出依存的成長という特徴をもつという主張に対しては、輸出の製造業生産総額に占める比重、GDPに占める比重は先進諸国のなかでは相対的に高いわけではないから日本の輸出依存度は高くないという批判がある。しかしこのように平均の輸出比率だけを見たのでは、日本の少数の中枢的輸出産業が全体の経済成長において果たす重要な役割も、輸出の集中豪雨的拡大が可能である根拠も、またこのもとで中小企業が担ってきた在来輸出産業や農業が衰退・没落を余儀なくされていったことも明らかにできない。同時に、なぜアメリカとのあいだで厳しい貿易摩擦が生じとくに一九八〇年代それが熾烈となるのかということも、明らかにできない。

実行されなかった「内需主導」型経済への転換

アメリカは一九八五年G5による円の大幅切上げが実施されたにもかかわらずいっこうに対日貿易赤字・経常収支赤字が解消されないため、日本経済の内需拡大を強く求めてきた。日本では首相の私的研究会の報告書＝「前川リポート」（八六年）が「輸出指向等《ママ》経済構造」の転換、「内需主導型の経済成長」の実現を提言、さらに公的機関の「経済審議会」の報告書＝「新前川リポート」（八七年）は緊急の内需拡大政策を提言した。しかし政府はこの「内需主導」、「内需拡大」の内容を公共事業拡大、「民活方式」の大都市再開発、地方・リゾート開発政策による建設投資拡大という内容の「内需拡大」に置き換えていった。アメリカ側も「日米構造問題協議」（正式には「日米間の構造的通商障壁に関する交渉；Japan-U. S. Structural Impediments Initiative」）において日米不均衡の是正のために「内需拡大」のための「公共投資」の大幅拡大（一〇年間で四三〇兆円）を要求し日本はその「最終報告」（九〇年）でこれを確約した。その後アメリカの要求で「公共投資」は一〇年間六三〇兆円に拡大された。このアメリカの要求には日本の公共事業へのアメリカ建設企業参入の要求が含まれていた。外国企業の公共事業への参入については八八年四月「日米建設協議」の合意（MPA；Major Projects Agreements）が成立し九一年には対象となる大型公共事業の追加措置等が行われた。

こうして日本政府は「輸出依存型」から「内需主導型」経済への転換という問題を、都市再開発、地域開発・リゾート開発による建設投資拡大という内容の「内需拡大」にすり替えていったのである。

第二項　第三次産業の変質・肥大化とME化設備投資の普及

一九八〇年代、金融の自由化・国際化とME技術・コンピュータ技術の結合とによって、いわゆる第三次産業の変質と肥大化という大きな変化が生じた。

まず金融・証券・保険の分野では取引のための情報処理・通信ネットワークシステム、ディーリングシステムや決済システムのグローバル・ネットワーク化等が飛躍的発展を遂げた。また情報・通信、運輸関連の分野では、規制緩和・民営化政策と結合して、デジタル交換機、高速デジタル伝送サービス装置、コンピュータ運転管理システム、座席予約システム等が急速に導入された。他方、ME技術によって各種カードの内蔵情報量の飛躍的拡大と情報処理が可能になったため、各種カードとその処理装置が、金融・通信・流通分野で急速な普及を遂げた。卸・小売とくにスーパーマーケットでは、販売情報を即時収集して売上管理とともに入荷・在庫を管理するPOS（point of sales；販売時点情報管理）システムが普及した。コンピュータ技術による情報収集・情報処理を行うサービス業も創出された。

こうした変化は一九八〇年代後半に格段と進み、第三次産業のかなりは大規模な最新鋭の設備投資を必要とする産業へと変質し、情報・通信・運輸・流通をつうじて製造業との結合を深めていった。第三次産業の変質とその肥大化によって、第三次産業の日本経済に占める位置も、日本経済に与える影響力も大きく変わっていったといえる。（こうした現状では、製造業と非製造業、第二次産業と第三次産業という区分は理論的に検討し変更する必要がある。）

第三項　大規模開発政策・内需拡大政策による建設投資の拡大

日本では大戦後の経済復興・経済発展以降、GDPに占める「公共投資」あるいは「政府固定資本形成」の比重が先進資本主義諸国に比べてきわめて高いという特徴をもっている。一九五五年以降には新鋭重化学工業の創設、高度成長のために「産業基盤」や「社会資本」という名称で道路、鉄道、電信・電話、港湾等の整備が主として「財政投融資」資金によって行われ、その大規模な需要によって土木建設業の発展が促された。また不況時にはつねに不況対策の柱として公共事業拡大が実施された。七一年のニクソンショックに対し翌年登場した田中角栄首相が打ち出した「日本列島改造論」はその代表的なものである。このような国家政策によって日本経済において建設業、とくに「ゼネコン」(general contractor；大手総合建設請負会社）がきわめて重要な位置を占めるようになり、ゼネコンは〝政・官・財癒着〟の代表的な場となっていた。

一九八〇年代の前半では財政再建のため建設投資は低迷していたが、八〇年代中葉、すでにみたように中曾根首相が規制緩和、金融の自由化・国際化に対応して土地利用・建築にかんする規制緩和とともに巨大規模の開発政策を打ち出したため、長期にわたって膨大な建設投資が惹起されることになった。不況下での不況対策ではないにもかかわらず、田中首相の「日本列島改造論」をはるかに上まわる規模の開発政策であった。八〇年代の前半に五〇兆円水準であった建設投資総額は八七年から増勢を示し九〇年八一兆円となり、建設投資の対GDP比率は八〇年代後半には一七〜一八%となった。建設業の就業者は八五年五三〇万人から九〇年には五八八万人へと増加した。（八〇年代後半には「民間投資」の方が「政府投資」より高い増加率である。ただし第三セクターは統計上は発注主である民間の需要として計上されるものが多い。国鉄、電電公社の民営化による変更もある。）

これら大規模開発政策が打ち出されたことが長期にわたる大規模な建設需要拡大見通しを生み、土地をめぐる投機的買い漁りを煽り、バブル発生を促す役割を果たすことになる。またこの開発計画が一九九〇年代以降も継続して実施されたうえ、景気対策の第一の柱として公共投資拡大政策が出されたため、建設投資は九〇年代にさらに拡大を遂げていくのである。

第四項　持続的成長下で定着した「財政赤字依存構造」

日本の財政は「初期IMF体制」の固定相場制のもとでは一九六五年まで均衡財政を維持していた。六五年不況で国債発行がはじめて始まったが「特例国債」は六五年のみで「建設国債」も大型高度成長の出現（いざなぎ景気）で減少傾向となっていた（七〇年度三〇〇〇億円台）。

財政赤字問題が本格的に始まったのは七〇年代はじめの「金・ドル交換」停止、ニクソンショックの時期であり、七四・七五年の世界的大不況のもとで「特例国債」の大量発行の開始とともに国債発行はいっきょに五兆円台、七兆円台へと激増した。ところが注目すべきことは、七四・七五年の世界的大不況から脱却した後も国債発行は縮小しないばかりか、かえって増大していったことである。国債発行による国家の借入れは、本来それによって経済活動を拡大し税収入の増大をつうじて返済（国債償還）されるべきものであるが、日本では経済活動が拡大した後も、経済成長持続のために国債発行が続けられたのである。アメリカをはじめ先進諸国では経済停滞・大量失業が続くもとで財政赤字が続いていたのであるが、日本では先進諸国のなかで「例外的」成長を遂げたにもかかわらず財政赤字は深刻化していったのである。他の先進諸国が「金・ドル交換」停止・「初期IMF体制」崩壊によって歯止めのなくなった財政赤字持続を行っているのに安心したのであろうが、日本政府の財政赤字問題に対する認識の甘さ、成長持続のみを考えた政策の大きな誤りといえる。

こうして一九八〇年代中葉、日本が「経済大国」を謳歌し世界最大の「対外純債権国」となったとき、日本の国債（国の借金）の多くは過去の借金の利払いのために発行され（八五年度、新規国債発行額に対する「国債費」の比率は八三％強）、国債の償還（借金の返済）のために「借換債」を発行し、これらによってさらに借金の利払いと返済が拡大するという「財政赤字依存構造」が作り出され定着していたのである。しかも七四・七五年以降に大量発行した国債の大量償還を前にして、八五年六月には法改定（「国債整理基金特別会計法の一部を改正する法律」）によって「特例債」の償還のために借換債を発行できるようにし、その大量発行を始めたのである。一九〇六年（明治三九年）以来の原則――特例債を全額現金で償還するという原則は放棄された。筆者がかつて『『経済大国』実現にともなう代償は、きわめて大きいもの」であったと述べた所以である。(4)

一九八〇年代後半の好景気とバブルの時期には税収が大幅に増加したうえ、民営化されたNTT株式の売却によって一〇兆円にのぼる膨大なネット収益が、国債償還に充当される「国債整理基金」に繰り入れられた。(5)九〇年度予算ではようやく特例国債はゼロになり国債新規発行はかなり減少したが、しかし右の「構造」を変換することはできず、このために八九年四月一日から消費税三%が実施された。

以上のように一九八〇年代中葉に「財政赤字依存構造」が定着していったことのうえに、九〇年はじめ以降の経済停滞の深刻化に対し膨大な財政赤字に依拠した景気対策が推進され、財政は文字どおり危機的状況となっていくのである。

第三節　対外投資の本格的展開

一九八〇年代はじめに日本は貿易収支黒字の膨大化を軸に経常収支の大幅黒字を恒常化していった。これと金融自由化とを基礎にして戦後はじめて対米中心に本格的な対外投資活動が始まり急激な拡大を遂げていく。八四年の「実需原則」撤廃と「円転換規制」撤廃（→四三頁）がこの促進に大きな役割を果たした。対外投資＝長期資本流出額は八〇年一〇八億ドルから八五年八一八億ドルへ激増、八九年には一九二一億ドルと、一貫して大幅拡大を続けた（第5表。八六年以降のドル表示額については円の高騰を考慮すべきであるが）。八〇年代前半では大部分が証券投資で、八〇年代後半には直接投資が増大するがなお証券投資の方がはるかに多い。証券投資のうち債券が約九割強を占め株式をはるかに凌駕している（第6表）。証券投資の約半分は高金利のアメリカ向けでその大半が財務省証券（アメリカの国債の大部分）である。なお対外投資の激増は経常収支黒字増大にもとづくものではあるが、それだけではなく多額の短期ドル資金を大量に借り入れて対外投資を行うもの（「ドル―ドル型」対外投資）も拡大していることが注目される。対外投資主体の中心は機関投資家で、とくに生命保険、簡易保険・郵便年金資金が対外証券投資で大きな比重を占めている。

対外投資の大幅増大が続いた結果、日本の対外資産残高（日本の外国に対する投資残高）は民間長期資産を中心に激増し、対外資産残高から対外負債残高（外国の日本への投資残高）を控除した対外純資産残高＝対外純債権残高は一九八一年末の一〇九億ドルから八五年末にはいっきょに一二九八億ドルへと激増し、日本は八五年以降世界最大の対外純債権国へと躍り出た（第7表）。同じ頃、アメリカが世界最大の純債務国へと転落したのとまさに対照的である。このように日本の対外投資が外国の対日投資を上まわり、その額が大幅に拡大したことは、対外投資収益収支の黒字を急激に拡大させていき、これは八〇年代後半以降における日本の経常収支の大幅黒字を生む新しい重要要

第5表　1980年代における日本の国際収支の推移

（単位：100万ドル）

		1980	1983	1985	1986	1987	1989
貿易収支		2,125	31,454	55,986	92,827	96,386	76,917
輸出		126,736	145,468	174,015	205,591	224,605	269,570
輸入		124,611	114,014	118,029	112,764	128,219	192,653
経常収支		△10,746	20,799	49,169	85,845	87,015	57,157
長期資本収支		2,324	△17,700	△64,542	△131.461	△136,532	△89,246
資本流出		△10,817	△32,459	△81,815	△132,095	△132,830	△192,118
資本流入		13,141	14,759	17,273	634	△3,702	102,872
総合収支		△8,396	5,177	△12,318	△44,767	△29,545	△33,286
金融勘定1)	外貨準備増減	4,905	1,234	197	15,729	39,240	△12,767
	外為部門その他	△13,301	3,943	△12,515	△60,496	△68,785	△20,519

資料出所：日本銀行『経済統計年報』(1985年)（1990年）より作成。

注：1.「金融勘定」の「その他」のほとんどは外国為替公認銀行の対外短期資産の増減である。

「金融勘定」の上欄＝公的「外貨準備増減」と下欄＝「外為部門その他」との計は，国際収支の総合収支と一致するのであり，総合収支がいかにファイナンスされたかを示す。

補足：1986年以降，円が大幅に上昇する点，注意を要する。ただし，対外資本流出の激増を見るためには，ドル表示も有効である。

第6表　長期資本流出の内訳

（単位：100万ドル）

	1980	1983	1985	1986	1987	1989
資本流出[1]	10,817	32,459	81,815	132,095	132,830	192,118
直接投資	2,385	3,612	6,452	14,480	19,519	44,130
借款	2,553	8,425	10,427	9,281	16,190	22,495
証券投資	3,753	16,024	59,773	101,977	87,757	113,178
株式	△213	661	995	7,048	16,874	17,887
債券	2,996	12,505	53,479	93,024	72,885	94,083

注：1. 資本流出のすべてをプラスで現しているので，第5表の国際収支の表示とは逆である。内訳の一部を省略したので，上の計と一致しない。

第7表　対外資産・負債残高，対外純資産残高の推移（各年年末値）

（単位：10億ドル）

	1981	1985	1987	1989
対外資産計	209.3	437.7	1,071.6	1,771.0
対外負債計	198.3	307.9	830.9	1,477.8

	1981	1985	1987	1989
対外純資産計	10.9	129.8	240.7	293.2

資本出所：日本銀行，同上年報（各年）。

因となる。

この時期、日本の大手民間銀行（都市銀行、長期信用銀行、信託銀行、一部の大手地方銀行）、大手生命保険会社は、短期間にアメリカを中心に諸外国に膨大な支店網を確立し、巨額の信用創造をつうじて融資活動を急激に拡大していった(6)。

一九八〇年代後半には、大幅なドル引下げ・円急騰によって、アメリカ向け証券投資を行っていた民間は多額の為替差損を蒙って低迷するが、代わって日本の通貨当局が円高阻止のための巨額のドル買い介入とアメリカ財務省証券購入を実施する。他方、八〇年代後半には日本の超低金利資金を調達した不動産企業・一般企業、膨大な資金をもつ生命保険会社等が、程度の差はあるが資産価格上昇差益を狙った投機的動機で、アメリカを中心に海外の不動産買収を拡大した（エクソン本社ビル、ABCビル、ティファニー・ビル、ウェスティン・ホテルズ、ロックフェラー・センター〔ロックフェラー・ビル所有〕の他、ハワイの物件等）。これらのうち短期間の後に行詰り、九〇年代に買収価格よりはるかに低い価格で売却するものが相次いだ。

日本における金融自由化と対外投資・対内投資（日本に対する外国の対外投資）をめぐる問題は、一九八〇年代にはなお過度的な面をもっている。ここでは八〇年代後半の好景気、バブルに関係するものに限って、問題点を指摘するだけにする。

第一に、本格的な対外投資が始まり急激に拡大していったということは、日本の金融機関、機関投資家がすでに活発化していた国際的な投機的金融活動に参加したことである。このことによって日本の金融機関・非金融企業に急速に投機的傾向が広がっていき、これは一九八〇年代後半における日本国内での金融機関の融資活動、投機によるバブル発生を促す役割を果たしたといえよう。八〇年代後半には日本企業がアメリカを中心に海外の不動産買収を拡大したが、これらも程度の差はあれ投機的要素をもっており、その多くは失敗し買収価格をはるかに下まわる低価格での売却によって金融機関の不良債権拡大の一要因となる。

第二に、対外投資の急増と世界最大の対外純債権国化は、日本の経済力の強化を反映するものではあるが、ここには日本の国際金融上の弱さ、円の弱さも反映されている。日本の対外投資はアジア等の一部を除いていぜんとして自国通貨・円ではなくドルで行わなければならないため、円資金でドルを購入して対外証券投資を行っていた民間企業はドル下落によって巨額の為替差損を蒙った。また長期保有している対外債権においてもドル下落による資産減価が進む。ドルの対円レートは変動相場制移行後は八〇年代はじめの一時期を除くと、大幅な下落傾向を続けている（第3図）。これは序章第一節でみた基軸通貨国・アメリカとその他の国との立場の差（↓一五頁以下）によるものである

第三は、日本政府によるアメリカ財務省証券の保有額が大幅に拡大していることである。G5・プラザ合意後の予想を上まわるドル下落、ドルの安定を合意したルーブル合意後にも止まらないドル下落に対し、日本の通貨当局はいっそうの下落が予想されるドルを積極的に買い続けた。これは、アメリカ以外の国々では、自国通貨の対ドルレートが不当に高騰（または下落）した場合、アメリ

カがそれを是正しないならば、ドル買い（売り）介入を行わざるを得ないという不平等性（↓一六頁）によるものである。ドル買い介入による外貨準備高の増加は八七年の一年間で約三九二億ドルにのぼり、これが米財務省証券の購入に充てられている。アメリカはドルの下落を望んでいる場合でも、行き過ぎた下落はドル暴落に陥る危険を含むので避ける必要があるが、日本のドル買い介入は行き過ぎたドル下落を是正することによってアメリカを支える役割を果たした。外国民間企業によるアメリカ財務省証券の購入は八五年以降には金利低下、ドルの下落傾向のもとで激減し、アメリカは新規発行国債の消化困難と国債売却による国債価格暴落を危惧していたので、日本の通貨当局はこの面でもアメリカを支える役割を果たした。

さらにまた、一九八七年一〇月のアメリカの株価暴落＝ブラック・マンデーにおいては、外国の投機筋による株式売却、ドル引揚げによって株式暴落・ドル暴落の危険が生じたのに対し、日本の通貨当局はいっそうの下落が予想されるドルを積極的に買い続け、ドル急落を阻止してアメリカを支援した。しかも日本はこのドルで財務省証券を買い入れ、アメリカ国債の消化を助けたのである。この日本通貨当局のドル購入では、アメリカ・ドルの下落傾向を阻止してアメリカに協力するという姿勢がとくに強かった。

こうして日本の政府、民間の保有するアメリカの財務省証券が拡大していくことは、それらの資産価値を維持するためにも、アメリカの財務省証券の価格下落やドル暴落を阻止するよう協力する必要がますます増大することになる。事実この関係はその後いっそう強まっていくのである（↓三三九頁以下)。

第四は、一九八〇年代、日本が貿易収支・経常収支の大幅黒字を維持し続けたことが、日本が財政赤字のもとで、節度のない通貨膨張・信用膨張を続けることを許したということ、これがバブルを促す作用を果たしたということ、である。

最後に、日本の金融自由化と対外投資拡大の進展とともに、アメリカを中心とする外国の機関投資家達が日本に対する投機的な証券投資活動や直接進出を活発化することになったということである。一九八〇年代後半の株式バブルとその崩壊において、外国の投機筋による株価操作がそれに対し影響を与えたし、この影響は九〇年代以降、一段と強まっていく。

第二章　一九八〇年代後半における好景気とバブル

第二章の課題は、一九八〇年代後半、大幅円高のもとで生じた好景気とバブルとの総体を明らかにすることによって、九〇年代以降の日本経済の解明に役立てることである。(なお筆者は第二次世界大戦後には「冷戦」下でのアメリカ主導の「初期IMF体制」と持続的成長政策とによって、恐慌爆発を含む「産業循環」は生じなくなったと考えている。したがって「好景気」は「循環性好況」を意味するものではない。)

この第二章の分析にはいくつかの困難な問題が含まれている。

第一に、序章で指摘したように「現代資本主義の変質」以降では、実体経済にとっては過剰な資金が投機的利益を求めて世界中を駆け巡り、国際的投機的金融活動が膨大化・恒常化していき、実体経済、さらには社会全体にまでも投機的利益獲得を求める風潮が急速に浸透していった。ここに一九八〇年代以降において新しい質のバブルが世界的に発生する基盤がある。したがって日本の好景気とバブルもこの基盤のもとで生じたものとして把握する必要がある。

第二は、日本のバブルは日本独特の諸条件によって規定されているため、他の諸国のバブルよりもはるかに深刻な展開を遂げたので、その日本の特質を明らかにしなければならないことである。日本ではこの時期の前から、日本独特の深刻な住宅問題のもとで国民生活の基礎である住宅地・住宅にも投機が入り込んでこの投機と居住用の〝真の需要〟によって価格上昇が進んできていた(第2図)。その基礎上で一九八〇年代後半に住宅地・土地の「異常な」高騰が惹起されたのである。株式バブルも日本独特の特徴をもっているうえ、住宅地・土地の価格高騰との関連をもって異常な高騰を続けた（第1図）。

第三は、好景気とバブルとの関連である。筆者は、好景気を生み出し持続させた基軸は広範なME化設備投資の群生であって、バブルは好景気を倍加するがバブルが好景気を生み出したわけではないと考えている。ただしバブルの意味・影響を軽視しているわけではまったくない。すでに指摘したように、従来一般的には一九八〇年代後半についてもっぱら資産価格高騰＝バブルに注目し、日本経済が「ストック経済」化し、好景気はこの資産価格高騰＝バブルによる「資産効果」によって生み出されたという見解が多かった。本章は、このような見解の誤りを明らかにすることを意図している。

なお『経済白書』等が「バブル」という用語を使ったのはバブル崩壊の後であって、一九八〇年代後半当時には「資産価格高騰」と呼び、好景気はこの資産価格高騰の「資産効果」によるものであるといわれていた。そこでは資産価格高騰は基本的には経済的に良好な効果をもたらすものとされていた。『経済白書』が日本経済におけるバブル発生を認め、これにはじめて言及したのは、バブルが崩壊した後の九二年版であり(1)、九三年版が「バブルの教訓と新たな発展への課題」というサブタイトルを付けてはじめてバブルを本格的に取り上げた。『経済白書（九三年版）』は「今でこそ当時バブルが発生していたということは常識化しているが、現にバブルの渦中にあった時は、それがバブルであるという認識が定着していたわけではなく、その経済的諸影響についても様々な議論があった。しかし、九〇年以降の資産価格下落は、それに先立つ資産インフレの姿を改めて浮き彫りにする結果となった」という。[2] ここには「資産価格高騰」の把握についての反省がうかがわれる。以下では、公的見解や統計資料に関連して「資産価格高騰」という用語を用いることがある点、注意しておく。

第一節　大幅円高のもとでの好景気の出現

一九八五年九月のG5・プラザ合意によって円はG5直前の一ドル＝二四二円から同年年末には二〇〇円になり、わずか一年後には一五〇円となった。急激な円高騰によって日本経済は円高不況に陥ったが、八六年一一月を谷にして早くも好景気が出現した。実質GDPの成長率は八〇年代前半の平均四％持続から八六年に二・九％に低下した後、八七年四・二％、八八年六・二％へと上昇し、その後五％前後を九一年まで続ける。

第一節では、この好景気の出現と持続をもたらした基軸が設備投資であることを明らかにする。

製造業の設備投資（実質）の対前年増加率は八七年度七・五％、八八年度三〇・五％、八九年度一八・五％ときわめて高い伸びを示し、八八年度には日本の製造業の設備投資総額がアメリカ製造業の設備投資総額を上まわるという驚異的な事実が注目を惹いた（円高でのドル換算ではあるが）。さらにまた変質した第三次産業の金融・情報通信・流通関連においてもME化設備投資が再燃し、非製造業の設備投資（実質）の対前年増加率は製造業と同様、八七年度一二・五％、八八年度二三・三％、八九年度二一・三％ときわめて高い（『法人企業統計』）。これらのME化設備投資の活性化こそが好景気を生み出しそれを持続させた基軸に他ならない。さらに全国的開発政策のもとでの建設投資の急増が加わった。これらの設備投資の拡大、建設投資の拡大はいずれも第一章でみた八〇年代はじめからのME化の躍進・ME化設備投資と開発政策の基礎上・延長線上で生じたものである。

そしてこの好景気で雇用吸収率の高い第三次産業の拡大を中心に雇用が大幅に拡大した。年間賃金の増大も進んだ。これらはME化によって製品の多様化・高品質化の進んだ乗用車、各種民生用ME機器、繊維・衣料品への消費を拡大させ、これら産業の設備投資拡大・生産拡大を支え、好景気を持続させる重要な役割を果たした。なおこの大幅円高傾向下にもかかわらず一九九〇年代はじめまで輸出の落ち込みが少なく、巨額の貿易収支黒字・経常収支黒字が続いたことも好景気の持続を支えていた。

以上が好景気を生み出した基本的関係であって、バブルが好景気を生み出したわけでは決してない。

大幅円高へ対抗するための輸出依存産業における最新鋭ME化設備投資

主要な輸出産業であるIC、ME機器（コンピュータ、民生用ME機器、産業用ME機器等）、自動車（乗用車中心）では、大幅円高のもとで輸出を維持するために「減量経営」（↓五五頁）の徹底化

第8表　総固定資本形成（実質）の推移（1990年基準）

（単位：兆円，カッコ内は対前年増加率，％）

	1984	1985	1986	1987	1988	1989
総固定資本形成	87.0 (4.3)	91.3 (5.0)	95.7 (4.8)	104.5 (9.1)	116.4 (11.5)	126 (8.2)
民間企業設備	46.0 (11.7)	51.5 (12.1)	53.9 (4.5)	57.0 (5.9)	65.4 (14.7)	74.9 (14.5)
民間住宅	15.9 (△2.1)	16.3 (2.6)	17.7 (8.1)	21.6 (22.4)	24.1 (11.4)	24.3 (0.9)
一般政府	16.6 (△3.3)	16.5 (△0.2)	17.5 (6.0)	19.1 (9.3)	20.4 (6.3)	20.5 (0.9)

資料出所：経済企画庁『国民経済計算年報（1999年）』。

注：1.「総固定資産形成」のうち「公的企業設備」と「公的住宅」は少額のため省略した。
2.「一般政府」の「固定資本形成」はほぼ公共事業にあたるが，「用地費」は含まない。

第9表　設備投資額の増大した産業

（単位：億円）

		1987	1988	1989	1990見込み
自動車	(72)	10,312	12,779	17,710	22,488
電子機械	(96)	6,857	10,484	14,151	16,018
一般機械	(158)	2,407	3,688	4,593	6,209
鉄鋼	(64)	4,909	5,262	7,569	9,569
通信	(43)	19,922	19,701	21,017	21,893
卸売・小売	(77)	5,035	6,868	6,717	7,766
リース	(38)	27,777	36,827	41,928	46,837

資料出所：通商産業省政策局『主要産業の設備投資計画』各年度。これは調査対象企業を選んで行った調査で，対象企業数は若干変わるが，設備投資計画と実績の趨勢を知ることができる。各産業の右の（　）内は87年の調査対象企業数。
通信のみは郵政省調べ。

注：電子機械は産業用電子機械（コンピュータ，通信機器等）と電子部品（集積回路，半導体素子等）。

とともに、いっそうのコストダウン・省力化と大規模生産の基礎上での多品種生産を行うために最新鋭ME化設備投資を急いだ。乗用車ではこれらによる品質向上、需要に応じる多品種供給、コスト削減をはかった他、急激な円高と対米輸出台数自主規制に対し、乗用車の普及型をアメリカ現地生産工場で生産し、国内生産の輸出車を高付加価値の大型高級車として利益拡大をはかる方針をとった。ECにも輸出拡大をはかった。他方、新しい輸出品目として登場した1M（メガ）DRAM、ファクシミリ、ビデオカメラ等では日本企業は世界需要の九割以上を供給しており、為替レートのいかんにかかわらず輸出拡大が続いた。八五〜八八年におけるドル・ベース輸出金額の増大年率の平均はファクシミリ三〇・一%、テレビカメラ一〇〇・五%という驚異的な高さであった(3)。第9表のように、八七年以降の自動車産業の設備投資は八七年度一兆三一二億円から八九年度一兆七七一〇億円、九〇年度見込み二兆二四八八億円へと激増し、電子機械産業の設備投資も激増している。

これらの結果、G5以降の大幅円高と日米貿易摩擦の激化にもかかわらず、IC、ME機器、乗用車ではそれぞれの輸出依存率もこれら輸出品目の輸出全体に占める比率もいぜんとして非常に高い状態が続いた。同時にまたこれら輸出の対アメリカ輸出への依存率が一九八〇年代後半にいぜんとして高いことが注目される。（全体の輸出に占める対アメリカ輸出の比率〔金額〕は、乗用車平均では八五年六一・四%、八八年五二・九%、ただし対米輸出主力車＝二〇〇〇cc以上の高価格車では八五年六二・〇%、八八年六三・七%と平均より高い。電子式データ処理機は八五年五四・七%、八八年四八・三%、ビデオテープレコーダ八五年六〇・一%、八七年四八・八%、八八年三八・一%、集積回路八五年三七・六％、八八年三四・五％、ただし集積回路のうちMOS型メモリーは八八年四八・三％である。(4)輸出全体での対アメリカ輸出の比率は八五年三七・二％、八八年三三・八％、八九年三三・九％で、八〇年代前半よりも高まっている。第4表)

広範な製造業および新しい第三次産業におけるME化設備投資

輸出産業以外の各種の製造業においても一九八〇年代はじめ以降にCNC工作機械、産業ロボット、FMS、CAD／CAMシステム等を導入するME化設備投資が活発化していた（↓第I部第一章第二節）が、これらは円高不況後に再び活発となり、好景気の出現・持続を助けた。

他方、金融（広義）、情報・通信等の肥大化は一九八〇年代後半において本格的に進み、第三次産業のこれら分野において最先端技術の設備投資が行われるようになり、これらがすでに指摘した非製造業における設備投資の伸びの高さとなって現れている。コンピュータの産業別利用は一九八七年、第三次産業六三・三％、第二次産業三六・五％であり、(5)コンピュータにとって第三次産業が大きな市場となっている。同時にコンピュータの発展がリース業（コンピュータ中心）や情報収集・情報処理等の新しい対事業所サービス業を創出していったのである。

またこれら産業では情報処理産業のように巨額の設備投資を必要とするとともに雇用吸収率が高いものや、その性質上雇用吸収率の高い各種サービス業、商業等があるため、第三次産業の肥大化は雇用拡大効果が大きかった。したがって新しい質の第三次産業の発展は巨大な設備投資によって好景気の出現・持続を支えたばかりではなく、雇用拡大・所得総額拡大・個人消費拡大の面でも大きな役割を果たした。

公共投資依存の建設投資拡大

他方では、大規模都市再開発・大規模地域開発政策が巨大規模の建設投資をもたらしたことが、好景気を倍加する役割を果たした。すでにみたように建設投資総額は一九八四年四九兆円から九〇年八一兆円へと大幅に拡大し、建設投資の対GDP比率は八〇年代後半には一七〜一八％となった。ただしこの建設投資には、大規模開発が投機的な土地買い漁り、土地バブルを促し、それと関連をもったゴルフ場建設等が拡大した分がかなり含まれている点、注意する必要がある。

雇用拡大・消費支出拡大による支え

以上のもとで広範な産業分野で雇用が顕著に拡大したことが国内消費拡大を促し、乗用車、各種ME機器、耐久消費財や衣料製品等の需要を拡大する中心的役割を果たした。実体経済では設備投資拡大と雇用拡大・消費拡大との好調な関連によって好景気が持続していったのである。輸出依存産業での徹底的減量経営と省力化ME化設備投資の実施、および各種産業でのME化設備の導入は一般的に省力化・雇用削減の効果をもつが、それでも自動車、電気機械の雇用者も増大し、製造業全体の雇用者も八五〜九〇年にかなりの増大をしている。建設業の就業者は八五〜九〇年に約五八万人増加した。第三次産業の発展は全体の雇用拡大に大きく貢献し、雇用者総数は八八年以降には毎年、前年比一〇〇万人の増加を続け、八五年の四三一三万人から九〇年四八三五万人へと五年間で五二〇万人もの増大となった。この雇用拡大が消費を拡大させた中心である。実質賃金の上昇と時間外労働の増大も加わって、「全国勤労者世帯」の「可処分所得」(名目、月平均)は対前年比八七年二・一%、八八年四・八%、八九年三・八%と増加し、八五年三七万四〇〇〇円から九〇年四四万円へ増加している。ただし八七年以降「勤労者世帯」の「平均消費性向」は若干ながら低下傾向を示しており、「消費支出」の伸びは「可処分所得」の伸びを少しだけ下まわっている(総理府「家計調査」)。一般にバブルによる消費ブームといわれているが、消費支出拡大を生んだ主要要因は雇用総数の増大であるといえる。

さらにまた一九八〇年代後半には、ME内臓のクレジット・カード、情報処理システムの発展によって消費者金融が爆発的に拡大したが、このことも個人消費の拡大に大きな役割を果たした。これは消費者金融が乗用車等の高級品からあらゆる消費分野にわたって進出し、バブル期特有の富裕者意識・高級消費を刺激する宣伝効果と結合して高級消費財の消費増大を促した。消費者金融の新規貸出は八五年六九七九億円から八八年には三・三兆円、八九年には六・三兆円と飛躍的に拡大した。

円高差益と原油価格低下

Ｇ５以降の大幅円高は輸出条件を悪化させたが、他方では巨額の円高差益を関連企業にもたらした。また原油価格の大幅低下も好影響を与えた。大幅円高のもとで輸入は「ドル建て価格」では横ばいで、輸入円価格の大幅低下と原油価格の大幅下落によって、輸入数量増加にもかかわらず円ベース輸入総額は一九八四年二九兆四五〇七億円から八六年一九兆六八五億円、八七年一八兆四五四二億円へと激減し、日本は全体で年間約一〇兆円にものぼる円高差益を享受した。このうち最終消費財の価格引下げによって消費者に還元されたのはごくわずかで、八五〜八六年の二年間に輸入価格が三七％低下したにもかかわらず卸売物価は一〇％低下、消費者物価は横ばいである。輸入関連商社や輸入原燃料を大量利用する国内メーカーが巨額の円高差益を取得したのである。このことは好景気の出現と持続に貢献した。

大幅な貿易収支黒字・国際収支黒字の維持

以上の結果、いちじるしい円高傾向にもかかわらず、日本の輸出はドル表示では頭打ち、円表示ではかなり減少するが、輸入は円高と原油価格低下によってドル表示では低迷、円表示ではかなり減少し、貿易収支はドル表示でも円表示でも八〇年代前半に比べて膨張した規模の黒字を維持し続けたのである。経常収支黒字は対外投資の活発化による対外投資収益収支の黒字の急増によって

（ドル表示、円表示とも）八〇年代はじめに比べはるかに大規模となっている。

このことは一九八〇年代後半に日米摩擦が激化していく原因であるが、それればかりではない。日本は一九八〇年代後半にアメリカの要求に応じて公定歩合を大幅に切下げ史上最低の公定歩合・金融緩和を長期続け、これがバブルを生む重要な原因となるが、貿易収支と経常収支の大幅黒字の持続がこれを可能としたのである。日本が急激な円高傾向のもとでも貿易収支と経常収支の大幅黒字を維持したことが、インフレの危惧もなく、経常収支対策の必要もなく、このような低金利・金融緩和政策の長期持続を許したのである。この意味で、以上がバブルを生む基礎となっていたといえる。基軸通貨国アメリカ以外の国では経常収支の大幅赤字を連続できない（↓一五頁）ので、もし日本が大幅赤字に陥っていたならばこのような政策を続けることはできなかったであろう。

第二節　近年のバブルの規定

バブルという用語は旧くから使われているが明確な定義はない。[6] 一九八〇年代に資本主義諸国でバブルが発生するようになったといわれる場合もそれが資産＝ストックにおけるものであってフローの事態ではないという点では一致しているが、それ以上にバブルについての明確な定義はされなかった。日本の八〇年代後半における異常ともいえるバブルについてもバブル（日本訳、泡）は明確な定義のないまま、かなりの差異をもった言葉として使われてきた。また日本のバブルの中心は住宅地・土地であったが、住宅地・土地の価格高騰は株式・債券のそれとは異なる特殊な内容をもっているのでバブルとして一括できないものである。このこともバブルの論議を混迷させる一因となっている。したがってあらかじめバブルの定義をしたうえで、日本における住宅地・土地の価格高騰の特殊性について若干の注意点を指摘しておく必要があろう。

近年のバブルの定義とその特質

筆者は、バブルの一般的定義を「資産（株式・債券や土地・建物）の価格変動差益の獲得を目指す投機活動と資産価格上昇との相互促進によって資産価格がスパイラル的上昇を続け、資産価格が実体経済の状態からいちじるしく乖離してしまうこと」とする。そして近年（一九八〇年代以降）のバブルの特質を「『金・ドル交換』停止・『初期IMF体制』崩壊と金融の自由化・国際化のもとで節度のなくなった通貨膨張・信用膨張によって膨大な投機活動が世界的展開を遂げるようになった基礎上で生じるバブル」と規定する。

バブルを生み出す基軸は資産をめぐる旺盛な投機的取引であって、この旺盛な投機的取引は資金の調達・供給の持続によって支えられている。したがって資本主義における投機活動の内容がそれを支える資金調達・供給とともに変質するならば、当然のことながらバブルはそれ以前とは異なった特質をもつものとなる。このことについては「現代資本主義の変質」とそのもとでの投機活動の変質について述べた序章を参照されたい。

日本の住宅地・土地での特殊なバブル

日本の住宅地・住宅（マンションを含む、以下同じ）、土地の価格高騰は株式バブルとは異なる特殊性をもっているため、右のバブルの規定をそのまま適用することはできない。日本では本章第五節第二項でみるように戦後数十年たっても首都圏、大都市を中心に住宅不足および劣悪な住宅状況が続いていたため、自分たちの居住目的で購入しようという〝真の需要〟（新規取得と改良買換え）が潜在的に大量に存在している。このことにもとづいて大量の投機が国民生活の基盤である住宅地・住宅にまで入り込むのである。ひとたび価格が上昇し始めると〝真の需要者〟は無理をしてでも早く購入しようと急ぐし、投機業者は投機的買い漁りを急ぐ。〝真の需要者〟は投機業者の介入で高騰していく価格で購入せざるをえなくなるが、〝真の需要者〟が上昇した価格で購入する（購入せざるをえない）ことが、投機による価格上昇を支える役割を果たし投機をさらに倍加していくのである。ここでは自分の居住を目的とする〝真の需要〟と投機的需要とは錯綜し、これら両者の需要と価格との相互促進によって地価のスパイラル的高騰が生じるのであるから、先述のバブル規定は当てはまらないのである。

筆者はこれまでの著作では、日本の住宅地・住宅の価格高騰の特殊性に注目してこれを〝資産価格の異常高騰〟と呼んで、バブル、株式バブルと区別してきた。だがあまりにも煩雑になるので、本書では以上の特殊性を含むことを大前提としてこれをもバブルと呼ぶことにする。

設備投資と土地投機

理論的には、利潤獲得のための産業活動を行う企業が市場予測にもとづいて土地取得・設備投資・生産拡大を実施することと、投機業者が価格差益を目的に土地を取得する場合とは峻別する必要がある。投機は財・サービスをなにひとつ生み出さないもので、たんなる価格の変動差益を得るための取引である。また前者がその後の市場条件の悪化によって設備過剰・生産物過剰に陥ること、投機の失敗で不良資産を抱えることも、峻別しなければならない。

しかし、投機が実体経済、さらには社会の隅々まで浸透していった現在では、純粋な投機ではないが、本来の事業用土地取得において価格上昇差益・投機的利益を考慮に入れて多めに土地を取得するもの、つまり事業用土地取得と投機的取引とが混在するものが増大した。たとえば一九八〇年代後半に大規模なスーパー・量販店、スポーツ施設、駐車施設等の経営が急速に拡大したが、そこでは土地を大量に購入して地価上昇後に一部を売却して施設建設費や新施設拡大に充用したり、経営赤字補塡に備えることが多かった。このような混在は、投機が実体経済、社会全体にまで浸透していくにしたがって増大し、投機かどうかの判定が不明確なものが増大することになる。

『経済白書』のバブルの定義

すでに指摘したように『経済白書』がバブルをはじめて本格的に取り上げたのは、バブルが崩壊した後の一九九三年版であるが、そこでは「『バブル』とは、一般には、資産価格がファンダメンタルズ（経済の基本要因）から大幅にかい離することを意味する。したがってバブルを検出するためには、まずファンダメンタルズから決まってくる資産価格（資産の理論値）を知らなければならない(7)」という。そして「資産の価格」は「資産がもたらす期待利益」（株式では配当、土地では地代）を「裁定関係にある資産の利子率」（国債利回り等の長期金利）と「リスクプレミアム」の「和で割り引いたもの」であると考え、これを「資産の理論価格」とする(8)。これ以後の『経済白書』等はこの「資産の理論価格」の量的推計と現実価格とのかい離（バブル）の推計を試みている。

しかし日本の現状分析の理論基準として、住宅地・土地を地代を期待して取得するという考えを基本とすること自体が非現実的な仮定である。戦後の日本では国家は、国民が自己責任で「持家」を取得することを住宅政策の基本とし、大多数の国民は居住目的で住宅地・住宅を取得してきた結果、「貸地・貸家」の比率はきわめて低いのである。「地代・家賃」はむしろ住宅地・住宅価格を基準にして決定される。したがって「住宅地の理論地価」を「家賃を住宅ローン金利で割り引いたもの(9)」とし、この「理論地価」からの「かい離」をバブルとすることは、非現実的な仮定にもとづいたもので、現状分析の理論的基準とはなりえないものである。

さらにまた地価高騰の始まる直前の一九八三年において「住宅地の理論地価」と現実地価が一致していると前提し、これを基準としてそれ以降における両者の「かい離」をバブルとして推計している(10)が、このこともまた非現実的な仮定に基づいた大きな誤りである。第五節で示すように、日本では今回の地価上昇の始まる八四年以前に地価は実体経済の動向に比べ「異常な」高値となっていたのであって（第2図）、八三年で両者が一致していると前提することは、「住宅地の理論地価」なるものがまったく基準となりえないことを露呈している。もっとも『経済白書』自身この前提は「擬制」であることを認めており、これらの推計結果が「現在の地価水準が適正なものとなっているかどうかについて答えを示しているものではない」という。[11] しかしそれであればこのような「擬制」をおくことを理論的に検討し直し、ここでの「住宅地の理論地価」の正当性を検討し直すことが必要であったはずである。現実的条件を無視した非現実的仮定のもとでの理論的仮説は真の理論とはいえない。これらの『経済白書』において、「住宅地の理論地価」の正当性の論証もしないで、このような「住宅地の理論地価」の推計とバブルの推計のために多大のエネルギーと頁数を割くことにどのような意味があるというのであろうか。

第三節　大量の低金利資金の供給・調達——バブルの基礎

第三節では一九八〇年代後半における資金供給・資金調達の変化、特徴を取り上げ、大規模な投機的取引を可能にした膨大な資金供給・資金調達がいかに行われたかを明らかにする。

超低金利・金融緩和政策の長期持続

アメリカがG5・プラザ合意以降、ドルの大幅引下げとともに金利の協調的引下げ（アメリカの金利引下げよりもさらに低い金利とすること）を求めたのに対して、日本政府・日銀は円高不況対策という名目で公定歩合をプラザ合意時点の五・五％から一九八六年一月以降数回引き下げ、八七年二月ルーブル合意直後には先進諸国中最低、日本の史上最低の二・五％に引き下げ金融緩和も強化していった（一年定期預金利子率は二・三九％になる）。注目すべきことは、この超低金利・金融緩和政策が、すでに景気が急速に上昇傾向を示し、土地や株式の価格上昇もすでに進んでいたもとでそのまま続けられ、株価と地価がピークに達する直前の八九年五月まで続いたことである（第4図）。（西ドイツは日本と同じく、アメリカの協調的金利引下げ要求に応じて八六年に公定歩合を二・五％に引き下げたが、わずか九ヵ月後に自国のインフレ懸念を理由にして引上げに転じ、その後数度の引上げを行った。）

大企業が豊富な内部資金によって設備投資を賄える状況であったもとで、また他方ですでに株価と土地・建物の価格の上昇が始まっているもとで、超低金利・金融緩和政策をとり続けるならば、低金利資金が株式・土地をめぐる投機活動に向かってそれらの価格上昇を促し、さらに投機的活動が活発化していくことは確実といえよう。

一般に大規模な投機的活動は大量の低コスト資金の借入れに依存し、その借入れの増大によって活発化するのであるから、資産価格の上昇と投機活動の活発化との相互促進が始まったときには、政府・日銀はできるだけ早く超低金利・金融緩和政策を転換して低金利資金の大量供給の源を断ってしまうことが必要であるし、この政策転換によって投機活動の資金源を断ってしまうならばバブルを確実に抑止できたのである。したがって、政府・日銀が超低金利・金融緩和政策を株価、地価がピークに達する直前まで続けたことの誤りとその責任はきわめて大きいといわねばならない。[12] 政府・日銀がこのような超低金利・金融緩和政策を長期続けたのはアメリカの強い要求によるものであった[13]が、しかしそのことの重要性を認識しないでアメリカの要求に従った政府・日銀の責任は免れない。

他方、一九八六〜八八年において通貨当局が円高抑制のために実施した大量ドル買い介入が通貨供給拡大を倍加した。ドル買い介入のための円資金は「外国為替資金証券」(為券)を発行しその発行額のほぼ全額を日銀が引き受ける形で、つまり日銀の通貨増発によって捻出されたので、「外国為替資金」勘定からの資金供給は八六年二兆一一五五億円、八七年五兆四二七三億円にものぼった。これに対し日銀の売りオペレーションによる資金吸上げは不充分であり、国内通貨供給は増大した。

マネーサプライ(M2+CD)残高の対前年増加率は一九八七年以降四年にわたって約一〇%にのぼる高い伸びを続けたが、これはこの間の実質GDPの伸び率約五%をはるかに上まわっていた。

大企業には豊富な内部資金

この超低金利・金融緩和政策、通貨供給増加について注目すべきことは、これら政策が日本の巨大企業が豊富な内部資金(内部留保プラス減価償却)をもっているもとで行われたことである。巨大企業は一九七〇年代中葉以降の減量経営で金融コスト削減のために借入金返済・内部金融比重上昇を進めたうえ、八〇年代には輸出の急激な拡大、国内経済の発展、対外投資収益拡大によって収益を急増していた。とくに主要な輸出産業であるME機器、自動車産業では好調な企業収益の長期持続にもとづいて内部留保、減価償却費はともに着実に増大し続け、借入金依存は大幅に低下していた。G5による大幅円高に対抗するために実施した大規模設備投資のほとんどを内部資金で賄うことができるようになっていた。製造業全体としても巨大企業は八〇年代後半には程度の差はあれ内部資金でもって粗設備投資をほぼ賄うことができるようになっていた。(資本金一〇億円以上の大企業についての八〇年代末の調査では、製造業の旺盛な設備投資のもとでも、製造業では内部資金が「設備投資のほぼ一〇〇%、実物投資の八割以上」を賄えるようになり、非製造業ではなお外部資金依存が高いがそれでも内部資金によって「設備投資の七~八割、実物投資の六割強」を賄えるという。[14])

エクイティ・ファイナンスによる巨額の資金調達

しかも巨大企業は、潤沢な内部資金をもっていたにもかかわらず、金融自由化と株価上昇傾向によって可能となったエクイティ・ファイナンス (equity finance) で巨大な資金を調達した。これは大体一九八六年度から始まり、八六年度から八九年度までの四年間で約六二兆円にものぼる資金を調達した。うち約二三兆円が海外での調達である。エクイティ・ファイナンスには「株式」(有償増資)、「転換社債」(一定の時点で一定の転換価格で発行企業の株式に転換できる社債で、転換時点で債務は消滅する)、および八一年に発行が容認された「ワラント債」(行使期間中に一定比率の新株を引

第10表　エクイティ・ファイナンスによる資金調達

（単位：10億円）

年度	株式[1]	ワラント債[2]		転換社債			合計
	合計	合計	うち海外	合計	国内	海外	
1980	1,268	0	0	611	97	515	1,879
1986	632	2,097	1,993	3,953	3,468	485	6,683
1987	2,123	3,439	3,439	6,132	5,055	1,077	11,694
1988	4,580	4,982	4,982	8,061	6,995	1,067	17,623
1989	7,896	9,185	8,270	9,378	7,640	1,739	26,460
1986～89計	15,231	19,703	18,684	27,524	23,158	4,368	62,460

資料出所：「80年代のマネーフローとその後の企業金融」（日本開発銀行『調査』1992年7月，64ページ）の表から作成。

原資料注：1. 発行額は払込日ベース。ただし海外発行分の邦貨換算レートは払込日の実勢レートによる。

注：1. 株式は大半が国内であるので，国内・海外は省略した。
2. ワラント債は大半が海外であるので，海外のみにした。

第11表　全国銀行[1]の業種別貸出残高（年末）の推移

（単位：兆円）

	1984	1985	1986	1987	1988	1989
貸出残高総額	202.1	222.8	244.4	268.6	288.2	316.7
製造業[2]	55.3	58.2	57.6	55.0	53.9	53.5
一般機械器具	4.4	4.9	4.8	4.7	4.7	4.7
電気機械器具	4.7	5.4	5.8	5.2	4.9	5.1
輸送用機械器具	5.1	5.1	5.0	4.5	4.0	3.8
非製造業[2]	120.3	134.8	153.5	173.2	187.7	206.3
建設業	11.4	12.7	13.5	14.0	14.8	15.6
卸・小売・飲食	46.6	49.2	50.5	52.3	53.3	55.6
金融・保険業[3]	14.3	16.8	21.4	27.3	30.3	35.1
不動産業	13.9	17.2	23.5	27.5	31.4	35.9
サービス業	19.7	23.6	28.6	35.2	40.0	46.0

資料出所：日本銀行『経済統計年報』(1992年)。

注：1.「全国銀行」は都市銀行，地方銀行，信託銀行，長期信用銀行（地方銀行IIは含まれていない）。
2. 製造業，非製造業とも，一部の産業だけ掲示したので，合計とは一致しない。
3. この大部分は「貸金業，投資業等非預金信用機関」（ノンバンクに該当）への貸出しである（同『経済統計年報』1997年）

き受ける権利＝ワラントが付いている社債）がある（第10表）。株価の大幅上昇傾向のもとでは、「転換社債」の買手に株式転換プレミアムが付くので、発行企業はクーポン・レートを低めてきわめて低い金融コストで資金を調達できた。また「ワラント債」の九五％、「転換社債」の一六％は海外で発行されたため、買手は新株引受けによる収益に加えて、円高傾向のもとでの為替差益を期待できるので、発行企業はきわめて低い金融コストで資金調達が可能であった。外国発行債券の買手の多くは日本の生保・信託銀行を中心とする機関投資家であった。株価上昇がエクイティ・ファイナンスの急増を可能にしたが、それによる調達資金が株式購入に向かって株価上昇を促し、いっそう低コストのエクイティ・ファイナンスでの資金調達を可能にするという関係がみられた。

大企業による金融資産運用・不動産関連投資の活発化

以上と関連し、大企業は、金融の自由化によって証券取引はじめ金融活動による収益獲得の分野が急増するもとで、自己の本来の事業活動に必要な資金量をはるかに上まわる低金利資金を調達し、その多くを株式等の「金融資産」の運用に向けたのである。そのかなりが投機的運用と推測される。統計的にも、大企業の資金運用――「実物投資」＋「金融資産」――の構造が大きく変化し、「金融資産」運用が「実物投資」をはるかに上まわる急激な増大を示し、また「実物投資」のなかでも土地保有が顕著に上昇したことが確認できる。（先の資本金一〇億円以上の大企業の調査では、「外部資金調達」〔大部分を占めるエクイティ・ファイナンスと借入金〕のうち「全産業ベースで外部資金の九割前後

が金融資産に振り向けられているかたちとなっている」という。(15)

一般企業にとっては地価上昇の見込みのある土地取得はきわめて有利な利殖の手段である。地価上昇は保有資産の担保能力を増大するとともに資産の〝含み益〟という有効な経営予備費を増大するうえ、購入資金の借入れ金利は損金に計上できるし、会社には相続税負担もないからである。この時期には製造業、非製造業を問わず多くの産業での「多角化」が進むが、「多角化」の進出先の上位が不動産賃貸、不動産売買、不動産開発・管理であること、またこの「多角化」において「本体」企業による進出とともにそれを上まわる数の「子会社」による進出があること、が注目される。

他方、銀行、証券会社、保険会社は、金融自由化・情報化の進行過程で、将来新しい収益を生む有望な金融商品・金融業務、不動産・情報サービス・周辺業務に乗り出し、専門業務の経験・効率を発揮する独自の組織を準備するために、多数の「ノンバンク」を系列会社として設立していったが、これらノンバンクに対して一九八〇年代後半に貸出しを急増していったのである。ノンバンクは「預金等を受け入れないで与信業務を営む会社」と定義されており、具体的には住宅金融専門会社(住専)、消費者信用会社(信販、クレジット会社等)、事業者信用会社(リース会社等)、抵当証券会社であるが、その大部分は銀行、証券会社、保険会社、商社および一般事業会社を母体会社とする系列会社である。「多角化」というが、この時期の特徴は本業以外での投機的利益を求めるハイリスク・ハイリターンの活動に対する融資を担う「子会社」、また直接ハイリスク・ハイリターンを狙うための「子会社」設立が目立ったことである。

銀行の融資先の変化、製造業の減少・不動産業等の激増

一九八〇年代後半における銀行の融資でとくに注目されることは、きわめて顕著な貸出しの増大と、その融資先の大きな変化である。

銀行の業種別貸出しは、以上の産業の資金需要の変化と対応して大きく変化した。全国銀行の業種別貸出残高（年末）の推移を一九八四年→八九年をとってみると、第11表のように第一に製造業への融資残高が減少していること、第二にこれに反し不動産業への融資残高が約二・六倍に増大し、金融・保険業（ほとんどが「貸金業、投資業等非預金信用機関」でほぼ「ノンバンク」に該当する）は約二・五倍、サービス業は約二・三倍へ急増していること、が注目される。同年末における融資残高総額は二〇二・一兆円から三一六・七兆円へと約一・六倍の増大である。

製造業の大企業が借入金依存体質から脱却していったもとで、新しい大口融資先の開拓に迫られた金融機関は不動産関連への融資に活路を見出したのである。金融自由化のもとで巨大化を目指していた金融機関は、不動産関連を中心に激しい貸出拡大競争を展開していった。

不動産業、金融・保険業、サービス業への貸出し増加は八四年頃から目立ち始め、とくに八六～八九年には急激な伸びが続いた。なおノンバンクの「住宅金融専門会社」＝「住専」は八四年頃から住宅ローン新規貸付けを拡大するとはいえ、母体行を含め銀行も住宅ローン新規貸付けを急増したため、投機的土地取引・ゴルフ場開発等への融資を急増させていった。住専七社の年度末融資

残高は八〇年三・三兆円から八五年四・八兆円、八九年一二・四兆円と激増しているが、そのうち「個人住宅向け」は八〇年に九五・六％を占めていたのが、八五年六七・〇％を経て、八九年には二一・四％になってしまい、残りの八割近くが「事業向け」（不動産融資）となっている。

長期信用銀行でも融資先の変化は顕著である。長期信用銀行（一九五二年長期信用銀行法制定）は特別に金融債の発行が認められ、これによる調達資金を主として設備投資のための長期融資に充てるものとして設立されたが、主要製造業の大企業が設備投資資金の借入れ依存から脱却していったこの時期には、新しい一部の情報・通信関連設備投資等を除くと、本来の役割は大半終わっていたといえる。事実、製造業への貸出残高（年末）は八四年→八九年において六・一兆円から五・一兆円（約〇・八倍）とかなりの減少を示している。ここで政府・大蔵省は長期信用銀行のあり方を検討すべきであったと思われるが放置していた。長期信用銀行は金融債発行による巨額の資金調達を続け、不動産業、金融・保険業（大半がノンバンク）、サービス業への貸出しを急速に拡大することで業務拡大をはかっていった。右と同じ八四年→八九年における長期信用銀行の貸出先残高（年末）は「不動産業」が二・六兆円→五・七兆円（約二・二倍）、「金融・保険業」が三・五兆円→八・九兆円（約二・五倍）と急増し、両者に対する貸付残高は八九年に一四・六兆円にのぼり、製造業への貸付残高の約二・八倍強にもなっているのである。(16) この傾向は九〇年代にはいっそう強まり、長期信用銀行二行が膨大な不良債権を抱えて破綻していく原因となる。

金融機関の信用創造

以上で注目されるのは、銀行がきわめて激しい融資拡大競争を続け、一般産業の本来的業務のための資金供給という銀行本来の役割から離れて、資産価格変動から利益を求める投機的活動と結びついてそれらに巨額の融資を行ったことである。日銀による低金利・金融緩和強化の基礎上で銀行が競って信用創造を拡張したのであるが、これは銀行の信用膨張の拡大を日銀が支えたということでもある。

銀行は貸付けを行うさい現金で貸し付けるわけではない。借り手の「預金設定」によって貸付けを行うのであり、これによって銀行の保有する（本源的）預金をはるかに超えた額の貸付けを行うことができるのである。いわゆる信用創造である。この「預金設定」によって貸し付けられた資金は借り手が利用し種々のルートを経てどこかの銀行に預金となって還ってくるが、貸し付けた銀行は自分のところに還流してくるよう預金獲得競争をする。銀行の信用創造の拡大は本来、預金引出しに備えて準備金を必要とすることによって制約されるが、日銀の「当座預金」制は銀行が必要とする準備金を供給してこの制約を緩和するのであり、金融緩和政策のもとではこの供給が増大したため、銀行は信用創造による貸付けの膨張を続けることが容易になったのである。日銀「当座預金」は、銀行が一定の準備比率に応じて日銀に預金している当座預金で、各種決済、現金支払い準備等のために用いられるものである。日銀は銀行のこの「当座預金」の貸出し（この利率が公定歩合）や債券等の売買によって全体の金融調整を行うが、八〇年代後半の公定歩合引下げ・金融緩和強化政策によって、日銀はこの貸出しの増大、債券等の買上げを増大し銀行の信用創造拡大・貸付け拡大を支えたのである。

こうして一九八〇年代後半、日本の銀行は日銀の強力な支えのもとで、これまでに例をみないような膨大な信用創造を行い、しかもそのかなりをリスクの高い投機的活動のために行うことになったのである。したがって日銀自体もまた、このようなリスクの高い投機的活動への貸付拡大を容認し支援していたわけである。ここには「金・ドル交換」停止・「初期ＩＭＦ体制」崩壊によって通貨膨張・信用膨張への歯止めがほとんどなくなったことの日本における現れをみることができる。

第四節　株式バブル

第三節ですでにバブルを生み出した資金面の基礎を明らかにしたので、株式バブルを取り上げる第四節では日本独特の諸要因を指摘することで充分であろう。

株式持合いの特徴と株価上昇促進作用

日本の株式バブルとその崩壊について注目すべき重要な問題は、日本独特の株式持合いとの関係である。この株式持合いは、各上場企業の株式発行総額のうち市場で取引される株式の比率をいちじるしく低め、低率の株の取引によって株価が大きく変動されるという日本の特徴を生み出した。このことは株価上昇と投機的株式取得の相互促進による株価のスパイラル的高騰=バブルをとくに激しくする作用を果たした。

日本では敗戦後の「財閥解体」の結果、大企業において自分の株式所有にもとづかない経営者によるマネージメント・コントロールが支配的となるとともに、旧財閥に代わって新しい六大企業集団(旧財閥系の三菱系、三井系、住友系と、有力事業会社と大銀行が結合した富士銀行=安田系、第一銀行=渋沢系、三和銀行=三銀行合併系)が形成された。それらは集団内の非金融企業・金融機関が相互に大量の株式を保有し合い、集団内企業による各巨大企業の株式保有累積比率が非常に高いという株式持合い関係を形成していた。このなかではとくに金融機関の株式保有率が高かった。この株式持合い関係は企業集団内の諸企業を結束させる重要な紐帯としての役割を果たすと同時に、株買占めによる企業乗っ取り(資本自由化以降はとくに外国企業による買占め)に対し経営権を擁護する重要な基礎となっていた。他方、産業型企業集団ではその頂点にたつ巨大企業(鉄鋼業の諸会社、日立製作所、松下電器産業等)が傘下の多数の子会社、関係会社を株式所有によって支配・統括していた。六大企業集団に含まれない長期信用銀行、都市銀行、地方銀行、信託銀行等は、産業型企業集団内企業に対しても六大企業集団内企業に対しても、巨額の株式保有を行っていたので、金融機関全般でも株式保有率が高かった。

他方日本では、大戦後、株価が長期にわたって緩やかではあるが上昇傾向を続けたため、巨大企業・金融機関は大量の保有株式の資産価値膨張によって含み益を累増し、この含み益を有価証券の買戻し条件付き売却によって経営上有効に利用するいわゆる「含み経営」を行ってきたのである。このことも株式持合い関係、あるいはその他の巨大企業・金融機関による株式保有を促す重要な原因となっていた。また一九七〇年代以降、従来一般的であった株主割当・額面価格発行増資に代わって、公募による時価発行増資が一般化して株価上昇が有利となったので、この面からも株式持合い率上昇が促進された。

しかも一九八〇年代には金融自由化と日本経済の発展によって、外国企業の日本への直接投資・証券投資の気運が急速に高まったのに対し、日本の巨大企業は経営権の安定を強化するために、エクイティ・ファイナンスで調達した巨額の資金をもって企業集団内企業の株式の持合い分を拡大し合っていった。これらは株価上昇を促す役割を果たした。大企業の所有株式残高（関係会社分を除く）の対前年度増加率は、製造業では八六年度一〇・三％から急上昇し八九年度には二三・二％にもなり、非製造業でもほぼ同じ急激な伸びを示している。

この結果、日本の発行済株式の保有状況をみると、法人の保有比率は上昇し一九七〇年度五六・六％から九〇年度には七二・一％にも達した。うち金融機関（投資信託を除く）は三〇・九％から四一・六％へともっとも比率の上昇が高く、事業法人等は二三・一％から二五・二％である。個人の株式保有の比率は七〇年度三九・九％から低下を続け、八〇年代後半に株式取得が増大するとはいえ保有比率は低下し、九〇年度二三・一％となった。以上は他の先進諸国では例のない日本的特徴である。

政府の株取引促進措置

従来日本ではアメリカ等に比べ、個人の貯蓄性向が非常に高いが貯蓄のうち株式運用比率は非常に低いという特徴があったが、政府の長期にわたる超低金利政策と株式市場拡大措置は一九八〇年代中葉以降、個人による株価上昇差益を狙う株式運用の拡大を促していった。電電公社の民営化にともない政府は八六〜八八年度に大々的な宣伝活動のもとでNTT株五四〇万株（売却収入一〇兆一九七一億円）を市中売却したが、これは個人の株価上昇差益を狙う投機的株式取得を煽る役割を果たし個人の申込みが殺到しすべて即日完売した。さらには八八年四月以降、少額貯蓄非課税制度（マル優）が廃止されたことが超低金利政策と重なって、個人の銀行預金を証券運用へ移転させる役割を果たした。

また政府が有利な法的措置をとった「特定金銭信託」（略称「特金」、信託銀行に株式の銘柄、金額等を指定して運用を委託するもの）と「ファンドトラスト」（略称「ファントラ」、委託主は運用の範囲のみを指定し信託銀行がその裁量で運用する「指定金外信託」）、「営業特金」（その運用を証券会社に一任しているもの）が、大企業、金融機関のもつ巨額の余剰資金の株式運用を拡大するうえに重要な役割を果たした。特金・ファントラに委託すれば、取得した有価証券をすでに保有していた有価証券の簿価と切り離す会計処理が法的に許されたため、簿価の低い有価証券の含み益を温存したまま新しい株式運用ができるようになったこともこの拡大を促した。特金、ファントラは一九八六年より急増し、残高は八八年末三五兆円、八九年末四三兆円となるが、これらは短期的にキャピタル・ゲインを狙う投機的運用が中心で株式バブルを加速した。(株式バブル崩壊後に委託した企業が多大の損失を蒙り、信託銀行等がその損失補塡を行ったことが新聞紙上で騒がれたのはこの結果である。)

さらにまた金融自由化政策によって日本ではじめて債券・株式先物市場や株価指数先物取引、これらの裁定取引、が容認されたことが株式取引の拡大、投機化を促した。(一九八五年一〇月債券先物取引、八七年六月株式先物市場取引が始まり、八八年九月から日本の株式市場ではじめて東京証券取引所株価指数=TOPIXと大阪証券取引所の日経二二五を対象とした株価指数先物取引が開始された。八九年には各種のオプション取引が始まる。)日本におけるデリバティブの開始である。先物・オプション市場は価格や利回りの変動によるリスクを回避する手段とされてはいるが、先物取引では少額の証拠金で大規模な取引ができるため投機的取引の拡大傾向が強い。また株価指数先物取引は特定銘柄の株式の取引ではなく、株式市場全体の動向を示す株価指数の将来予想によって取引を行う文字どおりの投機的取引であるが、開始早々日経二二五を中心に取引契約金額は急増し、八九年(暦年)二八五兆円、九〇年四六七兆円と、現物取引売買額に迫る巨大規模となる。これらの出現が八九年末の株価の史上最高値への上昇に及ぼした影響は小さくない。さらに八九年にはかかる株価指数先物取引と現物取引との間の裁定取引(両者の価格差を利用して両者の間で行われる〃さや取り〃取引)が始まり、これが投機的株式運用の拡大を促進し、株価変動を拡張するようになる。

第1図　日本の株価の推移（TOPIX，東証一部総合）

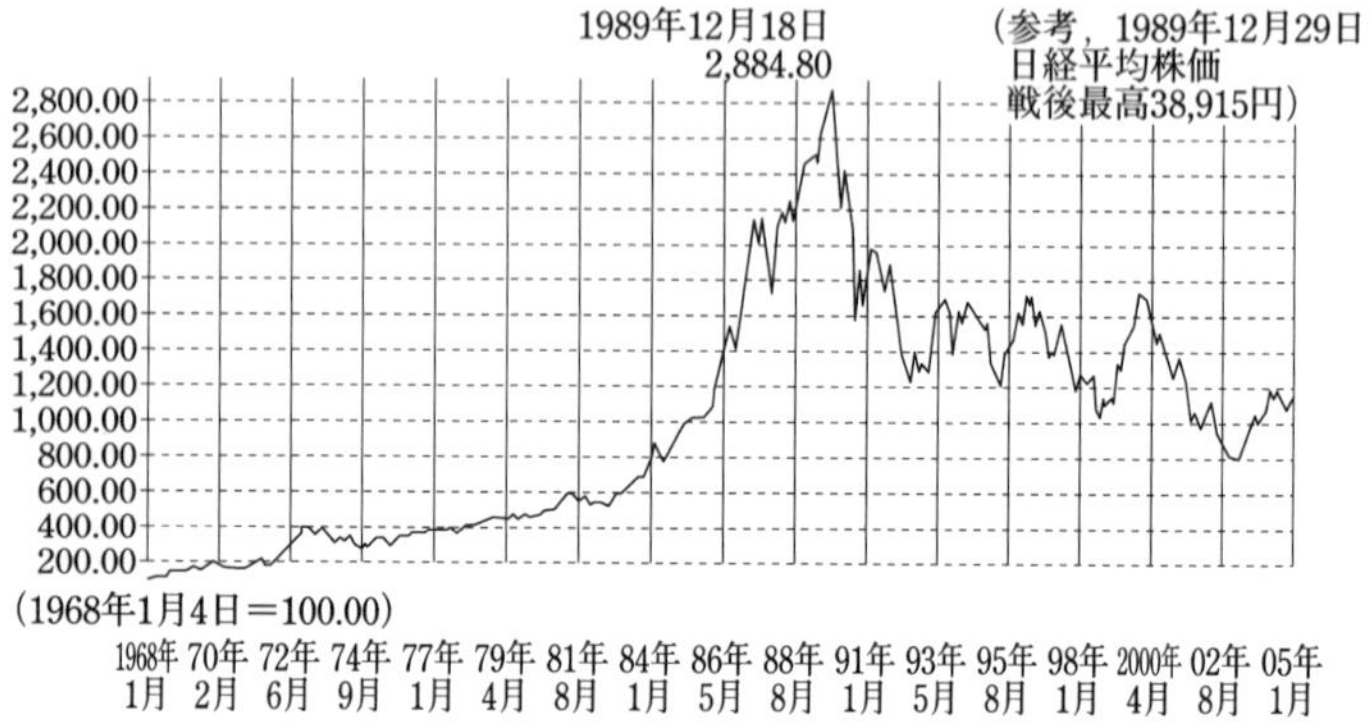

資料出所：東京証券取引所提供データ。
注：「TOPIX＝東証株価指数」は，東京証券取引所第一部上場企業全社の株価の時価総額を指数で表したもの。参考の「日経平均株価」は，東京証券取引所第一部上場企業のうち代表的な225社の平均株価。

政府はこれらを金融自由化の具体的実施だというが、株価指数先物や裁定取引等の経験も知識も乏しい日本がほとんど準備もしないでアメリカ並みのデリバティブ取引制度を取り入れたことは、為替の自由化と同様、安易な自由化であったといえる。一九八〇年代後半以降これらに習熟した外資系投機筋が日本の株式市場へ参入し投機利益を獲得する動きを活発化し、日本の株式相場に大きな影響を与えることになった。

株式バブルの展開

こうして第三節でみた低金利資金の大量供給・調達の基礎上で、一九八四年頃から緩やかに始まっていた株取引拡大・株価上昇傾向は、八六年末以降には投機的株式購入と株価上昇との相互促進的進展となっていった。巨額の調達資金が株式と土地購入に向かってそれらの価格上昇を促し、株価のいっそうの上昇がより低い金融コストのエクイティ・ファイナンスによる資金調達を可能にし、これがまた投機的な株や土地・建物の購入に向けられるという、株価上昇とエクイティ・ファイナンスによる投機的資産運用拡大との相互促進による株価のスパイラル的上昇＝株式バブルが進んでいった。他方、地価上昇は土地の担保価値を増大することによって土地を担保にした投機資金借入れの拡大を可能にし、土地と株式とが錯綜しつつ投機的購入と価格高騰との相互促進的進行となっていった。

外国投資家による日本の証券投資拡大

さらに金融自由化によって参入してきた外国機関投資家が日本の証券取引を急激に拡大し、投機的取引を駆使して株式バブルを倍加していった。海外からの市場開放に対する強い要求によって、東京証券取引所では一九八五年以降、外国証券会社に会員権を与えることとし、八六〜八八年に外国の二二社が会員権を取得した。日本の株価の上昇過程で外国投資家の対日証券投資が急速に拡大した。とくにアメリカにおける八七年一〇月の株価暴落（ブラック・マンデー）によってアメリカ・ヨーロッパの株式取引が沈静化してしまい、運用できない大量の資金が日本の株式市場に向かったことが日本の株価を押し上げバブルを倍加した。このかなりが投機手法に熟達したアメリカを中心とする証券会社、ヘッジファンドであった。これらは株式指数先物取引と裁定取引を駆使して投機的取引を膨張するとともに、日本の証券会社をはるかに上まわる高率の収益を獲得していった。

これらは、九〇年の株暴落を惹起する役割を果たしたといわれている。

第五節　住宅地・土地の特殊なバブル

一九八〇年代半ば以降の地価上昇の直接の契機は、都心部商業地のオフィスビルへの実需（＝利用者による需要）の拡大であった。この背景には、一九八三・八四年以降、金融の自由化・国際化、ME技術革新による全国規模での情報・通信ネットワークの発展と中曾根首相の大都市再開発政策があり、日本の大企業の本社・事業所の東京への集中と、銀行・証券会社を中心とする外国企業の活発な日本進出があった。一時沈静していた首都圏への経済活動・人口の集中が再び急激に進んでいった。このため八三年頃から東京都心部商業地の地価上昇が始まり、これが都心部住宅地、周辺部住宅地へと波及し、若干遅れて大都市の商業地・住宅地へ、さらに地方都市の商業地・住宅地へと波及していったのである。また大規模地方開発関連の地域でも地価高騰が拡がった（第12表）。

こうして一九八〇年代中葉に始まった地価高騰は「戦後の歴史」のなかでも「最も大規模かつ深刻なものの一つとなった」[17]。日本の地価の上昇が大戦後長いあいだにわたってきわめて顕著である根源は長期にわたって深刻な住宅問題が続き大量の住宅需要が潜在的に存続していることにある。したがって日本の地価高騰問題を解明するためにはまず、戦後数十年たってもなお住宅問題が深刻である原因を明らかにすることが不可欠である。

第一項　戦後の住宅復興政策の誤りと長期にわたる深刻な住宅問題

敗戦後、政策不在の都市復興・住宅復興

日本では、戦後長いあいだ、国家の都市再建政策・住宅政策は不在であったといっても過言ではない。全国の都市のほとんどは戦争による激しい爆撃によって破壊され尽くし全国で約二四六万戸もの住居が喪失した（内務省発表）。これら被災者に海外からの復員・引揚げ者が加わり、敗戦直後の住宅不足は約四二〇万戸といわれた。[18] しかし政府は経済復興・経済発展を最優先し、長いあいだ都市復興・住宅復興は放置されていた。たしかに経済がある程度復興しなければ都市復興・住宅復興も不可能ではあるが、しかし国家は早い時点で国の責任において都市復興と住宅供給・生活環境整備を行う基本方針を国民に示し、経済復興とともにその実現に着手することを公約することが不可欠であった。同じように多くの都市・住宅を破壊された敗戦国の西ドイツが、一九五〇年に早くも住宅建設法を制定し国の諸政策のうち住宅政策を最優先させるとしたのと、あまりにも大きな違いである。

日本では一九五〇年住宅建設資金融資のための「住宅金融公庫」（政府関係金融機関）の設立、五一年「公営住宅法」（国・地方公共団体による低額所得層向け公営賃貸住宅の供給）の制定があったが、きわめて貧弱で焼け石に水であった。五五年にようやく集団住宅と大規模な宅地供給のために「日

本住宅公団」（公法上の特殊法人、後の「住宅・都市整備公団」）が設立されたが、その規模・内容からみて〝一時しのぎ的〟なものであった。

国の住宅政策の基本は個人責任の「持家」取得・民間主体の住宅供給

一九五五年を起点に新鋭重化学工業の創出と高度成長が急速に進み、首都圏、大都市への経済活動・人口の集中が激化したうえ、「核家族化」による世帯数増大が進んだため、首都圏、大都市における住宅困窮は格段と深刻化していった。もはや放置できなくなった政府は六六年になってようやく住宅に対する基本政策を決定し長期住宅建設計画（「第一期住宅建設五ヵ年計画」）を策定した。しかしその政策の基本は、「一世帯一住宅」を自身の責任で実現するという「持家政策」と、この住宅供給を民間に委ねるという政策であった。経済復興・経済発展のために住宅復興を後回しにしてきた国家が、経済が復興し高度成長が進んだ時期において、住宅建設を国家の責任で行うことを放棄して、個人の責任による「持家」取得と民間による住宅供給を基本政策としたのである。民間の不動産・土木建設企業は「民間ディベロッパー」という名称を与えられ（自民党「都市政策調査会」田中角栄会長の「都市政策大綱」で最初に公式使用）、六〇年代後半にいっせいに首都圏・大都市周辺の土地を買い漁り大規模な分譲地造成、分譲住宅建設、マンション建設に乗り出した。

同時に一九六六年以降、民間金融機関が相次いで住宅ローンによる個人宛住宅資金供給に乗り出し、六九年には早くも住宅ローン新規貸出全体の七九％を占めていき、公的「住宅金融公庫」をはるかに上まわるようになる。また個人住宅ローン需要の急激な拡大に対し大蔵省の指導のもと、七一～七六年に、銀行（都銀、長銀、信託銀）と生保（一社のみ）が出資母体となってノンバンク「住宅金融専門会社」（略称住専）七社が設立された。

戦前では日本の都市の住居（一九四一年）のうち持家はわずか二二・三％で、給与住宅一・八％、貸家七五・九％と貸家の比重の高いことが注目される[19]。戦後には住宅地価上昇とともに民間貸家の家賃も上昇していた。国家の「持家政策」によって公的賃貸住宅の拡大が望めない以上、国民は長期ローンによる持家取得を選ばざるをえなかったし、また持家が徐々に普及するもとで「持家願望」が急速に高まっていった。こうして持家を求める膨大な潜在的住宅需要＝〝真の需要〟が生み出され、この供給が民間の金融機関、不動産・建設企業に委ねられたのである。八五年には一般世帯のうち「持家」は六一・七％となり、「民営の借家」二四・五％、「給与住宅」五・三％に対し「公営・公団・公社の借家」はわずか七・六％にすぎない[20]。

ここで注目すべきことは、国家が膨大な潜在的住宅需要の存在するもとでその供給を民間の手に委ねたことが、住宅地・住宅に投機が入り込み地価の異常高騰を惹起する基礎を生み出したことである。国民の生活の基盤である住宅地・住宅が投機の対象となるということはきわめて異常な事態といわねばならないが、この異常なことが戦後の国家政策によって生み出され、定着したのである。

一九七〇年代はじめの地価の異常高騰

一九七〇年代はじめに、全国規模での投機的土地買い漁りによる地価の異常高騰が生じた。七一年の「金・ドル交換」停止、ニクソンショック、円切上げによって深刻な不況が予想されたのに対し、七二年七月登場した田中首相は「日本列島改造論」による公共投資拡大政策と、「調整インフレーション論」(国際収支黒字が持続するもとでは円再切上げが不可避だから、それを阻止するためにインフレを覚悟して過度な資金供給によって設備投資拡大・景気上昇を促す方が良いという見解)による超金融緩和政策をとった。「日本列島改造論」は工場の地方分散・「工場再配置」、新地方都市開発を実施し、それらを新幹線網・高速道路網・石油パイプ網で結合するという大構想であるが、これによって全国的に地価高騰の期待がいっきょに高まり、不動産業・建設業、さらには一般企業が大量の低金利資金を借り入れて政府の開発予定地周辺をはじめ各種の土地・住宅用地の投機的買い漁りに殺到した。これ以前から居住目的の〝真の需要者〟の「持家」取得が拡大傾向にあったが、投機的買い漁りによる地価上昇が始まると、上昇前に購入を急ぐ〝真の需要者〟と投機的買い漁りの激化とが住宅地価をいっきょに押し上げた(第2図)。この地価高騰は七四・七五年世界的大不況によって終わり、七五年には戦後はじめて住宅地価が下落したがしかし下落は低率で一年だけであって、住宅地価は高水準でとどまった。このときは中小不動産企業はかなり倒産したが、全体として大規模投機を行った企業は巨額の利益を獲得した。ここで巨額の利益を獲得した経験が八〇年代後半にいっそう激烈な土地投機を惹起していく素地となった。

第二項　一九八〇年代後半における住宅地・住宅の特殊な価格高騰

一九八〇年代後半の住宅地の特殊なバブルについてあらかじめ注意しておく必要があるのは、バブルの始まる以前にすでに住宅地価が「異常な」高値となっていたことである。第2図で明らかなように、五五年から八五年までの三〇年間に、六大都市住宅地価格は約八一倍に、全国住宅地価格は約五五倍に高騰した。この間消費者物価は約五倍で、製造業の名目賃金は約一八倍である。賃金所得によって住宅地を購入することの困難がいかに厳しくなったかが理解できよう。八五年にすでに首都圏の土地付建売住宅平均は勤労者の年間所得総額の約五・六倍、マンションは約四・二倍となっているが、この倍数は資本主義諸国のなかで「異常な」高さである。

八〇年代中葉以降の住宅地価高騰と〝真の需要〟・投機の激増

この時期の地価上昇は一九八三年以降の都心部商業地のオフィスビルへの実需拡大から始まったが、東京の住宅地はこれに続いて若干低いとはいえ八三年頃から上昇を始めている。この上昇の原因は首都圏、大都市を中心に住宅不足および劣悪な住宅状況（狭さ、騒音など劣悪な住宅条件、周辺環境、過密・長時間の通勤事情等）が続いているうえ、大都市再開発政策のもとで経営・人口の首都圏・大都市への集中が一段と進んだため、自分の住宅を購入しようという〝真の需要〟がいっそう

第2図　住宅地・商業地価格と賃金，消費者物価の推移

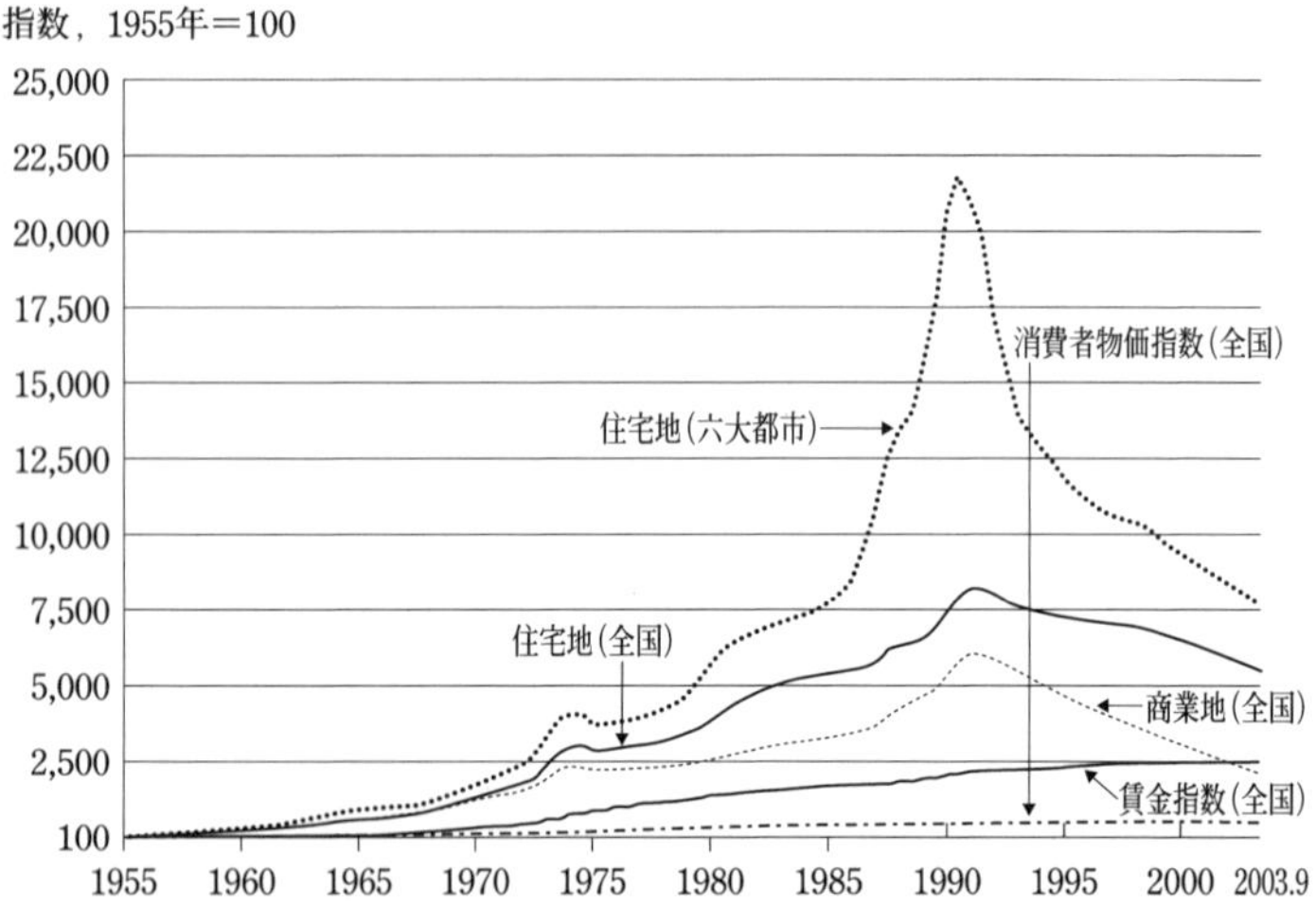

市街地価格指数：日本不動産研究所（2003)「市街地価格指数」より作成。六大都市は東京，横浜，各古屋，京都，大阪，神戸。

消費者物価指数：総務省統計局の平成12年基準消費者物価指数（CPI）結果より作成。

※消費者物価指数は持家の帰属家賃を除く総合指数として算出。

賃金指数：厚生労働省統計表データベースの毎月勤労統計調査より作成。

※賃金指数はデータの関係上，年単位にて製造業のみで算出。

補足：「市街地価格」は1936年より年2回，全国主要140都市を対象として，不動産鑑定評価にもとづいて，市街地価格指数を用途別（商業地，住宅地，工業地）に算出したもの。58年まで日本勧業銀行が行い，その後日本不動産研究所が継承した。本書の第12表，第26表の「公示価格」の方が利用されるが，55〜69年は「公示価格」がない。

補足：それぞれの指数の差が大きいため目盛りが小さく分り難いので，一応1955年＝100とした1985年（9月）の指数を示しておく。

商業地全国	3421	賃金指数	1790
住宅地全国	5529	消費者物価指数	510
住宅地六大都市	8071		

拡大したためである。これらの〝真の需要者〟は都心部で始まった土地価格上昇に敏感に反応し、価格上昇の低いうちに取得しようと長期住宅ローンによる住宅取得を急いだ。同時に投機的利益の獲得を目指す不動産・建設業等の企業が大量の〝真の需要〟を見込んで都心部マンション用地、周辺住宅地域、住宅開発用地のために土地を買い漁り、住宅建設を急いだ。価格上昇の軽微なうちに購入したいという〝真の需要者〟の需要と、これを見込んだ投機業者の買い漁りとが相互促進的に地価・住宅価格を高騰させていった。〝真の需要者〟が高くなる価格で購入する（購入せざるをえない）ことが結果的には投機業者がつり上げた価格を支える役割を果たし、投機的買い漁りの拡大と地価高騰をさらに倍加することになるという関係である（↓八四頁）。

この〝真の需要者〟の増大に対し、民間金融機関は長期住宅ローン新規貸出しを拡大しようと激しい競争を展開し、この住宅ローン貸出しによって、〝真の需要者〟の住宅取得が可能となった。民間金融機関は一方で不動産、建設関連企業に対して低金利資金を大量に貸し付けると同時に、他方では住宅ローン新規貸出しを激増させることによって民間企業が供給する高額の分譲住宅・マンションに対する需要拡大を確実にし、民間企業の販路拡大を支えるという構図であった。

金融機関の住宅ローン新規貸出し（「住宅信用供与（割賦返済方式分）」で「事業目的を除く」）は一九八四年から八九年までの六年間の累計で約九六・六兆円にものぼった(21)。住宅ローン新規貸出しの増大の中心はいぜんとして民間金融機関である。新規貸出年額の増大をみると、全国銀行（銀行勘定）が八四年二・一兆円↓八七年八・九兆円↓八九年一〇・五兆円へ激増し、母体行からの融資による住専の貸出しは八四年一・一兆円から八七年三・四兆円、八九年五・五兆円と増加した。住宅金融公庫の貸出しの拡大は遅れたうえ伸びも八六年三・二兆円から八七年四・三兆円、八九年五・五兆円と低い。(22)

国の規制緩和政策による住宅地価上昇の加速

さらにまた中曾根内閣が一九八三年、規制緩和・「民活」の具体的柱として都市再開発、宅地開発・住宅建設等にかんする規制の緩和・廃止を実施したことが住宅地価の高騰を倍加する大きな役割を果たした。建設省「規制の緩和等による都市開発の促進方策」（八三年七月）は、高度利用促進地域での高度規制等の緩和、各種住居建設における高度制限・容積率制限の緩和、土地の用途地域の変更、国公有地等の有効活用、宅地開発における制限や公共・公益施設（道路・公園・緑地等）整備の規制緩和・廃止、日照等の周辺住民同意書提出の義務撤廃等を打ち出し、これまで不充分ながらも住宅環境・住宅諸条件を護る役割を果たしてきた各種規制をいっせいに緩和・廃止していった。政府は、土地の規制緩和は土地の有効活用によって住宅の高層化・容積率上昇等が進み住宅供給が拡大するから住宅地価を低下させる、と主張してきた。しかし理論的にみて、規制が無くなり狭い土地に容積率の高い高層マンションを建設できるようになれば、民間企業は単価のより高い土地を買っても採算があうので、土地買い漁りが激化しかえって地価上昇に拍車がかかるとともに、高層マンションの乱立・過密化、生活環境悪化が進むのは必然である。事実このとおりの結果となった。都市整備、住宅建設等では規制の緩和・民活化・競争市場原理ではなく、国・地方自治体が投機を抑制し住宅価格の安定をはかる規制を強化し、住環境・自然環境を護るための規制の強化が必要なのである。

また政府は国公有地と旧国鉄用地の払下げが土地供給量増大によって地価・建物の価格を低下させると主張して一九八四年以降膨大な払下げを行ったが、ここでも事態は政府の意見とは反対の結果となった。東京都内の大量の国公有地と旧国鉄用地は入札制で土地の「公示価格」の二〜三倍の高価格で民間企業に払い下げられ、民間企業は各種ビルや高層マンション等を建設し巨額の利益を挙げる高価格で販売した。このことは周辺地価の上昇と建築物価格の上昇を促す作用を果たした。もちろん国公有地払下げは低い価格であれば良いというのではない。国民の財産である国有地・旧国鉄用地は、国民の意思を反映する方法で国民生活にもっとも重要な利用方法を検討し決定すべきである。

〃真の需要者〃の住宅取得困難の激増

こうして生活の基盤である住宅地にまで大量の投機が入り込んで価格上昇を促し、〃真の需要者〃の住宅ローンの負担を激増していくという「異常な」事態が深化していった。首都圏における新規売出しマンション・建売住宅の平均価格は、一九八五年からわずか数年後の九〇年には約二・三倍、一・八倍となった。この結果、勤労者世帯の平均年収に対するマンションと建売住宅の平均価格の倍率は、八五年の四・二倍、五・六倍から九〇年にはいっきょに八・〇倍、八・五倍へと上昇した(第13表)。しかもこの調査で平均的とされているマンション・建売住宅の平均床面積・敷地面積はこのあいだにほとんど改善されていない。

住宅金融公庫・民間住宅ローン取扱金融機関の試算では、中堅勤労者の住宅資金調達可能額は平均年収の約五倍程度といわれているので、一九八八年以降には中堅勤労者は住宅ローンによって住宅を取得できなくなっていった。首都圏の住宅地価高騰が八八年には頭打ちになるのはこの反映である。

賃貸住宅の賃貸料も上昇し、一九九〇年、東京圏では新規2DKのマンションの賃貸料は月一二万六〇〇〇円で勤労者世帯の平均実収入の約三〇%を占めるという。

こうして住宅地の特殊バブルは〝真の需要者〟に対しては住宅取得を困難にし、住宅ローンの負担をはるかに重くしていったのである。金融機関による住宅ローン新規貸出し額が一九八四〜八九年累計で約九六・六兆円にのぼるということは、高騰した価格で土地・住宅を購入した人が長期にわたって返済していかねばならないローン負担の重さを示すものに他ならない。これとともにこのバブルは、住宅を持つ者と持たない者との格差、住宅を持つ者と住宅ローンの負担のある者との格差を格段と拡大した。この格差は賃金所得格差以上に大きなものとなる。住宅ローン負担、賃貸住宅料の負担が所得に占める比重が高くなり、このことは日本における消費支出抑制の重要な要因となっていく。

第12表　地価の変動率（対前年比，公示価格）

年	東京圏住宅地	大阪圏住宅地	全国住宅地	東京圏商業地	大阪圏商業地	全国商業地	全国工業地
1983	4.1	5.3	5.1	4.2	4.1	4.0	3.7
1984	2.2	3.6	3.0	5.5	3.9	3.5	2.3
1985	1.7	3.0	2.2	7.2	5.0	3.8	1.8
1986	3.0	2.6	2.2	12.5	7.0	5.1	1.7
1987	21.5	3.4	7.6	48.2	13.2	13.4	2.8
1988	68.6	18.6	25.0	61.1	37.2	21.9	10.4
1989	0.4	32.7	7.9	3.0	35.6	10.3	9.3
1990	6.6	56.1	17.0	4.8	46.3	16.7	15.2

資料出所：国土交通省 土地総合情報ライブラリー「公示価格年別変動率」。

補足：「公示価格」は，「地価公示法」(1969) にもとづいて，国土庁「土地鑑定委員会」が全国の都市計画区域内の標準地について，毎年1月1日時点の「正常な価格」を算定したもので1970年以降実施された。「土地収用」等の基準とされている。

「正常な価格」とは「土地について，自由な取引が行われるとした場合におけるその取引において通常成立すると認められる価格」である。

東京圏は「首都圏整備法」による既成市街地および近郊整備地帯の全域である。大阪圏は「近畿圏整備法」による同上地域。

第13表　首都圏の住宅価格と年間所得との乖離の拡大

		1975	1980	1985	1988	1989	1990
マンション	平均価格（万円）	1,530	2,477	2,683	4,753	5,411	6,123
	年収倍率	**4.7**	**5.0**	**4.2**	**7.0**	**7.4**	**8.0**
	床面積（m^2）	56.8	63.1	62.8	68.0	67.9	65.6
建売住宅	平均価格（万円）	2,101	3,051	3,537	5,085	5,371	6,528
	年収倍率	**6.4**	**6.2**	**5.6**	**7.5**	**7.4**	**8.5**
	敷地面積（m^2）	183.2	189.3	181.5	189.2	187.2	193.1
	床面積（m^2）	85.0	101.3	105.6	118.2	121.6	126.5
世帯の年間収入（万円）		327	493	634	682	730	767

資料出所：経済企画庁総合計画局『最新生活大国キーワード』1993年，53ページ。

注：1. 年収倍率は，不動産研究所の調査による首都圏の新規売出しマンションおよび建売住宅の平均価格によって，この平均的な住宅を取得するためには，勤労者世帯の平均年間収入の何倍が必要かを見たもの。

2. 首都圏は，マンションでは，東京，神奈川，千葉，埼玉であり，建売住宅ではこれに茨城南部を加えたもの。

3. 床，敷地面積は，新規売出しの平均値である。

4. 年収は，総務庁「貯蓄動向調査」による京浜地区の勤労者世帯の年間収入の平均値である。なお，この推計では，平均年収が，勤労者1人ではなく勤労者世帯のものである点，注意を要する。この世帯調査では，全国勤労者世帯の有業人員数平均は1.6人前後である。

住宅地価の特殊性、住宅価格高騰の大半は「虚」

一九八〇年代中葉以降では、住宅地取引はすでに都市の遠方までが住宅地として開発されたため、既存の住宅地帯の一部を購入して分譲住宅・高層マンションを建設する動きが活発となったが、すでに所有され居住に利用されている住宅地帯における地価高騰には次のような特徴があった。ここでは地盤、騒音・空気汚染、上下水道、緑地、交通の便宜等の住宅環境諸条件のほぼ同じ土地群が一つの市場を形成しているが、各市場の土地のすべてが一般商品市場のように売買されるわけでは決してない。しかも同じ土地が増産できないという土地の特性がある。ある市場群で、高い価格でも購入しようという一定の需要が現れると、一部の販売可能地をめぐって需要・供給の関係で地価が決定されるが、そこではその市場の土地所有者＝居住者の多くは居住を続けており、全体の土地が販売されない現実のもとで、一部の販売可能の土地の売買と地価高騰が生じるのである。そして全体の土地が売買されないにもかかわらず、販売されない土地もほぼ同じ値をもった土地とみなされ、統計上ではこの市場全般の地価が上昇し資産価格が膨張したものとして表示されるのである。したがってある市場の地価が二倍になったとしても、その市場内の住宅地全部が二倍で販売できるわけではまったくない。仮にすべての所有者が販売しようとすれば地価の暴落、販売不能地の発生は不可避である。この意味で二倍の価格は居住を続ける多くの所有者＝居住者にとっては「虚」である。（都心部の超高層ビル化開発が進む土地では、可能なかぎりすべての土地でも買い上げようと購買者が競うが、これは一部の例外的なものである。）

しかも地価がたとえ二倍になったとしてもその土地・住宅の居住者にとっては、居住条件はなんら変化していないのであってその使用価値＝有用性が高まったわけではまったくない。この意味でもこの地価高騰は実質のない「虚」にすぎない。

ただし実体があるのは、所有する住宅地・住宅の担保価値の増大によって以前よりも多額の「借金」ができるようになったことと、相続税が増大し固定資産税がかなり低率ではあるが上昇したことである。

地価高騰が消費へ及ぼした影響

すでに指摘したように、一九八〇年代に消費支出総額が大幅に増大した主要な原因は雇用の大量増加であるが、地価高騰が住宅地・土地の処分で巨額のキャピタル・ゲイン（資産の売却価格が取得価格を上まわることによる利得＝資産価格上昇それ自体による利得）を取得した人々を生み出したことは明らかであり、これは消費拡大を倍加する要因となったといえる。八〇年代、とくに後半では高額納税者リストの上位には土地売却による高額所得者が並んでいた。「国民経済計算」の「主体別の土地売買（ネット）」でも「家計（個人企業を含む）」は土地の販売超過で、この額は八五年以降増大し八八年一二・五兆円、八九年一四・二兆円と激増している。このうち「個人企業」の店舗移転・廃業がかなりを占めると推測されるが。（「非金融・法人企業」が八八年八・一兆円、八九年九・七兆円にのぼる土地購買超過で、「一般政府」が同じ年に三・八兆円の購買超過である。この時期、土地所有主が「家計（個人企業含む）」から多くは「非金融・法人企業」へ一部は「一般政府」へ移ったのである。）しかしこれは都心部でもっとも地価高騰の顕著な土地の所有者や地方開発政策のもとで開発可能となった山林の所有者等のごく一部の人々に限定されたものである。また都心部や地価高騰の著しい開発予定地で、高層ビルの乱立による零細個人企業の経営困難、住宅環境悪化のため、あるいは〃地上げ〃のために、土地・店舗・住宅を販売した零細個人企業主（統計上は「家計」に含まれる）や個人が巨額のキャピタル・ゲインを取得した。しかしここで土地売却によって獲得した巨額の価格差益を自由に使うことができたのは、余分の土地・建物を所有していた者に限られている。唯一の自営店舗や居住住宅を販売した多くの人々は都市周辺部へ移り、相対的に安いとはいえ価格の上昇している店舗や宅地・住宅を購入ないし賃借りする必要があった。

したがって地価の異常高騰は、自由に処分できる土地の所有者、土地処分で巨額のキャピタル・ゲインを取得した一部少数者と、そのような土地資産を所有しない者との格差をいちじるしく拡大したのである。これを無視して土地・住宅の資産価格高騰が一般的に「資産効果」によって消費を拡大すると主張するのは大きな事実誤認である。

なお自分が所有する住宅地・住宅に居住している多数の居住者にとっては、地価がたとえ二倍に高騰してもキャピタル・ゲインを取得するわけではないし消費拡大が可能となるわけではない。しかしバブルによって居住者の住宅地・住宅の価格がたとえば二倍と表示され担保価値も拡大したことは、実際の収益はゼロであるにもかかわらず、高額資産家・富裕者になったという意識を高める役割を果たした。高額資産家・富裕者意識の広がりは、バブル期特有のさまざまな高級品の派手な宣伝・広告と消費者金融の普及によって煽られて、高級品の消費・浪費の拡大を生み出していった。

第三項　開発事業・流通業の拡大と土地のバブル

開発政策による地価上昇

この時期の非住宅地の地価高騰について重要なことは、中曾根内閣による都市再開発、地方・リゾート開発の政策と住宅建設、土地利用等にかんする規制の緩和・撤廃の政策が、日本各地に大規模開発ブームを巻き起こし広範な地域の地価上昇を惹起したことである。

首都圏、大都市、周辺の都市化開発予定地では、大不動産企業・ゼネコンは金融機関から低金利資金を可能なかぎり借り入れて、住宅・零細自営業の土地を高値で買い漁り、〝地あげ屋〟による居住者・零細自営業者の追い出し・販売強制をも進め、高層オフィス・商業ビル、主要駅ビル、超高層高級マンション、ホテル等の予定地として販売し巨額の投機的利益を獲得し、またこれらを建設し建築物販売によって土地の投機的利益プラス高利潤を獲得していった。これら不動産企業・建設企業では土地を担保にして巨額の低金利資金が容易に調達できるので、大胆な投機的土地取得を行い、地価上昇で担保価値の増大した取得土地を担保にしていっそうの借入れによって土地取得を拡大し、価格上昇をさらに促していった。

他方では、「民活法」、「リゾート法」の関連で、国家や地方自治体の認可と補助を受けた民間企業が大規模なリゾート開発等のために膨大な用地の買い漁りを行い、関連地域の地価を押し上げた。これらに刺激されて観光施設やゴルフ場やスキー場の開発が驚異的な拡大を遂げ、これらも周辺地域の地価上昇を促した。

投機と結合した営業拡大による地価上昇

さらにこの時期には、不動産業以外の一般企業が、本業以外に、投機的土地取得に積極的に乗り出したことが（↓九三頁）、地価高騰を倍加していった。他方では地価高騰のもとで投機的土地取得と結合した事業活動の拡大が進んだことも周辺土地の地価上昇を促した。この時期には規制緩和（大店法の緩和の予想）と結びついてスーパー、大型量販店の店舗拡大が急速に進んだが、ここでは地価高騰を期待して土地担保で大量の銀行借入れに依存して余分に大規模の土地を購入し、価格上昇後に一部を販売して建築費や新店舗拡大に用い、さらに新しい銀行借入れによって土地購入・店舗拡大を進めることが多い。観光施設やスポーツ施設等の開発でも同様である。これらでは営業用土地取得と投機的土地取得とが混在している（↓八五頁）。金融機関がこうしたずさんで危険な事業拡大に対し土地を担保に巨額の融資を積極的に実施したことがこれらの事業拡大と地価上昇を過熱させていった。流通業や観光業等ではいちじるしい土地取得・事業拡大を行った後に、一九九〇年代以降に設備過剰化、土地価格暴落、土地販売不能に陥り巨額の借入金を抱えて経営悪化・倒産に追い込まれていく。

第六節　好景気とバブルの総体把握——〝バブル好況〟説への批判を兼ねて

第六節の課題は、これまでの考察をまとめることによって、好景気とバブルとが進行した一九八〇年代後半の日本経済全体の特徴と新しい問題の発生を明らかにすることである。このことは、日本の資産価格高騰を肯定的に把握しそれによって好景気が生じたという見解を批判することをも意図している。

実体経済と資産価格高騰

まず第一に確認したいのは、好景気の出現と持続が、円高に対抗するための輸出依存産業の最新鋭ME化設備投資と広範な産業にわたるME化設備投資の再燃による旺盛な設備投資を軸にしたものであること、国家の大規模開発政策による土木建設投資がこれを倍加したことである。消費の拡大もその主要原因は実体経済拡張による雇用拡大であった。

資産価格高騰はある面では好景気、実体経済の拡大を促す作用を果たした。

しかし主要な作用は、この資産価格高騰が、実体経済とはまったく関係なしに、実体経済から独立して、価格上昇差益を求める多様な投機的活動と結びついて、相互に促進しつつ、バブルを発生させたことである。

①資産価格高騰が企業に対して及ぼした影響の第一は、株価の上昇持続が巨額のエクイティ・ファイナンスを可能としたこと、地価高騰が担保価値を増大し借入金拡大を可能にしたことである。しかしエクイティ・ファイナンスで調達した膨大な低コスト資金や土地担保で金融機関から借り入れた低金利資金の多くは、株式持合いを補強する株式取得・増資や投機的利益を求める土地取得に用いられ、これがまた株や土地の価格高騰を促し、投機的資産取得と資産価格高騰との相互促進による価格のスパイラル的高騰、つまりバブルを促す役割を果たしたのである。

②第二の影響は、巨額の投機的利益獲得の可能性を拡張することによって、不動産業以外の一般産業の企業が本業の活動・設備投資にとっては必要のない資金を調達して、本業以外の投機的資産運用を行うことを刺激・促進していったことである。これは①につうじる。事業の多角化、関連会社・子会社設立の多くが、投機的資産運用のためであった。これらは実体経済を歪めるものである。また金融機関においても将来の金融自由化を予想して各種の系列ノンバンク等の設立によって不動産等の投機的取引分野に乗り出していった。

③第三の影響は、土地価格高騰と投機的土地購入とが結合して、安易で無謀な流通大型店舗や観光施設、スポーツ・レジャー施設等の建設を驚異的に拡大していったことである。これらは国家の大規模な都市開発・リゾート開発政策と金融機関の貸出競争によって支援されていた。

以上①〜③に共通する重要なことは、資産価格高騰によって調達可能となった膨大な低金利資金、金融機関による巨額の資金供給のうち本来の産業活動の拡大・設備投資に向かったのは一部であって、その多くがさまざまな投機的活動の拡大を促しバブルを加速したことである。資産価格高騰が「資産効果」によって産業活動の活発化・設備投資を促したという見解は一面的で誤っている。

④住宅地・住宅の価格高騰が個人に与えた影響は、まず住宅ローン新規需要の急増を促したことであり、これは住宅建設の大幅拡大として実体経済に対しかなりの効果を与えた。だがあまりの地価高騰は住宅ローン新規需要を不可能にしていった。また住宅ローン負担世帯の拡大は消費支出を抑制する役割を果たす。他方地価高騰の結果、国民のなかに余分の土地資産所有の有無、「持家」所有の有無、住宅ローン負担の有無をめぐって格差がいちじるしく拡大したことが重要である。

⑤いま一つ、土地・建物価格の大幅高騰・賃貸料高騰は新規事業の開業、事業拡張の実施を困難にする。また公共事業に対しては、用地買収費用を巨大化し、公共事業による関連産業の需要拡大効果をいちじるしく削減する影響を与えた。たとえば東京都における道路整備事業では、「用地費率」が八四年には五割強であったが、「八〇年代後半に用地費率が急増し、八八年から九〇年にかけては総事業費のうち実に八割近くが用地取得に費やされていた」という。(23)

実体経済から独立した金融活動

先にバブルとは、投機的活動と資産価格上昇との相互促進によって「資産価格がスパイラル的上昇を続け、資産価格が実体経済からいちじるしく乖離してしまうこと」と規定したが、この「実体経済からの乖離」はたんに資産価格上昇率が成長率等よりいちじるしく上まわるという「量的な乖離」だけではない。

すでに序章で明らかにしたように「現代資本主義の変質」によって国際的投機的金融活動が恒常化し多様化するもとでは、金融活動は実体経済とは関係なしに、実体経済から独立して独自に利益を獲得する領域を広げていったのである。日本でも先に指摘した資産価格高騰の影響①〜③はいずれも、実体経済の活動とは関係のないところで、投機的利益を求める活動が急速に拡がっていったこと、金融機関もこのような活動と結びついて巨額の融資を行っていったことを意味するものである。激しいバブルは、金融活動が実体経済とは関係なしに、実体経済から独立して、独自の利益追求の活動を展開していったことを表すものといえる。

そしてこのようなもとで、好景気、実体経済の拡大というなかにも投機的活動が浸透してきて、すでに指摘したように本来の設備投資と投機的土地購入とが混在するという問題（→八五頁）も拡大しているのである。

投機的利益獲得志向の拡大、モラルハザード

以上のように国際的にも国内的にも、投機的金融活動が活発化し多様な内容の投機的利益を獲得できる可能性が拡大していったことは、経済全体にわたっていっきょに巨額の投機的利益を獲得し

ようという投機的活動志向を急速に広げていった。こうしたなかで、企業では技術改良と将来における国内外の市場動向の予測にもとづいて長期的な生産計画、技術・設備投資計画をたてるという堅実な企業姿勢はしだいに疎かになっていった。金融機関では安定した堅実な企業へ融資するという原則は薄らいで、土地担保さえあれば貸付けを拡大する傾向、さらには土地担保無しでも政界・圧力団体・縁故者等への貸付けを拡大するずさんな傾向が急速に強まった。堅実な長期的計画性、社会的信用を保持する企業経営のモラルは急速に低下していった。会社の交際費の乱費、総会屋・暴力団との結合、巨額の政治献金等が急増し、これらが好景気感、バブル永続繁栄を煽っていった。経済界・政界・官界にわたるモラルハザード（倫理の喪失）の浸透である。このモラルハザードの急速な深化はアメリカをはじめ各国に共通して生じた現象である。

他方では投機的資産運用によって労働の苦労なしに巨額の収益を獲得できる可能性が広がるもとで、勤労者の勤勉さ、技術習得さらには技術改良への意欲は減退しつつある。労働組合運動の衰退はこれと無関係ではない。

日本において、バブル繁栄が謳歌されていた一九八八年、「リクルート事件」が発生し社会に衝撃を与えたが、九〇年代前半に明るみに出た一連の金融不祥事、建設をめぐる汚職事件等はバブル期における異常さ、モラルハザードの深刻さを事後的に明らかにした（資料2）。

補足＝「国民資産」膨張、キャピタル・ゲイン膨張の統計の生む誤解

最後に、一般に流布している「国民資産」膨張の統計数値が誤解を生んでいることを指摘しておく。一般に流布していたのは次のようなことである。「国民経済計算」によると土地の「資産」総額（暦年末残高、以下同じ）は一九八九年末には二〇六兆円にものぼり、同年のGNP三四三兆円の約六・一倍である。日本の国土の資産総額が八七年末にはすでに（一六三八兆円、一三兆四〇〇〇億ドル）、アメリカ国土のそれの約四倍にまで増大したこともしばしば著作や新聞で語られた。ここから「資産大国」[24]という言葉も広まっていった。土地の資産価格上昇から生じる年間のキャピタル・ゲインは八七年には総額四一六兆円にのぼり同年のGNPを大きく上まわっているともいわれた。部門別にみると「非金融・法人企業」のキャピタル・ゲインは一〇九兆円でこれは企業所得総額五〇兆円の二倍強であり、「家計部門」（個人企業を含む）は二六七兆円でこれは雇用者所得総額一八九兆円をはるかに上まわるといわれた。

これらの数値は、バブル崩壊の危険を示唆するものとしてではなく、「資産」総額の膨張、キャピタル・ゲイン膨張としてむしろ肯定的にとらえる見解が拡がっていた。

しかし、以上の統計数値は日本の資産価格高騰の異常さを反映しているとはいえ、そのまま使用できる内容のものではない。すでに第五節の住宅地の分析で強調したように、戦後の日本では宅地所有者の大部分は自分の居住のための所有者である。したがってある住宅地市場でより高価格で購

入しようとする需要群が現れ価格が上昇しても、居住用以外の土地を所有している少数者か高価格で販売して転居する者たちが市場に現れ価格上昇と販売の増大が進むが、多数の所有者＝居住者は販売しないで居住を続けている。ところが統計ではすべての宅地が売買価格とほぼ同じ値をもつものとみなして当該市場全体の土地資産価格を計算するので、土地資産総額が膨張して表示されるのである。しかし仮にすべての所有者＝居住者が販売しようとすれば価格暴落、販売不能地の発生は不可避的である。キャピタル・ゲインも同様であって、現在土地価格高騰によって生じている価格差益＝キャピタル・ゲインを、居住を続けている所有者を含めたすべての者が獲得できると仮定して推計したものにすぎない。したがって資産総額膨張の数値もキャピタル・ゲインの数値も、居住を続ける大多数の所有者＝居住者にとってはまったく意味のない「虚」の数値である。新しい宅地開発の場合にも、開発地周辺一帯の未開発地も開発宅地の価格とほぼ同じ値をもつものとして計算される。

したがって日本の国土の資産総額がアメリカの四倍になったということは経済学上なんの意味もないことである。このような資産価格の膨張にもとづいたキャピタル・ゲインの推計もほとんどが取得できない「虚」のものである。このような数値は誤った見解を生むので使用すべきではないと考える。

国民資産膨張といわれる中心は土地であったし、株式の場合は住宅地とは異なっているので、ここでは省略する。株式では株主は自由に売買することによってキャピタル・ゲインの取得を求めているので、多数がキャピタル・ゲイン取得を求めて売却すれば株価が下落してしまい、現在表示されているキャピタル・ゲインすべては取得されないということは理解されやすい。

第Ⅱ部　混沌たる状態に陥った日本経済（一九九〇年～二〇〇四年）

日本が好景気の終焉、バブルの崩壊に直面したのは、東欧〝社会主義〟諸国とソ連が相次いで崩壊し、第二次世界大戦後の世界をその根底で規定してきた「冷戦」が終わるという世界史上の一大変化が生じた時期であった。

アメリカは一九九一年はじめの湾岸戦争でアメリカ軍事力の圧倒的威力を世界中にみせつけ、「冷戦」の勝利で文字どおり世界で唯一の軍事的・政治的覇権国となったが、しかし経済は低迷し国際競争力は弱体化していた。アメリカの緊急課題は、「冷戦」終焉後の全世界に対する支配力を強化するために産業技術開発力・経済力の圧倒的優位性を再構築することであった。この課題を担って登場したクリントン大統領(一九九三年一月〜二〇〇一年一月)は強大な「経済計画」実施と「情報通信革命」の勝利によって、第二次世界大戦後はじめて民間設備投資を軸とした持続的成長を実現していった。この過程でアメリカはこれまでアメリカ産業の衰退をもたらしたとみていた日本に反撃を加え、日本の技術優位をほぼ完全に覆していった。

日本では一九九〇年代はじめに、それまで先進諸国では「例外的」であった持続的な輸出依存的成長が破綻し、バブルも崩壊していた。第II部では九〇年代以降の日本経済の展開を取り上げるのであるが、この時期の分析では新しいアメリカの世界戦略・経済再生との関連を重視することが肝要であるため、序節を設けてアメリカ経済の動向を明らかにする。したがって、章の編成としては不揃いとなるが、第II部での日本経済の分析についての注意等は第一章のはじめに置くことにした。

序節　アメリカの経済再生と世界的覇権の強化

ソ連・東欧〝社会主義〟諸国の崩壊

一九九〇年代前後、ソ連・東欧の〝社会主義〟体制が崩壊し、第二次世界大戦後の世界を基本的に規定してきた「冷戦」が終わるという世界史的一大変化が生じた。一九八九年八月ポーランドにおける東欧はじめての非共産党政権の誕生、八九年一一月ベルリンの壁崩壊、同一二月ルーマニアのチャウシェスク政権崩壊、九〇年一〇月東西ドイツ統一、九一年八月ソ連のクーデターでゴルバチョフ大統領一時失脚、同一二月二一日一一共和国による「独立国家共同体」調印＝ソ連邦消滅、同二五日ゴルバチョフ辞任と、いっきょに進んだソ連・東欧〝社会主義〟諸国の崩壊であった。これらの崩壊の分析はここでの課題ではないので、簡単に次の点のみ指摘しておく。

ソ連崩壊の原因については、後進資本主義における〝一国社会主義〟建設という革命・建国当初からの無理、新生ソ連を取り巻く厳しい国際的状況、それらから生じた個人独裁の誤り等、分析すべきことが多い。一応第二次世界大戦後にかぎると、スターリン独裁は大戦中のナチス独軍の侵攻に対しソ連防衛に成功を収めたことで独裁権力を強め、「冷戦」下で原爆開発をはじめ軍事技術開発・軍事力拡大を最優先し、米ソ間で熾烈な軍事技術開発競争を強行していったことが、国民経済の基本・社会主義的政治体制の基本をさらにいっそう歪めてしまい、それらを社会主義とは縁遠いものとしていった根源といえよう。

東欧諸国は、第二次大戦後の両体制の対抗下、ソ連の軍事的支配のもとで本来の社会主義建設のための生産力基盤のまったく無いところで、また民族問題への充分な配慮もなしに〝社会主義〟国となっていった。「冷戦」が激化するなかでソ連の管理と資本主義諸国による厳しい〝封じ込め〟を受けるという歴史的悲劇を余儀なくされ、自由な政治機構を欠いたまま、真の社会主義への途を歩むことなく経済的破綻に陥っていった。ソ連および自国の独裁制と経済的行詰りに対する国民の不満の爆発が崩壊の原動力となった。

アメリカをはじめ資本主義諸国はソ連型社会主義計画経済の崩壊に凱歌をあげ、規制緩和、民間活力の活用、競争市場原理主義を掲げる新自由主義はいっそう勢いを強め、ソ連・東欧諸国の市場経済化・資本主義化に乗り出していった。アメリカを中心とする先進諸国の基本戦略は、ソ連・東欧諸国に対して資金援助を行うとともにその前提条件として競争市場原理主義の立場にたつ市場経済化→資本主義化を要求し、これらの広大な地域を資本主義諸国の貿易市場・投資市場・資源獲得の場とすることであった。

アメリカ経済力の圧倒的優位性の再構築(1)

アメリカはソ連との「冷戦」に勝利し世界で唯一の軍事的・政治的覇権国となったが、経済の低迷は深刻であった。アメリカの膨大な貿易収支赤字・経常収支赤字は一九八五年G5以降の大幅なドル引下げにもかかわらずいっこうに解決されず、また金利の大幅引下げでも国内産業の活性化はもたらされなかった。これに対し政府・軍・民間が一体となって産業再生に本格的に取り組み始めた（八七年、国防総省と主要半導体企業一四社による「半導体製造技術研究組合」「セマティック」の設立）。アメリカ民間企業は八〇年代後半、日本の「減量経営」方式を取り入れたといわれる徹底的な無駄の排除・コストダウンを実施し、中堅ホワイトカラーを含む大規模な人員削減、賃金抑制、正規雇用の縮小・フレキシブルワーカー（パートタイマーや人材派遣業の従業員）の拡大とともに、低収益事業の切捨て、高収益分野の企業の買収・合併、および広範な〝アウトソーシング〟（外部調達や業務の外部委託）を強行した。

他方、コンピュータがメインフレーム（大型機）からパソコン時代に入りパソコン用DRAMで日本が凌駕していったのに対し、一九八〇年代中葉以降アメリカ企業はパソコンの心臓部といえるMPUの高性能技術開発に集中し、マイクロソフト社はパソコンのOS（operating system；基本ソフト）の〝MS—DOS〟、「ウィンドウズ」を開発して「事実上の標準」を確立し、インテル社は高性能MPUで知的所有権を確立し、九〇年代はじめにはコンピュータ中枢技術で日欧諸国を完全に凌駕し独占的地位を確立していった。

一九九三年、アメリカの産業技術開発力・経済力の圧倒的優位性の再構築という緊急課題を担って発足したクリントン政権は、そのための基本戦略の第一を、圧倒的な優位性をもつ軍事技術を民需部門で利用する「軍事・民需両用技術戦略」(DUT;dual-use technology strategy)と情報通信革命とによる経済再生と技術優位の実現とした。(軍事目的で開発された技術の民間応用は、衛星による測位システムを自動車の情報端末に結合したカー・ナビゲーション・システム、軍事目的で開発されたARPA netに起源をもつコンピュータ・ネットワーク=インターネット、国防総省の調達支援システムを応用したCALS;Computer aided Acquisition and Logistic Support等があった。)クリントン政権が打ち出した具体的な巨大計画は「高度性能電算処理・通信計画」の継続と「全国情報インフラストラクチャー・NII」(National Information Infrastructure:情報スーパーハイウエーとも呼ばれ、後に世界規模のGIIとなる)計画であったが、この実施過程で難航している間にインターネットが爆発的に発展したので、「情報インフラストラクチャー」という呼称は「インターネット」におきかえられていった。(「情報通信革命」はコンピュータ技術革新にもとづいた大容量の情報を瞬時に処理する情報処理技術の革新と、それを伝達する情報ネットワーク・インターネットの発展、それを送受する情報通信機器の発展――以上の統合を意味するものといえる。ただしこれら技術の急激な発展とともに情報通信革命の具体的内容もある程度変化していくので、最初から厳密な概念であったわけではない。)九六年クリントン政権は三四年以来六二年ぶりに電気通信法を改正し、情報通信分野での規制緩和を実施し、民間企業の自由な相互参入・競争を可能にした。これは情報通信革命に応じて国内企業の合併・提携、国内産業の活性化を促進し、アメリカ巨大企業主導の国際的合併・提携、国際的独占再編の途を開いたといえる。

アメリカのいま一つの世界戦略は、国際的金融覇権の強化と情報通信革命にもとづいて、世界中、とくに発展可能性の大きい東アジア諸国、中国、ラテンアメリカ諸国に対して金融自由化と規制緩和・市場開放を実現させることであった。アメリカ主導で世界的規模の情報通信ネットワーク、および国際金融ネットワークを構築していき、これによってインターネット関連の半導体、コンピュータ、テレコム機器、ソフトウエア等の新製品を販売し、さらに新しい「サービス輸出」を急速に拡大していくことであった。その際アメリカの政府・民間企業はとくに情報通信革命や遺伝情報処理システム関連(後述)の技術開発について「知的所有権」の確保を強めていった。

情報通信革命主導の持続的成長の実現

アメリカ経済は一九九一年三月を底に回復し始め、九三年はじめから九〇年代末まで長期にわたって経済成長を実現した。クリントン大統領は九九年二月「大統領経済報告」で「わが国は歴史上、平時で最長の景気拡大を享受しつつある[2]」と長期繁栄を謳歌した。

実質国内総生産(GDP)の成長率は一九九二年マイナスからプラスに転じ、その後二〇〇〇年までのあいだ大体三~四%を維持している。高い率ではないが、インフレをともなないでこの実質GDP成長率がこれだけ長期にわたって持続したのである。しかも第二次世界大戦後のアメリカでは民間設備投資拡大を基軸とする持続的成長が出現したのはこれが初めてのことである。実質「(非住宅)民間生産者設備投資」の対前年増加率は九二年にマイナスからプラスに転じ、九三年から二〇〇〇年まで二桁の高い伸びを続けている。このうち「情報処理および関連設備」(「コンピュータおよび周辺設備」が中心)の伸びが高く、これが右の「生産者設備投資」のなかで占める比重は九六年四二%、九八年五〇%にものぼっていることが注目される。今回はじめて設備投資拡大が持続した主要原因は、情報通信革命が広範な産業分野にわたって情報処理・コンピュータ・インターネットを中心とする設備投資拡大を生み出すとともに、情報収集・情報処理サービス、テレコムサービス、金融サービス、電子商取引などの新しいサービス分野を急速に創出しこれら分野での大量の新企業が設備投資を拡大したことにある。

しかもこの持続的成長は久しぶりに雇用の拡大傾向を生み出した。情報通信関連産業と新しいサービス分野はその性質上雇用吸収率が高く、これら新分野の創出・新企業創設が雇用拡大を促した。この雇用拡大に株価高騰による個人収益拡大、消費者金融等の個人債務に依存した消費が加わって〃消費ブーム〃が出現し、情報通信機器や乗用車に対する国内消費需要拡大が続いたことが持続的成長を支え強化した。次に見る株価高騰も企業と個人の収益(キャピタル・ゲイン取得)の増加をつうじて成長を倍加した。

また情報通信革命と関連し「ロイヤリティ・ライセンス」、テレコムサービス、金融・保険サービス、ビジネスサービス等の新しい「サービス輸出」が拡大したことも持続的成長を支えた。「サービス輸出」はアメリカの輸出のなかで財の輸出よりも重要な位置を占めるようになる。

以上、アメリカ経済再生、持続的成長は情報通信革命を基軸として実現されたものといえる。

なお一九九〇年代に遺伝子組み換え技術の発展によって農産物・食用動物関連で新しい一大市場が開拓されつつあった。しかも遺伝子研究は情報通信革命によって飛躍的発展をとげヒトゲノム研究開発(3)によって病気の治療・予防のための多数の薬品と医療設備の創出を進めつつある。産業界では画期的な新産業として情報通信革命以上の巨大市場を開拓すると期待されているが、ここでもアメリカが技術開発力の圧倒的優位性をもち知的所有権の確保を拡大している。もっともこれらは健康・生態系破壊と生命倫理上の脅威を含み、近年の科学進歩の歪み・危険性を表すものでもあるが。

株価の異常高騰・バブル発生

ニューヨーク株式市場ではダウ平均株価(工業株三〇種)は一九八七年一〇月一九日のブラック・マンデーの暴落後に沈静化していたが、九〇年代に上昇を始め九五年二月の四〇〇〇ドル突破から急テンポで高騰を続け、二〇〇〇年一月には史上最高の一万一七二二ドルを記録した。情報通信産業を中心とするベンチャー企業の株式店頭市場＝ナスダックの指数はそれを上まわる急上昇を続け、ダウ平均株価を押し上げる役割を果たした(資料1)。

この株価の高騰は情報通信革命を軸としたアメリカ経済の活性化を背景としており、株価上昇差益を取得した企業の利益増大、国民の所得増大・消費増大は持続的成長を倍加した。この時期、株価高騰はアメリカ経済の繁栄を示すと同時に繁栄を促すという楽観的見解が支配したが、しかしこの異常高騰はこのような楽観的見解を許すものでは決してない。

本書で強調してきた「現代資本主義の変質」にともなう国際的投機的資金と投機的活動の膨大化・恒常化（↓二六頁以下）に加えて、一九九〇年代には情報通信革命によって世界の金融・証券市場がインターネットで連結され、世界の為替市場・株式市場の情報と投機的マネーが瞬時に世界を駆け巡るようになっていた。この基礎上であったからこそ、ひとたびアメリカ経済の活性化とニューヨーク株式市場での株価上昇が始まるといっきょに弾みがつき、急速かつ大規模に国内外の投機資金が殺到して、株価高騰と投機的購入との相互促進によるスパイラル的高騰持続＝バブルとなったのである。すでにみたようにアメリカでは一九八〇年代以降、ヘッジファンドとミューチュアル・ファンドが急成長していた（↓三一頁以下）が、九〇年代の株価上昇のもとでこれらの急増と株式ブームとが相互促進的に進んだ。国民のなかに〝投機熱〟が急速に広がった。アメリカでは一般国民の株式運用はミューチュアル・ファンド、各種投資信託が中心で、運用利益を短期的に受け取る方式が多かったので、〝投機熱〟は利益獲得、消費ブームと結びついて国民の金融資産に占める株式運用比重を急速に高めていった。他方、国際的には九七・九八年の金融危機で東アジア等から急遽引き揚げられた資金のかなりがアメリカの株式市場に向かった。日本の長期にわたる経済停滞と超低金利・金融緩和政策は日本から多額の資金をアメリカの株式・債券へと移す作用を果たした。このもとでアメリカのヘッジファンド等が日本の超低金利資金を大量調達してアメリカ証券市場等で運用する「円キャリー・トレード」も促進された。

株価はアメリカの実体経済から離れて、国内・国外の投機的利得を求める投機的熱狂と株価高騰

資料1　アメリカの株価の推移

ダウ平均株価[1)]　　＊ナスダック指数[2)]　1971年＝100

1956年 3 月　500ドル突破。
1972年11月　1000ドル突破。(「初期IMF体制」では株価上昇は緩やか)
1987年 1 月　2000ドル突破。
1987年10月19日　2246ドルから1788ドルへ暴落（ブラック・マンデー)。
1991年 4 月　3000ドル突破。(1991年1月～湾岸戦争勝利)
　＊ナ指数490。
1995年 2 月　4000ドル突破。
同年11月　5000ドル突破。　＊ナ指数年平均925。
1996年10月　6000ドル突破。(グリーンスパンFRB議長「根拠なき熱狂」と)
1997年 2 月　7000ドル突破。
同年7月　8000ドル突破。
1997年10月28日　史上最大の554ドル下落。(アジア通貨危機から世界的株安。)
1998年 4 月　9000ドル突破。
1999年 3 月　10000ドル突破。
1999年 5 月　11000ドル突破。　＊10月ナ指数2600.
2000年 1 月　**ダウ史上最高値11722ドル。**　＊3月**ナ指数過去最高値5048。**
2000年10月　10000ドルの大台割る。　＊11月ナ指数2600割れ。
2001年 8 月　再度10000ドル割れ。(テロの前) ＊同左ナ指数1800割れ。
2001年 9 月　同時多発テロで急落，最安値8062ドル。
　＊ナ指数最安値1423。
2002年　年初め一時回復。経済停滞とエンロン事件拡大で株大幅下落。
2002年 7 月　9000ドル割れ。(5年ぶりの安値) ＊ナ指数1400割れ。
2003年 3 月　イラク攻撃で2～3月平均8000ドル割れ。
　＊ナ指数1300台。
2003年12月3月　年後半株価上昇，12月平均10000ドル回復。
　＊ナ指数1956。
2004年　「双子の赤字」の膨大化等不安定要因多いが大統領選挙年で小幅の変動。

資料出所：各種資料によって作成したもの。
注：1. ダウ平均株価（工業株30種平均）は対象が少なく株数が加味されないという限界があるが，従来から一般的に普及しているもの。
2. ナスダック，NASDAQ；National Association of Securities Dealers Automated Quotation System 指数は，全米証券業協会が1971年に開設した店頭取引全銘柄の自動表示指数。90年代には情報通信革命関連のベンチャー企業の登録が激増，ニューヨーク証券取引所の売買額を上回るようになった。＊ナ指数と略。

との相互促進によってバブルを加速していった。（この間ナスダック上場の情報関連企業のかなりが経営実績不振に陥ったにもかかわらず株価高騰が続いたが、これはこの株価高騰が株価上昇見込みだけの膨らんだ熱狂的投機によることを示している。）

アメリカ経済はようやく持続的成長を実現したときに、国内外の大量の投機的資金殺到による株式バブルを生み出し、株価下落が生じたならば国内の大量の企業と国民に打撃を与え、外国筋の株売却・ドル引揚げによる株価暴落・ドル暴落の生じる危険性を抱え込むことになったのである。

貿易収支赤字・経常収支赤字の膨大化、国際的投機的金融活動の活発化

アメリカの長期繁栄と株価高騰での収益増大による税収の増大の結果、膨大化していた財政赤字は一九九七会計年度にいっきょに縮小し、九八会計年度には黒字のオフバジェット（一般会計外）を加えた「総合予算」で均衡化が達成された。もっとも財務省証券残高は九八年末一兆三〇〇〇億ドルでその利子支払額（うち対外支払額）も多額であるので、完全な解決とはいえないが。

しかしアメリカの長期繁栄で注目されることは、貿易収支赤字・経常収支赤字の方は一九九〇年代をつうじさらに格段と拡大し二〇〇〇年代には史上最大の赤字を更新していることである。新しいサービス輸出の急増・「サービス収支」黒字が大幅に増大しているにもかかわらず、貿易収支は改善されないうえに、「対外投資収益」収支黒字が大幅に減少し〇二年赤字転落したため経常収支赤字が拡大したのである。九〇年と〇三年を比べると貿易収支赤字は一一一〇億ドルから五四七六

億ドルへ、経常収支赤字は七九〇億ドルから五三〇七億ドルへと激増しており（第1表）、経常収支赤字の対GDP比は九〇年の一・四％から〇三年には約五・一％となった（〇三年は未確定数値）。貿易収支赤字・経常収支赤字の拡大→外国資金流入超過の拡大→「対外投資収益」黒字の急減→経常収支赤字拡大→……という悪循環（→二六頁以下）は、九〇年代以降さらに深化し二〇〇〇年以降は最悪の状態となる。しかもアメリカは八〇年代に直接投資で資本流入超過となったが、九〇年代には再逆転し対外直接投資が外国の対米直接投資を上まわり資本流出超過となった。アメリカは経常収支で毎年赤字であるだけではなく、対外直接投資をも外国への債務（借金）拡大に依存して行っている関係となっている。

すでに序章で明らかにしたように、事実上の基軸通貨国アメリカが基軸通貨国特権を乱用して貿易収支・経常収支の赤字拡大を続け、年々ドルを海外に流出させることは、ドルの不安定性と国際的投機的金融活動をますます拡大させるうえ、さらに情報通信革命が国際的投機的金融活動を格段と活発化させた。情報通信革命はコンピュータ技術とインターネットの発達で世界中の情報を瞬時に収集・分析・予測・判断する装置の開発と、国内・国際にわたって為替、通貨、証券等のネット取引、電子商取引の急速な発達をもたらし、いずれも投機的取引を助長する役割を果たした。世界のデリバティブの「想定元本」取引残高は一九九一年推定八兆ドルで「世界の主要な銀行の保有する国際部門資産残高に匹敵する」(4)といわれていたが、九五年三月末五七兆二九五〇億ドル（世界二六ヵ国調査）、九八年六月六九兆九〇〇〇億ドル（主要一〇ヵ国調査）と激増した。(5)

一九九八年、世界全体の外国為替取引高（二重計算を避ける修正後）は一日当たり一兆五〇〇〇億ドルで、九七年世界の財・サービス輸出の一日当たり約二五〇億ドルの約六〇倍となり[6]、八九年の約四〇倍（↓二八頁）よりもさらにいっそう膨大化した。外国為替取引のますます大部分が財・サービス取引のためのものではなくなっている。

こうしたもとで、世界各地で金融危機が頻発することになった。（一九九二・九三年イギリスはじめヨーロッパ諸国を襲った通貨危機、九七年におけるタイから波及した東アジア諸国の通貨危機↓経済危機、九八年におけるロシアの通貨危機・モラトリアム宣言、この中南米への伝播・ブラジルの通貨危機↓経済危機、二〇〇一〜〇二年アルゼンチン通貨危機……。）

エンロン、ワールドコムの粉飾決算・倒産の衝撃

二〇〇一年九月の同時多発テロの衝撃とブッシュ大統領の対テロ戦争宣言が続いたアメリカに、同年一二月エンロンの倒産、翌年七月ワールドコムの倒産という大きな衝撃が襲った。エンロンは電力の規制緩和によって電力・天然ガス等のエネルギー部門で急成長するとともに多角経営に乗り出した全米売上高第七位の巨大企業であり、ワールドコムはAT&Tに次ぐ全米第二位の通信大手企業で全米売上高第五位である。各種の簿外取引における疑惑・赤字隠蔽、巨額にのぼる粉飾決算、不正取引、株価操作等の結果の倒産であった。しかも突然のエンロン倒産のさい、経営者はその前にエンロン株を高値で処分したのに対し、ストック・オプション（自社株を役員や従業員への特別報

酬やボーナスとして与えるもの）で受け取っていた従業員の株は無価値となり、退職年金基金を四〇一（k）によってエンロン株で運用していた多数の従業員は年金を失った。これらは国民の株運用への不満と不安をいっきょに高めた。エンロンの経営者はブッシュ政権と深い関係をもち政財界癒着としても問題になった。エンロン、ワールドコムの会計監査を担当していたアメリカ屈指の会計事務所アンダーセンはエンロン関係書類の廃棄処分によって司法省に訴えられ、廃業に追い込まれた。

これらはアメリカの企業経営、企業会計、株式市場、企業の買収・新規設立等においていかに多くの大規模な不正が行われていたか、「競争・市場原理」といいながらいかに組織的な株価操作等が行われてきたか、アメリカ経営者のモラルハザードがいかに深刻なものかを露呈した。

これらの事件は、これまでアメリカが世界に対し金融の自由化・国際化、市場開放、「競争・市場原理」を迫り、アメリカの会計原理、会計検査、株式取引等についてのアメリカの基準をグローバル・スタンダートとして世界に押し付け、違反を厳しく処罰してきたことに対する疑問と不満をいっきょに高めるものであった。

アメリカ経済の行詰り

一九九〇年代末には情報通信関連産業において市場開拓の頭打ち、設備投資の激減、設備過剰化が生じ、二〇〇〇年はじめには消費の冷え込みとともにその他産業にも設備投資の冷え込みが進んだ。株価は二〇〇〇年はじめにダウ平均、ナスダック指数ともに史上最高値をつけた後、下落に転じ同一〇月にはダウ平均は一万ドルの大台を割り、一一月ナスダックも過去最大の三五五ポイント安を記録した。設備投資、消費の冷え込みと株価下落が相互に対応する形となったのに対し、「米連邦準備制度理事会（FRB）」は景気減速を阻止するため〇一年一月三日から緊急利下げを再三繰り返し、同年八月には同年七回目の引下げでFF金利を六・五%から三・五%までにした。これによって株価はある程度回復したが、しかし景気はいっこうに回復しなかった。すでに金利引下げは限界となり景気対策が手詰まりとなっていたところに、九月の同時多発テロが生じアメリカの対テロ戦争が宣言されたのである。軍需関連産業の活性化が進む反面、テロ関係で航空会社が倒産するなど、戦争の影響を受けた展開となりアメリカ経済はますます不安定で先行き不透明となった。

財政は赤字から一応脱出してからわずか四年後の〇二年には景気後退と戦争関連支出拡大によっていっきょに赤字転落し赤字は急増を続け、〇四年度は五二〇七億ドルを超える赤字（対GDP比四・五%）見込みという。「双子の赤字」（経常収支赤字と財政赤字）と騒がれたレーガン時代よりもはるかに大規模な「双子の赤字」の出現である（第1表・第32表）。これらは戦争の拡大とともに増大する危険が大きく、世界経済、日本経済に及ぼす影響も拡大する危険が大きい。

EUの強化とユーロの誕生

アメリカが世界的覇権強化を目指しているとき、アメリカのドル特権に対抗して「欧州連合（E

U)」の統合通貨・ユーロが二〇〇二年誕生した。複数の資本主義国が単一通貨を国際通貨として流通させるというようなことは資本主義の歴史では想像もできなかった画期的な一大事件であった。

欧州統合の試みは第二次大戦後の復興過程から始まり各種の統合の変遷があった。一九七〇年代の経済混乱、変動相場制下の通貨混乱に対し、七九年経済・通貨統合による経済再生を目指す「欧州通貨制度（EMS）」が発足し、「為替相場メカニズム（ERM）」が創設された。九一年一二月には経済・通貨統合から政治連合までを行う「欧州連合（EU）」設立を合意する「マーストリヒト条約」が署名され、九三年一一月に正式にEUが発足した。その間、九二年にアメリカのヘッジファンド等の投機的活動によってイギリス、イタリア等が通貨危機に見舞われ（→三二頁）、かなりの国がその後経済低迷に陥った。だがこの苦い経験がかえって通貨統合への結束を加速した。

EUが通貨統合までを目指した目的は、各国為替相場を廃止し単一の中央銀行が統一した金融政策をとることによって為替相場の適正化をはかり、域内での通貨変動や為替リスクを解消し、経済の協調的成長を実現し、統一通貨をドルに対し強い国際通貨とすることであった。このため通貨統合への加盟の条件は非常に厳しかった。国・地方政府等を含めた財政赤字を対GDP比三％以内にする、政府累積債務はGDPの六〇％を超えない、物価上昇率を加盟国中最低の三ヵ国の平均プラス二％以内とすることである。

ここで注目されることは、「金・ドル交換」停止・「初期IMF体制」崩壊以降、節度のなくなった通貨・信用膨張、財政赤字膨張によって生じた多くの混乱（筆者のいう「現代資本主義の変質」による諸混乱）に対し、ＥＵが独自の厳しい条件を設けることによってそれらを遮断しようとしていることである。とくにアメリカが基軸通貨国特権の乱用によってもたらした経常収支赤字の膨大化、財政赤字、国際的金融市場の不安定性・ドルの不安定性等に対し、ＥＵはその影響を遮断しようとしているのである。一九九〇年代末にはＥＵ一五ヵ国は経済規模（名目ＧＤＰ）でアメリカとほぼ同水準となった。

一九九九年一月一日ついに統合通貨「ユーロ」がドイツ、フランス、イタリアをはじめＥＵ一一ヵ国の加盟で誕生した。最初は各国貨幣も使用されたが、二〇〇二年一月一日ユーロのみ（一部業務例外）となり、同三月一日以降はユーロのみを通貨とする完全な通貨統合が実現した。ユーロについては加盟各国の国内経済・貿易・財政状況等の格差やその変化があるもとでどのような単一通貨政策をとるのか、また通貨安定と経済成長とどちらを優先させるのか等、困難は少なくない。だがユーロ成功の鍵は、各国経済が安定を持続し、ユーロが国際通貨として世界の信用を獲得し使用範囲を拡大し、ドルに対抗する事実上の基軸通貨の一つとなっていけるかどうかであろう。

最後に補足すると、中国を中心にした東アジアの経済発展が世界の注目を集めているが、東アジアにはＥＵ、ユーロに匹敵する経済統合、通貨統合の可能性はほとんど無い。これら諸国の発展はほとんどが外国（公・民間）からの資金借入れ、外国資本の直接進出に依存し、対米輸出拡大（対米貿易収支黒字）に依存している。他方アメリカは東アジアを対外経済進出の一大拠点としている。また大戦後アメリカは日本をはじめ各国と個別に安全保障条約を締結したので、ヨーロッパとは異なって、各国それぞれとアメリカとの軍事的・政治的関係には各種の差異がある。とくに中国は経済発展とともに独自に軍事大国化を目指しており、対アメリカ関係は特殊なものである。日本は戦争責任問題のうえに、大戦後のアジア進出における資源乱獲、公害輸出、低賃金利用等によって諸国の対日不信は根深いし、特別密接な日米関係を維持しているため、緩やかなアジア経済・通貨圏確立であっても日本がその中心となることには障害が多い。当分のところは東アジアで、アメリカから独立して経済・通貨圏を構築することはほとんど不可能といえる。

第一章　好景気終焉・バブル崩壊とそれへの国家対策

第II部の分析について

第II部では序章、第I部の考察にもとづいて、一九九〇年代はじめの好景気の終焉・バブルの崩壊から、日本経済が長期にわたって停滞、混乱、危機的状況を繰り返し「混沌」とした状況に陥っていったことを明らかにする。「序」で示した本書の分析視角はこの時期の分析ではとくに重要になっているので、そこで重要視した第一〜第三（↓四頁以下）を基礎に据えて九〇年代以降における日本経済の解明を進めていくことにする。

二つの時期の区分

第II部で取り上げる一九九〇年代以降ではとくに国家の政策が重要な役割を果たしているが、国家政策も経済動向もきわめて複雑で変化に富んでいるので、これを二つの時期に分けて考察する。

(1) 第一章で取り上げる［第一の時期］は、輸出依存的成長の破綻、バブル崩壊が表面化した一九九〇年代はじめから、九五・九六年の住専や信用組合等の破綻による金融不安が一応沈静化するまでとする。政府は「九六年度下期には民間需要主導による自律回復的循環がみられるようになった」(7)という楽観的見解をもっていたが、しかしこれがまったく誤った判断であることはその直後の［第二の時期］のよりいっそう厳しい現実によって明らかになる。

［第一の時期］の国家政策に共通していたのは、輸出依存的成長破綻、バブル崩壊についてのま

ったく甘い誤った現状認識であり、〝一時しのぎ的〟対策による問題の先送りであった。このことこそが、事態をさらにいっそう深刻化させ、厳しい［第二の時期］を生み出すことになるのである。(2) 第二章で取り上げる［第二の時期］は一九九六・九七年に、経済のあらゆる面で問題がいっきょに噴出してから、国家が新しい政策を次々に打ち出すがかえって事態を悪化させて新しい難題を生み出し、政策も経済実態もすべてが「混沌」とした状態に陥っていった現在までである。

第一節　輸出依存的成長の破綻

一九九〇年代はじめに日本の好景気が終焉し経済停滞に陥った根源は、これまで日本経済の発展の基本であった輸出依存的成長が破綻したことにある。すでにみてきたように六〇年代後半以降、日本の不況・経済的混乱を克服したものはつねに輸出の飛躍的拡大であった。七〇年代中葉以降の世界的経済停滞のもとで日本が「例外的」成長を続けたのも、八五年G5による円高騰のもとでも好景気を生み出したのも、輸出依存産業における新製品の開発・改良と製品品質改良、および徹底的「減量経営」によって輸出拡大が持続したためである。日本独特の輸出依存的成長であった。

ところが一九九〇年代はじめに、これまでのような輸出市場の開拓・拡大が不可能になり、輸出依存産業自体が設備過剰に陥ってしまったのである。しかしこれら輸出依存産業である乗用車、電子部品・電子民生用機器・電子産業用機器、工作機械等の産業は日本経済のなかで中核的位置を占め、多数の部品生産、鉄鋼等の原料生産等を周辺に擁し、これら全体で多数にのぼる従業者を雇用してきたのであって、これらの産業が輸出の減退によって過剰設備を抱え生産縮小・雇用の大量削減を行うことは、関連部門の生産、雇用にも大きな打撃を与えるものである。

これまで日本を支えてきた輸出依存的成長が破綻したこと、またそれにもかかわらず輸出依存的経済を国民生活に根ざした「内需中心」の経済に転換する政策がとられなかったこと――これこそが経済停滞の長期化の根底にある。

第一項　日本に対するアメリカの反撃と優位性の再構築

アメリカの対日要求の熾烈化

アメリカは一九八五年のG5による大幅円切上げにもかかわらず貿易収支赤字の中心である対日赤字が改善されないため、八〇年代後半から九〇年代中頃まで対日要求・対日反撃を強化していった。八一年以来の乗用車の対米輸出の「自主」規制は九二年四月、それまでの二三〇万台を一六五万台に引き下げて九四年三月まで続けることになる。九二年一月ブッシュ大統領（父）はアメリカのビッグスリーの経営陣を連れて来日し、その要求に従って日本企業は自動車部品のアメリカからの輸入実績を八六年度二五億ドルから九三年度一五五億ドルへと大幅に拡大した。九一年に期限切れの「日米半導体協定」は、外国製半導体の日本市場へのアクセス拡大と日本のダンピング輸出防止を主とした新協定（期限五年間）の締結となる。工作機械では、アメリカ工作機械産業の再生のために日本の対米輸出の自主規制を九三年まで続けることにした。

しかもアメリカ経済再生を実現するためクリントン政権は日本に対する反撃をさらにいっそう強化した。クリントン政権発足後の一九九四年「CEA（経済諮問委員会）年次報告」は「通商イニシアティブ」の項で異例の形で米日貿易関係に多くのページを割いて、アメリカの貿易赤字の最大が対日赤字であり、日本の貿易黒字の重要部分が対米黒字であるとし、日本市場の閉鎖性を非難し市場開放を強く要求した。(8) 八九年、日米貿易摩擦は個別産業摩擦にとどまらずに、日本の規制緩和の具体策、公共投資額、商慣行等までを問題にする「日米構造問題協議」へと進んでいたが、九三年七月の宮沢・クリントン会談はこれに代わる「日米包括経済協議」を発足させた。この特徴は協議の対象を一段と拡大して、貿易の存立基盤といえる制度、政策、経営組織、流通組織等までをも取り上げ、さらに日本の輸入の「数値目標」の設定、および市場開放の「客観基準」を日本に迫ったことである。分野別協議では日本による規制緩和推進計画、知的所有権の容認等が進んだ。だが九四年二月の細川・クリントン会談で細川首相は「数値目標」を拒否し物別れとなったが、その直後、クリントンは大統領の行政命令でスーパー三〇一条の復活を発表し強硬な姿勢を示した。難航した自動車部品の日本の輸入拡大については、アメリカ側は決着しない場合は日本製高級車に一〇〇%の輸入関税を適用するという制裁発動を発表、紛争はWTO（九五年一月設立）にもち込まれたが、ヨーロッパ諸国の対米批判もあってアメリカの要求はとおらなかった。（九五年六月、二国間閣僚レベル交渉で自由貿易の原則を確認し数値目標を排除する基本合意を行い、その後決着内容をチェックする年次協議が行われることになる。）ただしアメリカの強硬な姿勢に対し日本政府は日本農業の根幹をなす米《こめ》の市場開放を容認した。

たしかに一九七〇年代後半以降、アメリカの中枢産業であるＩＣ、電子機器、乗用車等で、日本が〝集中豪雨的〟に輸出を拡大したことはアメリカの産業基盤を揺るがし対立を激化させるものである。しかしアメリカは自国の産業保護が必要な場合には保護主義的通商条項を強化している。また国内産業衰退の原因をもっぱら日本の側にあるとし、日本に対し輸入の「数値目標」を要求しそれが実現されなければ厳しい制裁措置をとるということは、アメリカが他国に強要してきた市場開放、競争市場原理に反する身勝手なものであって、ＧＡＴＴ・ＷＴＯの原則に違反するといわねばならない。

大幅円高による大打撃

さらに異常円高が日本の輸出依存産業に決定的打撃を与えた。クリントン政権の厳しい対日姿勢は、発足直後の一九九三年二月のベンツェン財務長官の円高容認発言、四月一六日の日米首脳会談でのアメリカ側の円高有効・円高誘導発言に現れた。円は八五年Ｇ５直前の一ドル＝二四二円からＧ５の一年後には一五〇円台に高騰し、九一年一三〇円台と推移してきたが、九三年四月には一一〇円台を突破し、八月には一時的に一〇〇円四〇銭になる。九四年二月の日米首脳会談物別れの直

第3図　円・ドル相場（1947〜2004年）

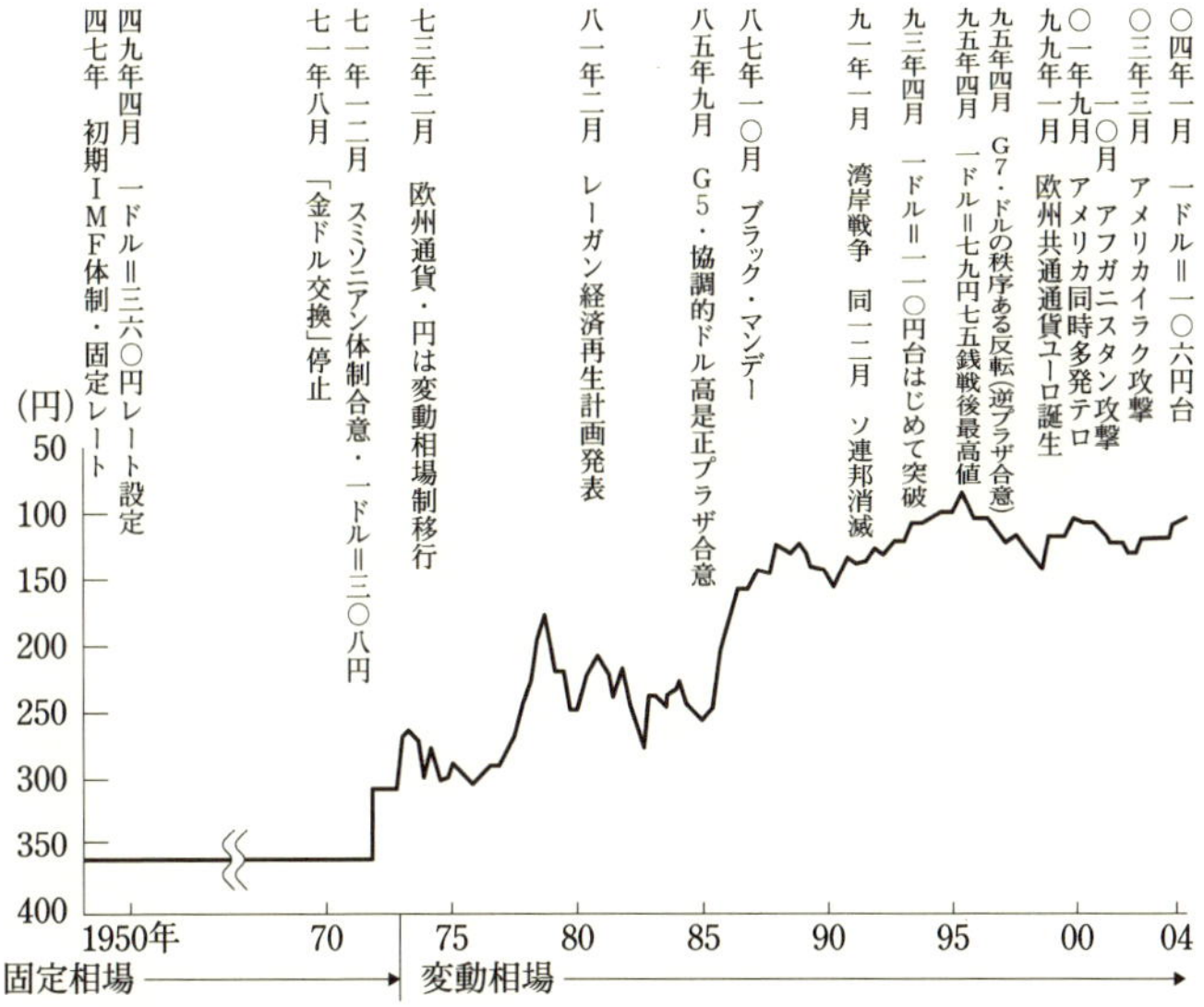

資料出所：『朝日新聞』2004年5月3日，説明文は筆者作成。

後に円が急騰、六月に戦後はじめて一〇〇円を突破した。九四年末のメキシコ通貨危機でドルが下落した後、九五年に円高騰が続き四月一九日にはついに東京外為市場で七九円七五銭と史上最高値を記録した。

この円高騰の背景には、アメリカの経常収支がいぜんとして大幅赤字を続けていること、日米貿易で日本の輸出は頭打ちではあるが輸入が減少傾向となったため一九九二・九三年には再び日本の黒字が拡大したことが横たわっている。しかしアメリカの貿易収支・経常収支の大幅赤字、対日貿易収支・経常収支の大幅赤字はすでに八〇年代はじめから拡大傾向を続けており、それを巨額の外国資本流入でファイナンスする関係も恒常化しているのである。したがってこの円の急激な高騰は、貿易取引・経常取引という実体取引関係だけからはとうてい説明できない異常なものである。この円高騰の主要原因は、アメリカ政府筋によるたびたびの円高容認・円高誘導発言によって実体経済以外の為替差益獲得・差損回避を狙う投機的円買い取引が急増したことにある。アメリカの政策担当者はドル高を望むときには自国の貿易収支・経常収支の大幅赤字には触れないで、アメリカ経済への信頼・ドルへの信頼による外国資本流入↓ドル高だといい、他方ドル安を希望する際には米日間の貿易収支・経常収支の不均衡をもっぱら日本の責任として非難し、こうした発言をつうじて為替誘導を行うのであり、この発言は国際的投機を動かす力をもっているのである。日本の方はドル買い介入で円高進行を緩和することとしかない。

この円の大幅高騰は日本の輸出依存産業に大打撃を与えた。自動車、電子部品・電子機器、工作機械等の産業では、G5での大幅円高に対抗するために徹底的な「減量経営」によるコストダウンとME化大型設備投資に全力を出し尽くしたうえ、日米摩擦が加わり、一九九三〜九五年の円高騰に対してはもはや対抗する余力は残っていなかった。とくに自動車産業では、八〇年代後半の大幅円高と乗用車の対米輸出の自主規制＝台数規制のもとで、輸出の重点を高級・高付加価値大型車に置いてME化大型設備投資を実施した直後であるので打撃は深刻であった。第14表で明らかなように、対米輸出は乗用車は八五年二二二万台、九〇年一八八万台から九五年一一五万台へ激減し、商用車（トラック中心）は八五年九二万台、九〇年三六万台から九五年八万台弱へと激減した。世界

第 14 表　自動車の国内生産，国内販売，輸出・輸入，海外現地生産

（単位；台数）

	国内生産台数		国内新車販売台数		輸出台数	
暦年	乗用車	四輪車計	乗用車	四輪車計	乗用車	（うち米国向け）
1970	3,178,708	5,289,157	2,373,054	4,097,361	725,587	323,671
1980	7,038,108	11,042,884	2,854,214	5,015,628	3,947,160	1,819,092
1985	7,646,816	12,271,095	3,104,066	5,556,878	4,426,762	2,215,811
1990	9,947,972	13,488,796	5,102,236	7,776,838	4,482,130	1,876,055
1993	8,493,943	11,227,545	4,199,451	6,467,279	3,910,584	1,454,533
1995	7,610,533	10,195,536	4,443,906	6,865,034	2,896,216	1,149,699
2000	8,359,434	10,140,796	4,259,872	5,963,042	3,795,852	1,641,678
2001	8,117,563	9,777,191	4,289,683	5,906,471	3,568,717	1,586,343
2003	8,478,328	10,286,318	4,460,014	5,828,178	4,080,494	1,564,840

	輸出台数		輸入台数		海外現地生産台数（四輪車計）		
暦年	四輪車計	（うち米国向け）	乗用車	四輪車計	全地域	（うち米国）	（うちアジア）
1970	1,086,776	422,464	16,633	16,773			
1980	5,966,961	2,407,645	44,871	44,871			
1985	6,730,472	3,131,998	50,120	50,319	891,142	296,569	208,589
1990	5,831,212	2,236,988	221,166	223,778	3,264,940	1,298,878	952,390
1993	5,017,656	1,617,386	195,090	201,481	4,339,954	1,691,239	1,315,346
1995	3,790,809	1,228,096	362,265	388,162	5,559,480	2,215,657	1,882,850
2000	4,454,885	1,669,047	267,767	275,452	6,288,192	2,480,691	1,673,740
2001	4,166,089	1,606,998	269,088	275,807	6,679,593	2,451,496	1,872,521
2003	4,756,339	1,594,152	277,318	280,928	8,607,563	2,812,723	3,007,348

資料出所：日本自動車工業会『日本の自動車工業』2004 年版まで各年版。

全体への輸出でも乗用車、商用車の激減は著しい。日本国内での新車販売台数はバブル崩壊以降、九〇年をピークに乗用車も商用車も大幅に減少したため、日本の国内生産台数は乗用車が九〇年に史上最高九九五万台を記録した後に九五年七六一万台へ激減、自動車合計も九〇年史上最高の一三四九万台から九五年一〇二〇万台へと激減した。自動車産業は設備過剰に陥り、生産・雇用の大幅削減を余儀なくされていった。この異常円高と国内販売の落ち込みは八〇年代後半から始まっていた日本企業の海外直接進出を急激に加速する役割を果たした。

異常円高は一九九五年四月二五日G7でのドル安の「秩序ある反転」の合意(いわゆる〝逆プラザ合意〟)によって終わる。アメリカがドル急落の生じる不安をもったためであるが、このドル「反転」政策においてはもはや日本産業が脅威では無くなったという判断があったと思われる。

第二項　日本の技術優位の喪失、輸出依存的成長の破綻

日本の技術開発の行詰り

これまで日本が長期にわたって大規模な輸出を維持・拡大してきた基礎は、日本企業が絶えずIC等のME基本部品を高性能化するとともに、大規模な市場を開拓できる新しいME機器を開発し、最初は世界でほぼ独占的に生産・輸出し、その一応の普及と外国企業の生産によって輸出が頭打ちになる前に、さらに新しいME機器の開発とME基本部品のいっそうの高性能化を繰り返してきた

ことにある。日本独特の下請中小企業の利用体制と優れた労働者の雇用・管理体制がこれを支えてきた。その際日本企業は開発した新製品を最初は高級消費財への需要が大きいアメリカ市場で売り込み、その実績をもってヨーロッパ等へ輸出を拡大する政策をとってきた。ところが一九八〇年代後半、VTR、ビデオカメラ、ファクシミリ、CD・同関連機器等の開発の後には、大規模な新市場を開拓できるような新製品の開発は枯渇していき、ほとんどが新製品とはいえないような類似品、無駄も含む多種多様の機能を付加した高価格製品、大型化や小型化・軽量化製品しか開発できなかった。（冷蔵庫での大型化、冷凍・解凍機能付き、三ドア・四ドア等。テレビでのVTR・ビデオソフト映像との結合、衛星放送受信装置内蔵、高画質化・大型化、高品位テレビ＝ハイビジョン。電話機での多機能付き・コードレス、自動車用・旧式携帯用電話等。）これまでのような画期的な新製品開発によって海外市場を積極的に創出していく力は失われてしまっていた。

アメリカの情報通信革命と日本の完全な立ち遅れ

しかもアメリカはすでに見たように、一九九〇年代はじめに情報通信革命の成功によってコンピュータの中枢技術、情報処理とそのネットワーク技術で日欧諸国を完全に凌駕し、新しいインターネットやマルチメディアの新分野で世界を制覇しつつあった。日本はこの情報通信革命において決定的に立ち遅れた。技術的に日本はコンピュータの中枢技術において完全に遅れてしまい、デジタル転換に遅れ、情報処理・ネットワーク技術でも遅れた。情報化関連投資を日米比較すると、アメリカの急速な伸びに対し、日本は八〇年代には一応高い伸びであったが九〇年代には停滞し、九七年には情報化投資額はアメリカ三五兆円に対し日本は一一兆円と三分の一に過ぎず、民間設備投資全体に占めるその比率はアメリカ三三・九%、日本一二・五%と格差は大きい。九〇年代後半にはアメリカはアメリカ主導で世界規模の国際金融ネットワーク構築に次いで、テレコム・インターネットワークを構築し、莫大な金融サービス、テレコム・サービスの収益、同サービスとコンピュータ関連機器の輸出を拡大することを狙っていた。

他方、すでに指摘したようにアメリカは遺伝子関連技術開発でも先頭を切り、情報通信革命よりもさらに大規模な新市場を創出する可能性をもつといわれる遺伝子関連各種分野で実用化を急速に進めているが、ここでもアメリカは圧倒的優位性を占め、日本の立ち遅れは著しい。――もっともこの技術発展には食の安全や生命の安全・倫理を脅かす危険性が多く含まれているのでこの技術発展とその安易な実用化は問題といわねばならないが。

こうして日本は情報通信革命時代、遺伝子技術革命時代では、大型新製品の開発によって海外市場で新しい大規模市場を開拓することはほとんど不可能な状態となった。一九九〇年代末からようやく一部の電子製品で新製品開発が現れるが、将来はまだ確定できない（↓二五五頁以下）。

東アジアへの直接進出・産業の空洞化

一九八〇年代後半以降の日米経済摩擦の熾烈化と大幅円高は日本企業の東アジアへの急速な直接

進出を促進していった。当時東アジア諸国の多くは自国通貨をドルにリンクさせていたので、円高の進行は東アジア諸国への輸出困難と対日輸入拡大をもたらしたため、日本企業は直接進出に活路を求めていった。さらに九〇年代はじめの異常円高はそれらを格段と加速した。八〇年代後半では直接進出は低賃金で公害防止費用のかからない東アジア・中国で生産し対米輸出や東アジア向け販売を拡大するためであり、IC・ME機器等の単純で標準的な工程（ICの「後工程」のみ）が中心であった。だが九〇年代になると直接進出は、IC等の電子部品・電子機器の全工程を行う大企業や自動車の組立て大企業・部品生産の下請中小企業の直接進出、東アジアからの輸入攻勢を受ける各種中小企業の進出、日本への逆輸入を目的とする日本企業の進出等、きわめて広範にわたっていった。このことは、国内製造業の空洞化＝生産と雇用の輸出という深刻な問題を惹起することになった。九四年の中国人民元の対ドルレートの大幅切下げが以上を加速していった。

さらにまた日本企業の広範な直接進出は技術移転によって東アジアの企業の発展を促し、これらの激しい追い上げを受けることになる。第6図で明らかなようにカラーテレビ（台数）では九四年はじめて輸入五八四万台が輸出四四六万台を上まわる。もっとも高価格・高付加価値製品を輸出、低価格・低付加価値製品を東アジアから輸入（現地生産の逆輸入を含む）していたので、金額ではしばらくは出超であったが。八〇年代後半に最大規模の輸出品目で輸出によって国内生産を激増してきたVTR（台数）も、九一年以降輸出は大幅に減少、九四年以降さらに減少していく（第5図）。また日本が八〇年代には世界的に優位を保っていたDRAM等の半導体でも、韓国企業やアメリカのマイクロン社等の躍進が著しく、アメリカ市場、アジア市場で日本のシェアは急速に低下していった。

他方、円高は東アジア諸国からの繊維製品、食料品、雑貨、各種農産物・畜産物の対日輸出拡大に拍車をかけ、日本農業の存立基盤を揺るがしていくとともに、関連製造業、とくにその中小企業に大打撃を与えた。こうしたなかで繊維・衣料産業、食品加工業等の企業も中小企業を含めてアジア諸国への直接進出を加速し、他方では大手商社等が東アジアで日本市場向け農産物・畜産物・海水産物等を栽培・養殖・加工し日本へ逆輸入する動向も強まっていった。こうして産業の空洞化・生産と雇用の輸出という問題は広範な広がりをもって進行していった。

輸出依存的成長の破綻の後も続く輸出依存的体質

以上の結果、日本の輸出依存的成長は終焉した。民間設備投資（実質）の対前年比は一九九二年マイナスに転じマイナス七・三％となり、九三年マイナス一一・八％、九四年マイナス六・五％と大幅減少を続けた（第15表）。なかでも製造業の設備投資の減退が非製造業よりも顕著であった。雇用情勢も厳しくなり有効求人倍数は九二年第Ⅳ四半期から一を割ってさらに低下していき、雇用者数の伸びも九二年から鈍化を始め九三年からは総数で横ばい、製造業の雇用者数は九二年一三八二万人をピークにマイナス傾向を続け九六・九七年（同数）には七五万人減の一三〇七万人となり、その後さらに減少していく。GDP成長率（実質）は九二年一・〇％、九三年〇・三％、九四年一・〇%といわゆる〝実質ゼロ成長〟に陥る。
もはや輸出拡大によって景気を回復する途は不可能であるばかりか、日本の中枢産業である輸出依存産業における設備過剰、人員削減、一部工場閉鎖、海外直接進出・雇用の輸出が日本経済停滞を生む重要要因の一つとなったのである。

しかし輸出依存的成長の破綻が明らかになっても、政府は輸出依存的経済から脱却し国民生活の充実に根ざした「内需中心」経済への本格的転換をはかることはなかった。政府は一応一九八〇年代末にすでに「輸出依存」から「内需拡大」への転換を公言したが、それはあくまでも、公共投資拡大による「内需拡大」であって、真の「内需中心」経済とはなり得なかったのである。この公共投資拡大路線は九二年以降の景気対策においてそのまま継承・強化されていったのである（↓一八一頁以下）。

こうして一九九〇年代以降においても、いぜんとして輸出拡大に活路を求める体質、輸出拡大に頼るほかない輸出依存的体質が続いていくのである。したがってアメリカへの輸出が壁にぶつかると、東アジアへの輸出に活路を求めていくし、九六年以降の円安「反転」とアメリカ経済の活性化・国内消費拡大のもとではアメリカへの輸出を拡大しこれによって日本の経済停滞を緩和するのである。しかしここでの輸出はかつてのように、相次いで開発される新しい電子機器、ME技術導入で品質改良・コストダウンを進めた自動車・電子部品等が技術力に支えられて新しい市場を開拓していくという積極的な輸出ではなくなっている。それは輸出先の景気上昇や円安によって輸出を拡大するという受動的で非継続的なものになっている。このように輸出に依存せざるをえない体質、輸出拡大に活路を求めざるをえない体質を転換しないまま、いぜんとして輸出に活路を求めようとしたことは、日本経済がこれまで以上に相手国の経済動向や為替相場等の外的条件に左右され、それらの変動によって翻弄されることを意味するものである。

第二節　バブルの崩壊と金融機関の不良債権膨大化・経営危機

不良債権の定義と不良債権発生源の区分

「不良債権」とはごく大雑把にいえば、金融機関の融資（その債権）のうち融資先の経営悪化ないし破綻によって元本返済・利子支払が困難ないし不可能になった債権である。不良債権の公的定義の確定、資料の収集・整理、資料開示は非常に遅く、一九九三年はじめて不充分な資料が公表された。国家の不良債権問題の認識の甘さと遅れを反映しているといえよう。（開示された不良債権の定義は「囲み〔4〕」のとおりである。）

不良債権の内容についてあらかじめ注意しておきたい第一は、①バブル期における投機的な資産取引に対する膨大な貸付けがバブル崩壊そのものによって不良債権となったものと、②一九九〇年代における実体経済の停滞による経営危機・倒産および国家の公共投資・大規模開発実施の失敗による経営危機・倒産が生みだした不良債権の「新規発生」とを区別する必要があることである。この第二節で取り上げる九〇年代はじめから九五年の住専破綻、信組破綻まではそのほとんどが①であったが、第二章で問題にする九〇年代中葉以降の不良債権拡大には①のほかに②が加わってくる。日本の不良債権問題の深刻さは、異常といえるバブルによる膨大な不良債権源が存在するうえ、銀行が毎年巨額の不良債権を最終処理しても不良債権が「新規発生」し不良債権残高が増大することにある（第24表・第23表）ので、この区別にもとづいた分析が重要なのである。

いま一つの注意は、日本の大金融機関は膨大な株式を保有しているという先進資本主義諸国にはみられない特徴をもっているため、バブル崩壊による打撃は以上の不良債権発生だけではなく、株価急落そのものが直接金融機関の経営悪化をもたらすことである。また日本の金融機関は融資の多くを土地担保で行っており、バブル期にはバブルで膨張した担保価値で融資を行ったため、地価暴落が担保価値の毀損として金融機関に打撃を与えることになる。

第一項　資産価格暴落・不良債権発生と国の対応策の誤り

資産価格急落の始まり

株価・地価急落の直接の契機となったのは、公定歩合引上げと不動産融資規制であった。政府・日銀は資産価格とくに地価のあまりにも高い上昇を抑制するため、一九八九年五月三一日に公定歩合の引上げに転じたが、その後イラクのクエート侵攻（九〇年八月）のもとでのドル高＝円安と原油価格上昇によるインフレ懸念が加わって公定歩合は急速に引き上げられ九〇年八月には六・〇％となる（第4図）。地価については九〇年三月、大蔵省は銀行局長通達で「不動産融資の総量規制」（各金融機関の不動産業向け融資の伸びを総貸出しの伸び以下に抑制する）と「三業種」規制（不動産業、建設業、ノンバンクへの融資に四半期ごとに報告提出を求める）を実施した。これらを契機として、日経平均株価（東京証券市場第一部上場の二二五銘柄の平均株価）は八九年一二月二九日に史上最高値三万八九一五円を記録した後、九〇年大発会から急落を始め同年一〇月一日二万二二一円に暴落し（日本のブラック・マンデー）、九二年八月一八日には一万四三〇九円と八九年末のピーク値の三七％にまで暴落した（第1図）。他方、住宅地については八九年頃から首都圏・大都市の住宅地価高騰が〝真の需要者〟の購入許容限度を超えたため〝真の需要〟の頭打ち・地価の頭打ちが始まっていたが、公定歩合引上げととくに不動産融資規制が、巨額の低金利資金の借入れに依存して投機的土地買付け・土地転売（土地ころがし）を行ってきた企業の資金繰り難・経営危機をもたらした。九一年地価の対前年上昇率は大幅に低下し、九二年から地価の全般的下落と不動産の販売困難が進んだ(9)（第26表）。

国家は予想をはるかに超えた地価・株価の急落に慌てて、公定歩合を一九九一年七月一日引下げに転じ、不動産融資規制を九二年一月一日に撤廃したが、しかし株価・地価の下落の動きを止めることはできなかった。なぜなら公定歩合引上げや不動産融資規制はあくまでも株価・地価の急落のたんなる契機であって、その急落の原因は八〇年代後半において大量の超低金利資金によって膨大な投機的取引が行われバブルが生じたことにあった。このような投機的取引を軸としたバブルは永遠に続くはずはないのであって、ある契機、ある条件の変化によって反転するのは必然である。そしてひとたび反転が生じると、投機的取引の消滅と価格急落との相互促進によって資産価格がいっきょに急落し販売困難な過剰不動産が大量発生するのは必然である。それまでの投機的取引が膨大であればあるだけ、資産価格高騰が異常に高ければ高いだけ、この相互促進作用は激しく、資産価格の急落も販売困難の過剰不動産の発生も激しい。またこの投機的活動に対して銀行・ノンバンクが巨額の融資を行っていればいるだけ、バブル崩壊によって銀行・ノンバンクの抱える不良債権は膨大となる。

日本では一九八〇年代後半に、大手銀行・長期信用銀行をはじめ金融機関が投機的不動産取引を膨大化していた不動産業等と結びついてそれらに巨額の低金利資金を貸し付ける融資拡大競争を展開したこと(→九四頁)が、バブル崩壊後における借入れ依存の投機的取引業者の経営危機・破綻と不良債権発生を激しくしたのである。したがって第Ⅰ部第二章でみたように、国家が八〇年代後半にこれらを放置し、資産価格高騰の「資産効果」が成長をもたらすなどと資産価格高騰を肯定してきたことの責任はきわめて重い。

初期の国家対応策の誤りによる不良債権拡大

不良債権発生の原因が以上のようなものである以上、その後の国家政策によって不良債権発生を完全に阻止することは不可能である。しかし国家の対応策は不良債権のその後の発生・拡大を左右するのであり、日本では国家の対応策の誤りが不良債権問題を深刻化していったといえる。

日本では資産価格暴落が生じたさい、国家は急いで公定歩合の引下げ、「不動産融資の総量規制」の撤廃を行い、一九九二年に最初の景気対策（→本章第三節）を打ち出したが、それらはすべて〃一時しのぎ的〃対策であり、問題の先送りであった。ここには、土地は必ず上昇するという神話や、株価も長期的には上昇を続けるという過去の経験に依存して、やがて景気が回復すれば地価・株価も回復し不良債権も解消するという甘い認識・誤った判断があったと推測される。国家のこのような〃一時しのぎ的〃支援策・問題の先送りは金融機関に対してしばらくすれば株価・地価は回復し不良債権は減少するという甘い考えを与えた。「不動産融資の総量規制」が撤廃された九二年以降、早くも不動産業・ノンバンク等への融資が総融資の伸びを上まわる高い伸びとなったことは注目すべき事実である（第16表）。またノンバンクへの不良債権移しや不良債権の温存・隠蔽も進められた。

しかしこのとき政府・関係省庁・日銀等がなすべきことは、できるだけ早くこれまでの投機的不動産関連企業の放漫経営・不正取引や銀行・ノンバンクの乱脈融資・粉飾決算等を厳しく調査し、不正の摘発・処罰、経営責任の明確化、実質的破綻企業の破綻措置を実施するとともに、不良債権拡大を食い止める抜本的政策を検討・実施することであった。最初に政府、金融当局が厳しい姿勢で調査、処罰を行い、その後金融機関および融資先企業が厳しい経営姿勢を確立していくようにすることが不可欠だったのである。このような主張に対しては、こうした厳しい措置をとれば経営危機・経営破綻が発現し経済全体に打撃と不安を与えるという反対意見がある。しかしすでに明らかにしたようにバブル期において膨大な不良資産・不良債権の発生源が生み出されてしまった以上、できるだけ早くその乱脈経営・不正の追求と処罰や実質的破綻企業の破綻処理を行って不良資産・不良債権の発生源を根絶してしまわなければ、不良資産・不良債権の温存・隠蔽工作のもとでさらにハイリスクの不動産融資や救済融資が拡大を続け、いずれは金融機関・非金融企業が膨大化した損失を抱えて経営危機・破綻に陥り、経済全体により大きな打撃を与えることは不可避である。この見解が正しいことは、一九九五年の金融危機の事実、さらに九七・九八年の金融危機の事実において証明された。

初期において国家が〝一時しのぎ的〟対策に終始し問題を先送りしたのはきわめて甘い誤った現状認識によるものであるが、より大きな原因は次の事情にあると考える。

きわめて重要な問題が続出した一九九〇年代はじめに、一連の金融業界の不祥事、政界・官僚・金融機関の癒着、公共事業をめぐる公と建設業界との汚職事件が明るみに出た（資料2）。これではバブル期およびバブル崩壊以降における金融機関の乱脈融資・粉飾決算、政・官汚職、融資先企

資料2　金融・証券不祥事，ゼネコン汚職（1980〜95年）

1988年7月　リクルート事件（リクルートコスモスの未公開株式が政界・官界有力者へ譲渡された事件）発生。リ社の巨額の政治献金・パーティ券購入と労働省・文部省のリ社への便宜提供に拡大。江副会長89年逮捕。88年末宮沢蔵相，長谷川法相辞任。88末〜89年に多数の政治家，労働省幹部等が起訴，逮捕。

1989年　リクルート事件で6月竹下首相退陣，中曾根前首相自民党離党。

1990年　住友銀行磯田会長（金融界の実力者）が元支店長の不正融資仲介事件等で引責辞任。「イトマン（商社）事件」（絵画・株式等の不正取引，暴力団関連）とも住友銀行関係。

1991年　野村證券，日興證券の法人・大手投資家への損失補塡発覚，暴力団への資金供与も判明。野村證券田淵節也会長・田淵義久社長，日興證券岩崎社長が辞任。

1991年　富士銀行で架空預金を使った不正融資発覚，端田会長辞任。東海銀行でも同じ事件発覚，新井副会長辞任。

1991年　橋本蔵相，証券・金融不祥事の監督責任と元秘書関与で辞任。

1991年　日本興業銀行等大手金融機関が料亭恵川女将・尾上縫（巨額詐欺事件に関与）に1兆円超の融資。興銀中村会長辞任。

1992年　金子新潟県知事，佐川急便からの献金事件で辞任。

1992年　石井仙台市長，鹿島，ハザマ，清水等ゼネコン四社からの1億円収賄容疑で逮捕。ゼネコン汚職事件が相次ぐ。

1993年　竹内茨城県知事，ハザマ等からの収賄容疑で逮捕。

1993年　竹内知事への贈賄容疑で清水建設吉野会長，鹿島建設清山副社長，逮捕。

1993年　本間宮城県知事，大成建設からの収賄容疑で逮捕。

1993年　金丸信自民党副総裁，92年東京佐川急便からの5億円違法献金で辞任，93年巨額脱税事件で逮捕。

1994年　中村喜四郎元建設大臣，ゼネコン斡旋収賄容疑で逮捕。

1994年　細川首相，佐川急便献金疑惑と国民福祉税提案の責任で辞任。

1995年　山口敏夫元労相，東京協和・安全二信組（破綻）の乱脈融資・不正融資に関連する背任容疑で逮捕。

業の乱脈経営・粉飾決算等について、監督当局が事態の解明、不正・粉飾決算等の処罰、責任の追求を行うことなどできるはずがなかった。これは次にみる第二項の住専その他の破綻処理における甘さ・〝一時しのぎ的〟対処においてもいえることである。

他方、一九八〇年代末から一連の不祥事の発覚と関連して政局の混乱が続いた。目まぐるしい政権交代、政党の分裂・消滅・新生・合併、連立政権の組み合わせの変更が相次いだ。これでは政府がこの間に生じた重要な経済問題に対し充分な取組みができるはずがないし、各種政策は責任の所在も曖昧なままになってしまったのも当然である。[第二の時期]を含め政権の変遷を列挙しておく。

竹下首相（一九八七年一一月～八九年六月）がリクルート事件で退陣した後、宇野内閣（八九年六月～同八月）、海部内閣（八九年八月～九一年一一月）と短命内閣が続き、宮沢内閣（九一年一一月～九三年八月）がはじめての景気対策を出すことになる。だが一連のゼネコン不祥事、金丸自民党副総裁の逮捕に対する国民の政治不信と政治改革をめぐる対立によって、九三年自民党は分裂し非自民（新生、日本新、さきがけ、社会、民主、公明）連立の細川内閣（九三年八月～九四年四月）が成立し〝五五年体制〟（一九五五年保守合同で自由民主党が発足して以来の自民党政権の安定的支配体制）が崩壊した。しかし当時の中心課題であった〝政治改革〟は成果もなく小選挙区制に矮小化されてしまい、細川首相は国民福祉税提案と佐川急便政治献金疑惑でわずか半年余りで退陣し、羽田非自民連立内閣（九四年四月～同六月）は社会党離脱で二ヵ月で終わる。その後第一党の自民党と社会党、さきがけ連立で社会党党首が首相となるという異例の村山内閣（九四年六月～九六年一月）が誕生するが、日米安保、自衛隊問題での社会党の政策変質、消費税引上げ、住専破綻処理等での対立で退陣した。橋本連立内閣（自民、社会、さきがけ）（九六年一月〜九八年七月）は九六年総選挙での社民党（社会党から党名変更）とさきがけの敗北をうけ、同年一一月の内閣改造で自民単独内閣（社民党・さきがけ閣外協力）となるが、九七年「財政構造改革」・消費税五％への引上げ等（国民負担増九兆円）によって景気は悪化、九八年七月参議院選挙で惨敗し退陣した。橋本氏に代わった小渕首相（九八年七月〜二〇〇〇年四月）は途中で自由、公明を連立に加え政治安定をはかるが病気で倒れ、自民党幹部の推薦で森内閣（二〇〇〇年四月〜〇一年四月）（公明と自由党から分裂した保守党との連立）が発足するが、経済悪化・株価急落、国民支持率低下で退陣する。総裁選挙で森派の小泉氏が最大派閥の橋本元首相を抑えて勝利し小泉内閣（公明、保守と連立）が発足した（〇一年四月〜）。

第二項　一九九五年の金融不安——住専七社、一六信組・一地銀の破綻と国家の対応

一九九五年、住専七社が相次いで破綻するとともに、九四年一二月東京協和信組・安全信組の破綻をはじめとして九六年までの二年間に一六の信用組合が破綻した。さらに九五年に戦後はじめての銀行破綻＝兵庫銀行破綻（第二地銀の最大手）が生じた。戦後最大の金融不安の出現であった。他方、九五年大和銀行ニューヨーク支店で生じた米国債の不正取引による巨額損失を銀行と大蔵省が約二ヵ月アメリカ側に通知しなかったことが発覚し、日本の金融システム、監督行政への国際的不信が高まり、ジャパン・プレミアム（信用低下により日本の金融機関に対し海外銀行が行う貸付金利の上乗せ）が拡大した。

住専七社の破綻

「住宅金融専門会社」（略称住専→一〇七頁）は「不動産担保付き住宅資金貸付」を「本来的業務」とするノンバンク（預金業務を行わないで融資のみを行うもの）でありながら、一九八〇年代後半には「個人住宅融資」から離れてずさんな内容の投機的不動産取引への融資を急増していった（→九五頁）。さらに注目されるのは、大蔵省が不動産融資規制を始めた九〇年以後にも住専が不動産関連融資を格段と拡大していったことである。住専は大蔵省の「不動産融資の総量規制」の対象からなぜか除外されていたので、九〇年代に入ってから不動産関連融資の中心となって急激に融資を拡大していった。さらに大蔵省が融資報告を命じた「三業種」には住専は入っていたが、そのことが農協系金融機関に「念押し」されなかったため、農協系金融機関の住専への融資は九〇年三月約二兆九〇〇〇億円から一年後には四兆九〇〇〇億円へとわずか一年で二兆円の増加をみた。九五年住専破綻時には、住専の資産の七四％の九兆五六二六億円が不良資産であるという乱脈経営であったが、このかなりが九〇年以降の融資によるものと推測される。

住専は大蔵省の直轄下にあるので、大蔵省は監督義務のある住専が一九八〇年代後半に投機的な不動産融資に偏っていったことについても監督責任を果たすべきであったし、とくに九〇年の不動産融資規制の際には厳重に調査して〝変質〟していた住専の融資拡大を抑止すべきであった。これを行っていれば九〇年以降における放漫融資拡大による不良債権の膨大化は防止できたはずである。

しかし大蔵省の天下り先の代表といわれた住専は、膨大な債務超過を抱えて破綻するまで放任されていた。住専破綻の直接の責任は乱脈経営を続けた住専経営者とそれに野放図に巨額融資を続けた母体行にあるが、大蔵省の責任もきわめて大きいといわねばならない。

政府は住専破綻処理において戦後はじめて財政資金の本格的な投入を実施した。一次損失分六兆四一〇〇億円に対し六八五〇億円の「公的資金」を投入し、同時に母体行は計三兆五〇〇〇億円の債権放棄を、出資していない一般行は計一兆七〇〇〇億円の債権放棄を行い、農協系金融機関は五三〇〇億円を「贈与」した。他方、政府は破綻した住専七社の資産買取り・債権回収のために「住宅金融債権管理機構」を設立した。資本金二〇〇〇億円のうち一〇〇〇億円を日銀が拠出、残り一〇〇〇億円は民間金融機関の設立した金融安定化拠出基金の一部を充当した。

信用組合の相次ぐ破綻

東京協和・安全の二信組の破綻をはじめとする一六信組破綻、および兵庫銀行破綻はいずれも、一九八〇年代後半に不動産を中心に無謀な投機的事業に巨額の融資を続けた乱脈経営のうえ、九二年の不動産融資規制撤廃の後にも不良債権先への救済融資、不良債権隠蔽を重ねた末の経営破綻であった。たとえば東京協和・安全の二信組は、東京協和の高橋治則理事長が社長であるEIEグループが行った海外リゾート開発をはじめ乱脈きわまる開発に対し膨大な融資を行った結果、計一一〇六億円にものぼる損失を出して破綻した。コスモ信組も乱脈経営による破綻(損失二二五七五億円)

の代表であった。木津信組では預金者数万人が預金引下ろしに窓口に殺到し、戦後の日本金融史上最大規模の預金取付け騒ぎが生じたが、破綻後の大蔵省特別検査で不良債権が総資産の九一％の約一兆一九〇〇億円にのぼるという放漫経営であった。

以上の住専、破綻した信組・地銀一行（兵庫銀行）のきわめて膨大な損失は、バブル期においてリスクの高い投機的不動産活動に対し無謀な融資を続けたことに加えて、一九九〇年代になってからも甘い国家政策のもとでそれまでの危険な不動産融資の継続、不良債権先への救済融資、不良債権の隠蔽等を重ねたことの結果であった。したがって九〇年代はじめに政府・金融当局が乱脈融資・不正取引・融資先の乱脈経営を調査し、経営責任の追及と業務停止や破綻処理を実施していればこれだけ膨大な損失を抱えた破綻は防止できたはずである。

国家による破綻処理

住専は国会による特別の破綻処理であった。それ以外の破綻金融機関の処理については国家の公的ルールはなく個別的な対応が行われたが、大体のところ「預金保険機構」（囲み〔6〕）によって預金者の預金を保護したうえで、破綻金融機関を受け皿銀行へ吸収・合併させるか、破綻金融機関の債権の引取り、処分・回収する機構が破綻処理を行うかであった。

政府は破綻した東京協和・安全の二信組の債権を引き取りその回収を行うために「東京共同銀行」を設立し、「日銀特融」二〇〇億円、監督責任のあった東京都の三〇〇億円の低利子融資が行われた。その後信組の破綻が相次いだため、政府は「東京共同銀行」を抜本的に改組して、信組全体の不良債権買取、破綻信組処理をするために一九九六年「整理回収銀行（RCB）」を日銀二〇〇億円と民間金融機関二〇〇億円の共同出資で設立した。木津信組等はこれによって処理された。これは九八年「預金保険法」の改定によって、信組以外からも不良債権の買取りができるようになったが、損失が拡大し、九九年に「整理回収機構」に統合されるさい（↓二八二頁）一一〇〇億円余の累積損失を抱えており、日銀と民間金融機関の出資金はそれぞれ約一六五億円ずつ焦げ付いた。

このように国家は、金融機関破綻が関連金融機関や非金融企業、預金者へ損失を及ぼすことを食い止め金融不安を沈静化するために、「公的資金」投入、「預金保険機構」による預金の全額保証、破綻機関の債権買取機構の設立、日銀の特融や出資等、強力な救済措置を発動したのである。すでに指摘してきた通貨膨張と財政赤字膨張とによる金融恐慌の阻止（↓一七頁以下）である。

しかし、乱脈経営をきわめ不正取引・粉飾決算をも行った末の破綻信組に対し、このような救援措置が行われたことは大きな問題といわねばならない。これらは「預金保険機構」の資金枯渇、債権買取機構の損失拡大、日銀資金の焦付き等を生み出し、結局は巨額の税負担・国民負担の増大をもたらすことになった。またこのような破綻処理の甘さと経営責任の追及の不充分さは、金融機関のモラルハザード（倫理の喪失）を助長し、その後有力銀行が関連ノンバンクへの不良債権の移転、不良債権隠蔽のためのノンバンクの新設（実体のないペーパー・カンパニーも多い）等を行うことを助長したといえる。以上のような破綻処理の〝一時しのぎ的〟曖昧さの背景にはすでに指摘した金融不祥事と政局の混乱による相次ぐ政権交代と連立政権の組み合わせの変更があった。

以上のような破綻処理が終わったとき、政府、大蔵省等は不良債権問題を一応解決したと述べていたが、しかしこれがまったくの誤りであることはわずか二年後に生じた深刻な金融危機で明らかになる。

第三項　株価の大幅下落が金融機関経営に与える打撃

日本のバブル崩壊の特徴の一つは、株価の大幅下落が金融機関に対し直接大きな打撃を与えることである。ただしこれは主として大手有力金融機関の問題であって、この時期に破綻した住専ではまったく関係ないし信組でもほとんど関係がない。株価下落が日本の金融機関に直接大きな打撃を与えるのは、次の理由による。

第一は、日本の金融機関が日本独特の株式持合い制のもとで大量の株式を保有しているためである。アメリカでもイギリスでも銀行の株式保有は認められていないし、ドイツでは株式保有は認められているが、制限のない日本は異例である。

すでに指摘したように、戦後の日本では株式持合い制のもとで巨大企業と巨大金融機関は各社の発行株式のうちきわめて高い比率の株式を保有しあっており、なかでも金融機関の株式保有率は高かった。そして巨大企業・巨大金融機関は安定的な巨大企業・金融機関の大量の株式を保有することによって、株価の長期にわたる上昇傾向のもとで巨額の含み益を累増し、この含み益を有効に活用する「含み益経営」を行ってきたのである（↓九七頁以下）。

バブル崩壊後の金融機関にとっては、株式の含み益は不良債権の間接償却（引当金積立）のための最大の源泉であった。たとえば株価が急落した一九九二年三月末には株式含み益は都銀、長銀、信託銀二一行でピーク時の三分の二に減少したものの、なお一七兆円あるといわれており、この二一行の同期末での貸倒引当金は三兆円であったので、経営者はなお不良債権償却余力があるといわれていた。だが九三年三月決算では日経平均株価一万六〇〇〇円割れになると都銀、長銀、信託銀は実質的に経常赤字になるという試算が新聞に掲載され、〃三月危機〃が叫ばれることになった（これはPKOによる株価の急上昇で救われた）。このことは株価の下落が日本の金融機関経営を直撃するという日本的特徴・歪みを端的に表すものである。

しかも大口融資先の大企業もまた大量の株式を保有し、保有株式の含み益の激減・含み損の発生によって直接打撃を受け、これが金融機関の不良債権の発生・拡大を生む一因となる。

第二はBIS規制である（囲み〔3〕）。国際業務を行う日本の銀行は「自己資本」のうち「Tier1」の「資本金」と「公表準備金」が少額であるため、「Tier2」に一部算入できる保有有価証券の含み益によって「八％」基準を維持する必要があったが、有価証券価格の下落はBIS規制クリアを困難にする危険性をもっていた。「自己資本」比率だけによって国際的金融システムの安定化をはかろうとするBIS規制には矛盾があるが、日本の金融機関は長いあいだ、このBIS規制のために努力することを余儀なくされたのである。

〔3〕BIS規制（バーゼル合意）

一九八八年七月、BIS（Bank for International Settlements：国際決済銀行）のバーゼル委員会は国際的銀行システムの健全性の確保と国際的競争条件の統一化のために、国際的業務を行う銀行が守るべき自己資本比率八％以上という国際的統一基準＝BIS基準を取り決めた（バーゼル合意）。このBIS規制は九二年末（日本は九二年度末）から適用された。最初のBIS基準は「信用リスク」を考慮したもので、分母の総資産は五段階のリスクウェイト（自国発行国債〇％、一般民間企業向け貸付一〇〇％等）で算定する。分子の自己資本では「基本的項目（Tier1）」の資本金、準備金は実際の全金額を計上、「補完的項目（Tier2）」は有価証券含み益（四五％まで）、貸倒引当金等の合計をTier1と同額まで計上する。九六年改正でBIS基準に「マーケットリスク」を取り入れた。

さらに「新BIS規制」（二〇〇六年末以降の予定）は銀行のリスクが「複雑化・高度化」した現状に対し自己資本比率算定を精緻化し、銀行自身の内部管理や市場規律を重視するように変更した。

しかし本来BIS規制には矛盾があった。八〇年代後半以降の国際的金融システムの不安定性拡大は基軸通貨国の対外不均衡拡大、投機の恒常化、デリバティブ（薄外取引）の拡大等によるものである。したがって自己資本比率だけで国際的銀行システムの健全性を確立できるはずがない。また各国の金融機関には歴史的・制度的な差異があるので、自己資本比率のみで金融機関の健全性をはかることにも無理がある。

日本の国際的業務を行う金融機関は大量に株式を保有しており株価暴落によって含み益激減・含み損発生を蒙り、政府も金融機関もBIS規制クリアのために振り回され続けている。また日本では間接金融の比重が高いので、BIS基準でリスクの高い民間企業貸付を抑えるために貸し渋りも生じている。

日本の国家がとくに株価維持のためのさまざまな政策を実施していくのは以上のためである。

第三節　景気対策の柱——公共投資拡大、超低金利、規制緩和

景気対策は一九九二年宮沢内閣によってはじめて打ち出されたが、これが基本的に継承されて拡大であり、②第二の柱は超低金利の持続である。③第三に九三年以降、規制緩和が景気対策に加わるが、それが本格化するのは［第二の時期］になる。

第一項　公共投資拡大政策

宮沢内閣は一九九二年八月「総合経済対策」で、かつてない大規模な「事業規模総額」一〇兆七〇〇〇億円、うち「公共投資」八兆六〇〇〇億円にのぼる景気対策を打ち出したが、この公共投資を中心とする景気対策はその後も長い間継続されていく。このほとんどは財政からの支出で、国債発行と補正予算による「公共事業関係費」増額で賄われた。これは橋本内閣の「財政構造改革」で大幅に縮小するが、景気悪化のためただちに打ち切られ、その後小渕内閣ではさらに格段と拡大されていく。「事業規模総額」は九二年から〇二年までの一一回計で約一三〇兆円にのぼる。

なお政府の景気対策では「公共投資」という用語が用いられているが、「公共投資」、「公共事業」

などは明確な規定があるわけではない。

景気対策としての公共投資政策の日本的特徴

一般にこの公共投資拡大による景気対策は、財政に依拠して有効需要拡大をはかるケインズ政策といわれている。しかし日本ではこれが独特の内容と役割をもっていたことに注目する必要がある。

第一は、この公共投資拡大政策が最初からバブル崩壊による地価急落の抑止・販売不能の土地の流動化をはかる目的と、バブル期に土地の買い漁り、国内外の開発事業・開発用土地取得に乗り出し大きな打撃を受けた建設業、とくにゼネコン（general contractor, 大手総合請負建設会社）を支援する目的をもっていたことである。公共投資拡大それ自体がこれらの目的を実現するが、さらに一九九二年「総合経済対策」では、即効性のあるものとして「公共投資」のうち「公共用地先行取得」一兆五五〇〇億円を計上している。これはその後も継続されている。この国の「公共用地先行取得」に対応して、地方自治体が使う土地を「先行取得」するために「土地開発公社」が地方自治体に売却する用地を大量に「先行取得」していった。「民間都市開発推進機構」（略称「民都機構」、現国土交通省所管の財団法人）も国の景気対策による九四年法改定で、都市開発事業用の土地の買上げ事業を開始していく。他方、「生産緑地法」改定によって三大都市圏の市街化区域内農地の宅地転用を促す措置もとられた。

第二は、大規模な公共投資政策がこの時期の景気対策においてはじめて登場したのではないことである。すでに一九八〇年代に巨大規模の開発政策、公共事業拡大政策が決定・実施されており、これら計画が九〇年代にも継続していたのである。景気対策以前の八〇年代末、「日米構造問題協議」では「内需拡大」のために一〇年間で四三〇兆円にのぼる「公共投資」を実施することが確約され（↓五八頁）、日本政府はこれをうけて九〇年「公共投資基本計画」で九一〜二〇〇〇年度総額四三〇兆円を決定しており、その後アメリカの増額要求をうけて九四年「公共投資基本計画」において九五〜〇四年度総額を六三〇兆円に拡大し、一般会計「公共事業関係費」その他を増額した。

したがって、この時期の景気対策は、一九八〇年代における開発政策とバブル期での建設投資拡大とによって、土木建設業がいちじるしく肥大化した産業構造をそのまま継承し、それをいっそう肥大化させるものとして現れたのである。輸出依存的成長の破綻が明らかになったもとで、日本の産業構造のあり方を検討することもなく、従来の公共投資の拡大が景気対策の第一の柱となったのである。したがってまた九〇年代以降では公共投資問題は景気対策としての公共投資拡大と以前からのものとが合体したものとなっているのである。

大規模公共投資が景気対策としてはじめて登場したのか、あるいはすでに巨大規模の公共投資が実施されているうえに登場したのかは、景気対策の経済効果や弊害等について大きな違いを生む。

なお誤解がないように補足すると、公共投資拡大それ自体が問題であるというのではない。問題は大規模公共投資が無駄で巨額の赤字を生み結局は財政赤字拡大となるだけではなく、都市の乱開発・自然環境破壊を生むものが多いことである。

第 15 表　総固定資本形成（実質）[1]の推移[2]

（単位：兆円）

	1991	1992	1993	1994	1995	1996
総固定資本形成	147.9 (2.2)	144.2 (△2.5)	139.7 (△3.1)	137.7 (△1.4)	138.2 (0.3)	147.5 (6.8)
民間企業設備	92.5 (4.4)	85.7 (△7.3)	75.8 (△11.6)	70.9 (△6.5)	72.6 (2.4)	75.7 (4.2)
民間住宅	24.9 (△6.7)	23.5 (△5.8)	23.9 (1.7)	25.7 (7.4)	24.1 (△6.1)	27.4 (13.7)
一般政府	22.7 (3.8)	25.5 (12.5)	29.6 (15.9)	30.5 (3.2)	30.3 (△0.9)	33.0 (8.9)

資料出所：経済企画庁『国民経済計算年報（2002 年）』。

注：1. 1995 年暦年基準の実質値。カッコ内は対前年増加率％。

2. これは前掲第 8 表に続くが，基準年が違うので実額は連続しない。注は前掲第 8 表を参照されたい。

第 16 表　国内銀行[1]の業種別貸出残高（年末）の推移（付，住宅金融公庫）

（単位：兆円）

	1990	1992	1993	1994	1995	1996
貸出残高総額	376.0	393.0	477.6	478.4	484.5	486.7
製造業	59.2	59.2	76.6	74.8	72.6	70.9
建設業	20.0	23.4	29.8	30.7	31.1	30.7
卸・小売・飲食	65.6	62.7	80.5	79.7	78.1	77.2
金融・保険業[2]	37.7	36.3	47.7	49.3	49.6	46.7
不動産業	42.4	47.5	54.5	55.9	57.4	59.3
サービス業	57.8	62.8	72.8	73.3	74.7	75.6
住宅金融公庫[3]	36.0	41.8	47.1	54.1	56.6	60.8

資料出所：日本銀行『経済統計年報』1997 年。

注：1. 前掲第 11 表に続くが，この統計では 90 年以降，「国内銀行」（第 11 表の「全国銀行」）に「地方銀行 II」が加わるため，差が生じている。

2. 前掲第 11 表の注 3 を参照されたい。大部分がノンバンクである。

3. 公的金融機関であるが，参考までに示した。

公共投資拡大政策の経済効果

まず景気対策の公共投資拡大の一つの柱は住宅金融公庫への支出を軸とするものであったが、これは一九九六年頃までは住宅需要拡大・住宅建設拡大をもたらした。住宅金融公庫の契約は地価下落と金利低下が有利に働いて拡大したが、とくに住宅金融公庫が九三年に発足させた「ゆとり償還」(標準例で融資額二九〇〇万円、返済二五年、金利約四％、当初五年は返済を少額としその後に返済額を増大するもの)が人気を呼び九四年度に契約戸数九八・九万戸、契約金額一七・八兆円といずれも過去最高を記録する。住宅着工戸数、住宅投資額はともに八〇年代後半に急増した後九一年度に大幅に減少していたのだが、その直後に拡大を始め住宅投資額は九四年度に過去最大の二七・四兆円となり、九六年度に二九・四兆円と最大を更新し、着工戸数も九六年度一六三万戸と九〇年度水準近くまで拡大する。これは販売不能の不良土地在庫を縮小させるとともに、住宅建設の大幅な伸びによって製造業における設備投資の大幅縮小による経済停滞を緩和する役割を果たした。九六年度までであるが。

次に建設投資全体をみると、すでにみた一九八〇年代後半に建設投資総額は八五年四九兆円から九〇年八一兆円へと大幅に拡大していたが、バブルが崩壊した九〇年代に入ってからも上の大規模開発政策の継続と景気対策によって拡大を続け九三年には八五兆円となりその後も年々約八〇兆円強を維持している。投資主体別に各年の建設投資額をみると、八五年〜九〇年では公共が一九兆円

〜二五兆円と六兆円拡大したのに対し、民間が三〇兆円〜五五兆円と二五兆円もの拡大であったが、九〇年以降では民間が九〇年の五五兆円をピークにして九五年四三兆円へと一二兆円も減少したのに対し、公共が九〇年二五兆円から九五年三七兆円と一二兆円増加し、公共分の拡大額が民間の減少額を補っているのである。（もっとも建設投資では第三セクター方式が多いため、「公」が出資していても、民間の建設となることが多いので、注意する必要がある。）

以上と対応して一九九〇年五八八万人であった建設業の就業者は九〇年代に入っても高水準を保ち、九三年からは増加傾向を強め九五年には六六三万人へと拡大し九七年にはピークの六八五万人となる。（建設業ではこの時期、雇用者ではない自営業主・家族従業者の合計が大体一二〇万人強存在し就業者全体のうちの二割前後を占めているので、就業者をみる必要がある。）製造業の就業者・雇用者が九二年を境にマイナス傾向を続け九二〜九七年に就業者が一二七万人減少、うち雇用者が六五万人減少と大幅に減少したのとまさに対照的である。

建設業就業者の就業者総数に占める比率は一九九〇年代には大体一〇％強を続けており、米英仏の六・五％前後に比して突出した高さであることが注目される。

以上、膨大な公共投資に支えられた建設投資・就業者の拡大が製造業における設備投資の大幅減退・雇用の大幅減少を埋め合わせる役割を果したといえるが、しかしこれは次の限界をもっていた。

公共投資拡大政策の経済効果の限界

理論的にみて、財政出動による有効需要創出政策が成功するのは、有効需要創出拡大が直接・間接に関連諸産業に対して大きな生産拡大効果・雇用拡大効果を生み出すだけではなく、固定設備投資を惹起することによって需要拡大・生産拡大・雇用拡大効果を格段と強化し、経済を自律的な成長軌道に乗せることができる場合である。固定設備投資が惹起されることは大規模な耐久的設備への需要とその設備部品・原料の大量需要・生産を誘発するのできわめて重要である。このような自律的な成長軌道が生み出されると財政に依存した有効需要拡大の支援はもはや必要ではなくなるし、法人・個人からの税収入の拡大によって財政赤字を埋め合わせていくことが可能になるのである。

政府は日本の景気対策について、建設投資の誘発効果が高いことを強調していた。建設部門分析用産業連関表（一九九五年）にもとづいてある産業に対し一単位の最終需要が生じた場合、その生産拡大が原材料・部品・燃料等の生産拡大波及によってどれだけの生産を拡大するか（逆行列係数）（ただし設備投資の波及は含まない）をみると、全産業一・八一七九倍に対し、建設（補修を除く）は一・九七六〇倍で平均を上まわるという（ただし自動車二・八二〇三、鋼材二・五九五二よりかなり低い）。さらに九〇年代前半、建設投資は国内総生産の約一二〜一四％を占めているのでこの生産波及の額は巨額であるといわれた。(10) これらは景気対策における建設投資拡大の有効性の説明で用いられている。

だがこれらは建設業をはじめ関連産業で過剰在庫や過剰設備が存在しない前提での生産波及効果の推計である。しかし日本では一九八〇年代後半において建設業はいちじるしく肥大化し大量の建設用機械（下請、リース会社を含む）を備え、したがってバブル崩壊後の民間需要の大幅減少によって大量の過剰設備（下請、リース会社分を含む）と過剰建設在庫（ビル、分譲マンション等、建設途中を含む）を抱えていた。建設業関連の金属製品、鉄鋼業、セメント業等でも九〇年代には大量の過剰生産設備を抱えていた。したがって景気対策による需要拡大はこの在庫の処分と設備稼働率の上昇をもたらしその限りで原料需要を拡大するにとどまっていた。このことは、民間需要が減退していくもとでは、年々巨大な公共投資を拡大し続けていかなければ、建設業も関連産業も需要減少による設備過剰化、生産・雇用の縮小に陥っていくことを意味している。事実、九〇年代後半に民間投資が減少していくもとで公共投資による建設需要が巨額ではあるが横ばいとなると、建設業、ゼネコンは需要減少の打撃によって経営危機・倒産に追い込まれていったのである（↓二〇四頁以下）。

さらに注目すべきことは、建設業、とくにゼネコンの経営悪化の主要な原因が民間建設需要の減少だけではなかったことである。バブル期において建設企業、とくにゼネコンは巨額の借入金に依存して直接土地の投機的買い漁りを行い、国内外の無謀なリゾート開発等の用地取得と開発事業に乗り出した結果、バブル崩壊によって巨額の損失・不良資産を抱え、金融機関の不良債権の主要な発生源となり金融機関の救済的融資等を受けていたのである。したがってこれら企業に対し大規模な建設需要を与えたとしても損失の穴埋めや経営悪化のある程度の緩和となるだけである。

したがって建設投資を軸とする景気対策は、投機的土地買い漁りや乱脈開発で販売不能の不良資産を抱え経営悪化・経営破綻寸前に陥った建設業・ゼネコン、不動産業の企業を安易に存続させてしまい、その後の地価下落のもとでいっそう不良資産を拡大し、金融機関の不良債権を拡大しその経営を圧迫し続けたのである。この結果は一九九〇年代後半でのゼネコンの相次ぐ倒産になる（第II部第二章第一節第一項）。

また右では土地を捨象していたが、日本の一九九〇年代はじめでは、すでに大規模な開発政策とそれに結びついた土地バブルとその崩壊によって、販売不能の土地不良在庫が大量に存在していたのである。したがってたとえ公共投資拡大によって大量の土地購入を行っても多くは不良在庫の買上げであって、不動産企業の救済と周辺地価の下落抑制の効果があるだけである。また景気対策によって推進された「公共用地先行取得」（国、地方自治体向け「土地開発公社」、都市開発事業用の「民都機構」）は、過剰な土地を買い上げ、民間に売れないまま〃塩漬け〃になった土地を抱え赤字を累増するという問題を生むことになった（↓二〇九頁）。これでは不良在庫土地が前の民間の所有主から「公社」等に移っただけである。

補　株価維持政策（ＰＫＯ）の開始

政府は一九九二年八月「総合経済対策」で地価対策とともにはじめて株価対策を取り上げた。株式運用規制の緩和を行い、郵便貯金・簡易保険、国民年金・厚生年金基金を中心とする公的資金（広義）によって株式を購入する「株価維持政策（PKO）」の開始である。（PKO、プライス・キーピング・オペレーションは、湾岸戦争での「公的資金」による「国連平和維持活動・PKO」をもじって作られた和製英語。）これは日本では株価の下落が直接金融機関の経営を悪化させる特殊事情があったためと、BIS規制をクリアするために株価維持が必要であったからである（↓一七七頁以下）。このPKOはその後長期にわたって株価下落がいちじるしいたびに、多くは決算前にしばしば発動された。株式市場に巨額の公的資金が株価維持のためにたえず投入されることは先進諸国では異例のことである。

しかしこのような対策は一時的に株価を押し上げるのみであった。バブルによって株式時価総額（東証第一・第二部計）はピークの一九八九年年末には六〇〇兆円を超える大膨張を遂げ九二年当時なお三〇〇兆円規模であった。しかも九〇年代の株式市場は国内投機筋、さらには膨大な資金を短期に動かすアメリカのヘッジファンドによる巨額の投機的売買に曝されていたのであるから、これに対抗して政府の公的資金で株価維持を行うことなどできるはずはない。事実、PKO実施が一般に知られてしまうと、決算時期にはPKOによる株価上昇を見込んだ投機筋が株買付けを行い株価上昇を加速させた後に株売却で差益を獲得するので、投機の介入によってPKOの公的資金は多大の損失を蒙ることが多くなった。(11) この損失は最終的には、税負担・国民負担で賄われることになる。

第二項　超低金利の長期持続政策

公定歩合は一九九一年七月に引下げに転じた後、景気対策という名目で急速に引き下げられていった。九三年二月に八〇年代後半の史上最低水準である二・五〇%となった後、同年九月一・七五%、九五年九月〇・五〇%と史上最低が更新され、この異常な超低金利がその後長期にわたって続いた（第4図）。このような超低金利が長期にわたって続くことは資本主義の歴史では例のないことである。

超低金利政策は景気回復に効果はなかった

理論的にみて、金利の大幅引上げは設備投資・生産拡大を抑える作用を果たすが、反対に金利を大幅に引き下げても、投資機会と設備投資誘因がないところでは設備投資・生産拡大を惹起する効果はない。低金利・金融緩和政策が効果のあるのは、日本の一九五五年以降における技術革新期のように、各種の重要産業・新産業で革新技術導入の設備投資意欲が旺盛であるが巨額の設備資金調達が困難な条件下である。これに反し、九〇年代以降のように多大の過剰設備が存在し、しかも新しい大量需要を創出できる新産業・新生産物の開発も旧設備の廃棄を促すような画期的新生産方法の開発も無いところでは、たとえ金利を大幅に引き下げても設備投資は惹起されない。さらに製造業の巨大企業の多くは八〇年代には設備資金・運転資金ともに自己資金で賄えるようになっていた。

第4図　公定歩合の推移

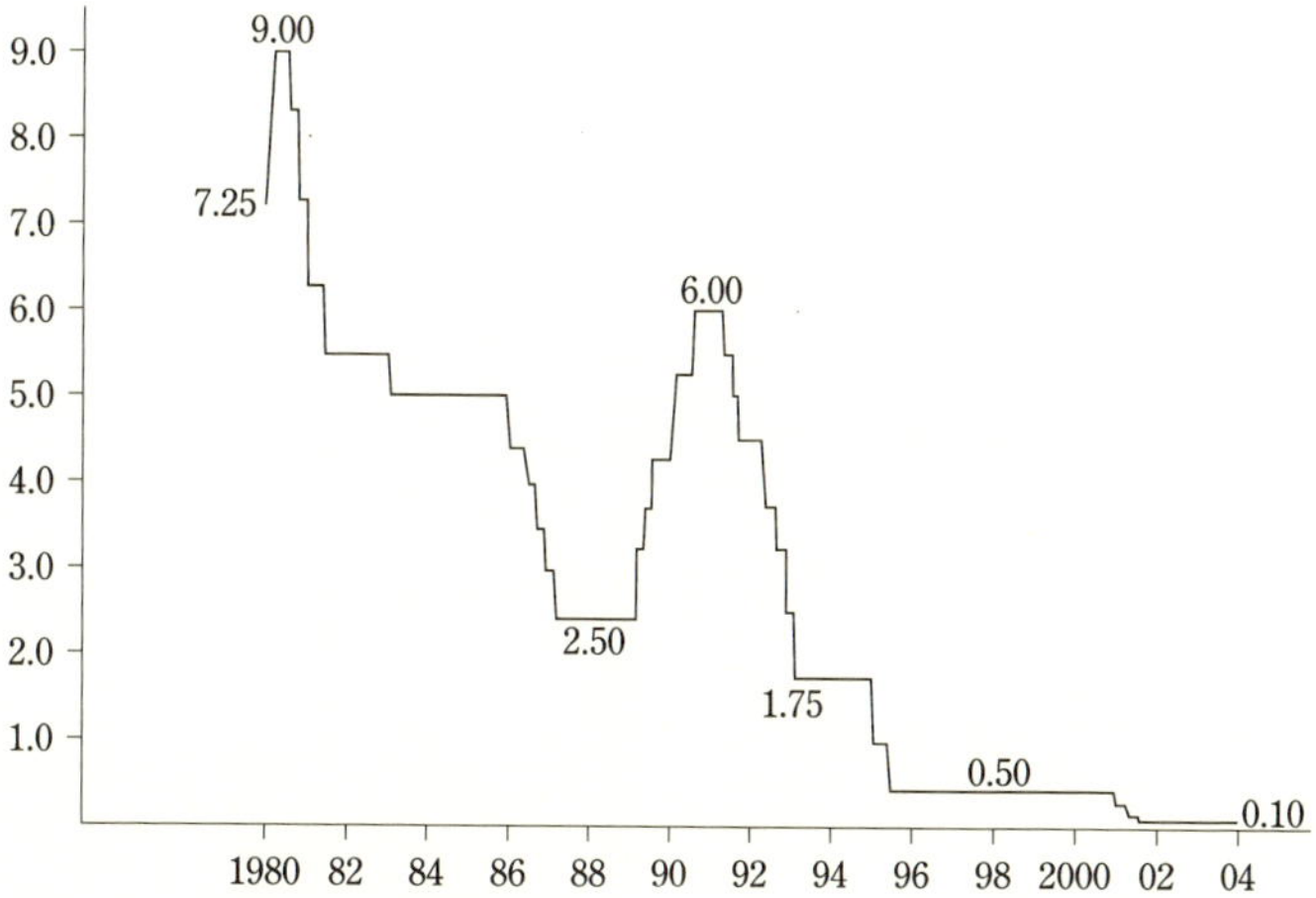

資料出所：日本銀行公表より作成した。

公定歩合とは，日銀が民間金融機関に対して手形や国債を担保として貸出しを行う際の割引率または貸付利率の基準である。

公定歩合推移についての補足

1980年代はじめ　アメリカ，インフレ抑制のため異常高金利続く。

1986年1月30日　4.50%　アメリカの協調的金利引下げの要求に応じ，公定歩合引下げ続く。

1987年2月23日　2.50%　史上最低（87年10月19日ブラック・マンデー，米ドル急落の不安，日本は超低金利継続で協力。）2年3ヵ月継続。

1989年5月31日　3.25%　地価高騰抑制のため緩やかな引上げを始める。

1990年3月20日　5.25%　3月「不動産融資の総量規制」。

8月30日　6.00%　（8月1日イラクのクエート侵攻。91年1月湾岸戦争勃発。）

1991年7月1日　5.50%　株価・地価急落のため早くも引下げに転じる。

1992年4月1日　3.75%　3月31日宮沢内閣「緊急総合経済対策」・景気対策始まる。

1992年9月21日　1.75%　史上最低を更新。

1995年4月14日　1.00%。同年9月8日　0.50%　史上最低を更新。

1999年2月12日　ゼロ金利政策（短期金融市場の金利誘導目標を0.15に引き下げ。）

2001年2月13日　0.35%　3月1日0.25%　史上最低更新。

3月19日　政策目標を金利に代わって資金量に置く「量的金融緩和」政策を決定。

9月19日　0.10%　史上最低更新（米同時多発テロ・対テロ戦争で欧米利下げ）。

事実、公定歩合の大幅引下げが行われても、金融機関の貸出残高（全国銀行貸出残高）の伸びは、これまでの長い経験からみて非常に低くなっている。製造業等の大企業では資金需要が弱かったので、貸付け増大のかなりは建設業とくにゼネコン、店舗を急増していった流通の大企業やノンバンクに対するものであった（第16表）。超低金利資金に対する需要の強い分野、とくに中小企業に対しては、不良債権を抱えた金融機関はリスクを考え〝貸渋り〟を続けていた。

したがって超低金利の長期持続は一般産業の生産活動の活性化・設備投資に有効な効果をあげることはなかったといえよう。

低金利政策による金融機関支援・不良債権処理の促進

ではなぜこのような超低金利政策が長期続けられ、またそれはどのような効果をあげたのであろうか。

第一は膨大な不良債権を抱えている金融機関の経営改善と、膨大な不良資産と巨額の借入金を抱える大企業（不良債権発生源）の金利負担の軽減によって、金融機関の不良債権処理と大企業の支援・救済をはかることであった。

公定歩合が異常な低さまで引き下げられるもとで、金融機関は「預貸利ざや」の拡大によって経常利益を増大しこの利益を年々の巨額の不良債権処理に利用することができた。たとえば一九九五年九月中間決算で銀行は史上最大の業務純益（大手一一行計一兆三四〇〇億円）をあげ、そのかなりを不良債権の「間接償却」(損失に備える引当金の積立てによる。↓囲み〔5〕)に充てたが、この関係はその後も続いた。なお九二年に始まる景気対策では、不良債権の間接償却を奨励しており、大蔵省は九二年八月、不良債権の間接償却を促進するための措置として不良債権償却を無税とした。

同時に超低金利の長期持続は一九八〇年代後半の膨大な借入金によって投機的活動拡大を行った後に経営難に陥った建設業とくにゼネコン、不動産業、流通業の大企業に対し、金利負担の大幅軽減によって経営危機を緩和し、金融機関に対し融資先企業の不良債権拡大を抑止した。

超低金利の長期持続は預金者である家計や年金基金等から金利収入を強制的に奪い、預金者等から奪った膨大な利子所得分を金融機関と大口資金借入れ企業に対し「補助金」のように与えるものといえる。

しかしこのようなことは、経営が悪化している大口融資先大企業を安易に温存・延命させることによって不良債権をかえって膨張させ、やがては膨大な損失を抱えて破綻する企業や破綻予備軍を生み出し、金融機関の不良債権の「新規発生」と経営悪化を促すことになる。同時に預金者から膨大な利子所得を奪うことは、以下の第二章第四節でみるように〝消費の冷え込み〟を倍加するとともに、年金基金等の運用難、生命保険業の経営難をもたらす役割を果たすものである。

第二に、アメリカによる金利引下げの再三の要求が超低金利を持続させる役割を果たした。日本の超低金利持続は、機関投資家(自由化後は個人も参加)等が相対的に金利の高いアメリカの財務省証券などの債券の購入やドル預金を行うことを促し、アメリカへのドルの流入を拡大し、その経常収支赤字と財政赤字（財務省証券）を支えドルの安定をはかる役割を果たした。アメリカは低金利維持の要求は日本の景気回復のためというが、本音はこうした役割の強化にあった。一九八五年G5以降の協調的金利引下げの要求と共通している。とくにアメリカの景気後退の危惧から金利引下げを行う九〇年代末以降は、アメリカの金利よりも日本の金利を低くしておく要求はいっそう強まる。

最後に超低金利持続は、結果的に膨大な国債残高を抱える国家財政に対して国債費を大幅に軽減し、低コストでの国債発行を可能とし国債増発を容易にするうえで大きな役割を果たしている。地方財政においても同様である。超低金利政策がこれを狙ったものではないが、しかしこのような大きい効果は超低金利持続への期待を生む作用を持っている。

他方、住宅ローン金利引下げは住宅ローンを抱える家計に対し金利負担の軽減をもたらしている。

第三項　規制緩和（大店法改定を中心に）

一九八〇年代に始まった規制緩和推進政策は、九〇年代には経済活性化をもたらす景気対策として位置づけられていった。九三年四月「総合的な経済対策の推進について」は規制緩和の推進を取り上げ、同年九月「緊急経済対策」で九四事項にわたる規制緩和策が決定された。ただしこの「第一の時期」で重要な役割を果たしたのは、すでにみた土地利用、建築関連のいっそうの規制緩和でリゾート開発や公共投資事業が促進されたことのほかは、本項でみる大店法をめぐる規制緩和ぐらいである。

一九七三年制定された「大店法」(「大規模小売店舗における小売業の事業活動の調整に関する法律」)は大型店の出店が周辺の中小小売業へ及ぼす圧迫を考慮してその規制を行ってきたが、八〇年代に始まった規制緩和政策を背景に、九〇年以降九四年まで三度にわたって「大店法」関連の規制緩和が実施された。

旧来の複雑な流通機構から離れたスーパーマーケットやディスカウントストアの出現とそれへの需要の拡大がこの規制緩和推進の原動力であった。さらに「日米構造問題協議」でのアメリカによる日本の小売市場開放＝大店法規制緩和の要求と八九年「最終報告」でのその確認が大きな圧力となり、これを受けた九〇年「大店法運用適正化」措置によって規制緩和が加速された。これは八〇年代以降における世界的規模での米欧の大規模小売業の「大競争時代」と呼ばれた合併・買収、対外進出のうねりが日本、アジアにも押し寄せようとしていたことの表れであった。

一九八〇年代後半の土地バブル期において土地絡みのスーパー、ディスカウントストア等の大型小売店の出店が急増した(↓一二〇頁)が、この規制緩和の動きはさらに大型店舗の集中豪雨的出店を生み出した。八五〜八九年度では「大規模小売店舗(第一種、三〇〇〇平米以上、第二種五〇〇〜三〇〇〇平米未満の計)」の出店申請件数は年平均約六〇〇件であったのに対し、九〇年度以後の五年間では年平均約一六二〇件と三倍近くになり、さらに九五〜九七年度には年平均二〇〇〇件となった。好景気終焉、バブル崩壊の後のゼロ成長・〝消費の冷え込み〟のもとで、多品種を大量に扱う大型総合スーパーや価格引下げを武器にした大型ディスカウントストアが、いっそうの経営規模拡大・仕入れ・販売網の巨大化によるコスト削減・利益率上昇を目指して出店拡大を急速に進めていった。そこでは「価格破壊」と呼ばれる価格引下げ競争と経営大規模化・店舗拡大とが全国規模で展開していった。八〇年代後半と同様に、巨額の借入金に依拠して必要以上の大規模な土地を購入しこの土地の地価上昇後に一部を売却して店舗拡大に充当していく〝土地絡み〟経営が進められるとともに、大型総合スーパーでは借入金に依拠して不動産業、飲食・娯楽・ホテル等の多角経営に乗り出す動きが活発化した。外国資本の大型店舗の進出と合併の動向がこれを一段と加速した。大口貸付け先が縮小していた金融機関はこの無謀でリスクのある出店拡大・多角経営化に対し、土地担保で巨額の資金供給を続け、これらを支えたのである。これらは九〇年代はじめの一時期には建設投資の拡大によって製造業等における設備投資の落込みを埋め合わせる役割を果たした。

このもとで地方の小零細小売店の没落と地域商店街の衰退・廃墟化が進む一方、高層ビル商店街化が進んでいった。小売業の倒産は一九九二年から年間の倒産件数二〇〇〇件台、負債総額五〇〇〇億円弱を続けたが、ここでは店舗急増・競争激化による弱小企業の敗退が中心で、倒産負債規模も小さかった。

しかし以上の結果、上場大企業を含め流通業の経営困難が顕著になり、一九九〇年代後半には流通業は「構造不況業種」と呼ばれ金融機関の不良債権の「新規発生」をもたらす主要業種の一つとなっていく。この原因について注意したいのは、これが決してバブル期によるものだけではなく、九〇年代に入ってからの規制緩和のもとでの集中豪雨的出店、無謀な不動産取引・飲食業等への進出によるものがより大きな比重を占めていることである。ここで注目されるのは、バブルとその崩壊で苦い経験をしたにもかかわらず、流通大企業と金融機関が九〇年代において再び同じような過ちを繰り返したことである。この惨憺たる結果は以下の第二章第四節第二項でみることになる。

第二章　迷走する政策、混沌たる日本経済

第Ⅱ部第一章の冒頭で示したように、第Ⅱ部では一九九〇年以降を二つの時期に分け、第二章では九六・九七年以降の［第二の時期］を取り上げる。九七年は、大手有力銀行・証券会社の破綻による金融危機をはじめ経済のあらゆる面で問題が噴出し始めた年である。これらは、第一章で明らかにした［第一の時期］における国家の一時しのぎ的景気対策によって、輸出依存的成長の破綻とバブル崩壊から生じた問題が先送りされ、潜在的に深刻化していたものがいっせいに噴出したのである。したがってここで政府は、好景気破綻、バブル崩壊とそれに対する景気対策の結果を反省し、日本経済全体の再生のあり方を根本的に検討すべきであったが、そのような反省や検討はまったく行われなかった。

［第二の時期］の特徴は、大手有力金融機関の相次ぐ破綻による金融危機が生じたため、国家はその沈静化のための「公的資金」投入体制の確立等、金融面を中心にした強力な諸政策を推進していったことである。実体経済でもこの時期には事態は一段と深刻化したが、これらに対してはみるべき政策はとられなかったばかりか、超低金利持続や国民負担増、非正規雇用の法的容認などの政策が国民の将来不安、消費の冷え込みを倍加し国内産業の停滞を悪化させる作用を果たした。

また金融面を中心にさまざまな政策が打ち出されるがいっこうに成果がないのでより強力な新しい政策の発動が繰り返され、「小泉構造改革」を含め、政策は迷走を深めていった。統一した理念・政策原理のないまま、つぎつぎと新しい政策が安易に打ち出され、日銀は長期国債の大量「買い切り」や金融機関の保有株式の買上げまでに踏み込み、「小泉構造改革」は規制緩和・競争市場原理を徹底化する政策をとると同時に、強引な手法で不良債権最終処理を実施していった。しかし経済再生の道筋もつけられず、国家政策も経済も全体として「混沌」とした状況に陥っていった。

したがって第二章では主要な諸問題を取り上げそれぞれがばらばらの国家政策のもとでいくつもの悪循環を形成し行詰っていることを示すことになるが、これこそが日本経済の全体像といえる。

第一節　景気対策の行詰りと弊害

一九九二年に始まった景気対策は、巨額の財政資金を投入したにもかかわらず、一時的な効果のみで行詰ったばかりか、九〇年代後半には経済全体に各種の弊害をもたらすようになった。これについてあらかじめ注意しておきたいのは次の点である。財政出動に依存したこの景気対策の行詰り・弊害は一般的にはケインズ的有効需要政策の行詰り・破綻として把握されることが多いが、しかし日本の公共投資中心の景気対策はすでに第II部第一章第三節でみたように日本独特の内容をもっているのであるから、景気対策の行詰り・弊害もそのような日本独特の景気対策の行詰り・弊害として具体的に検討する必要がある。

第一項　公共投資拡大政策の行詰りと弊害

政府の景気対策＝「(各々の名称付き) 経済対策」は一九九二年の最初の景気対策から二〇〇〇年

秋までの間に、計一一回、事業規模総額は実に一二七兆円にものぼり、補正予算による国債発行は四六兆円に達しているが、このほぼ一〇年間における実質成長率平均は一・四%にとどまっている。

住宅ローンと住宅建設の減退

まず住宅金融公庫を軸とする住宅需要拡大政策は最初の一時期は住宅建設拡大によって民間設備投資の大幅減少を緩和する役割を果したが短命に終わる。住宅着工戸数も住宅投資額も一九九六年をピークにして大幅減少に転じた。住宅新設着工戸数は九六年度一六三万戸から九八年度一二〇万戸と大幅に減少、住宅投資額は九六年度二九・四兆円から九八年度二一・〇兆円へと大幅に減少し、両方ともその後低迷している。

これまで日本の長期住宅ローン制度を可能にしてきた基礎が崩れ始めたためである。すでにみたように、一九六〇年代中葉になって国家が示した住宅政策の基本は、自己の責任で「持家」を取得することであり、住宅供給と住宅資金供給を民間に委ねるものであった（↓一〇六頁）が、個々人が持家を二五〜三〇年間にわたる長期ローンによって取得する長期住宅ローン制度は、日本の成長持続と長期雇用制、昇格・昇給制度のもとではじめて可能となるものであった。したがって高度成長が破綻し、大企業の大規模な雇用削減と大量倒産による失業と雇用不安、年間所得の減少が進んでいったことは長期住宅ローン制度を支えてきた基礎を崩すことになったのである。

したがって住宅金融公庫が住宅ローンの新規需要拡大に成功したのは、地価暴落と金利引下げという条件と、当初五年間の返済額を安くする「ゆとり償還」制（↓一八四頁）によるものであって、経済状況、雇用・所得条件の悪化した一九九七年頃以降には早くも減少傾向に転じたのである。そればかりではない。ちょうどその頃「ゆとり償還」制の世帯は五年後以降で返済額が二倍近くになったため返済負担が格段と厳しくなった。これは消費の冷え込みを促し経済停滞を倍加する作用を及ぼす（↓二四一頁以下）とともに、九〇年代後半以降、住宅ローンを返済できない世帯を増大させ、返済のための消費者金融借入れ、出血売却、返済不能による差押さえ等を増大させた。この間いっそうの地価下落によって購入価格よりも現実価格が下まわる資産価格の目減りが生じていた。

住宅金融公庫は二〇〇六年度中に独立行政法人へ移行することが決定されたが、住宅金融公庫の累積損失処理額は最大三兆円にも達すると予想されている。このうち景気対策で大量に貸し出した住宅ローンの返済の遅延・困難の増大を中心に、個人向け融資の焦付きが約八〇〇〇～九〇〇〇億円にものぼるという。残りは財政投融資からの借入れの金利を貸出金利が下まわる〝逆ざや〟による損失二兆一〇〇〇～二兆二〇〇〇億円である。[1] これらの赤字は独立行政法人化までに財投と税金（一般会計からの補給金）で処理されるのであろうが、結局は「国民負担増」になる。

したがって政府が景気悪化に対する対策として住宅金融公庫を軸に住宅ローン返済世帯を拡大していったことはきわめて無責任であったし、景気対策としてもやがては景気悪化の作用を生み出す政策だったといえる。

建設投資の減退、建設企業の大型倒産

一九九〇年代前半では、景気対策としての政府の大規模な公共投資・建設投資拡大が九〇年からの民間建設投資の大幅減少を埋め合わせ、建設投資全体を高い水準に維持していた。その後政府の公共投資は橋本「財政構造改革」で一時減少した後すぐ修正されいぜんとして高い水準を維持し小渕内閣で拡大したが、九六年を境に民間建設投資の減少が急速に拡大したため、建設投資総額は九六年度の八二・八兆円をピークとして大幅な減少傾向に転じ、二〇〇二年度には五七・一兆円へと落ち込んだ。

この減少を契機として、一九九七年から建設業上場企業の大型倒産が相次いだ(2)（東海興業・負債五一一〇億円、多田建設一七一四億円、大都工業一五九二億円）。九七年は大手有力銀行・証券会社の破綻の開始とともに非金融業でも上場企業を含む大企業の大型倒産が急増し始めた年として注目されるがその最初は建設業の大型倒産であった。さらに二〇〇一・〇二年には巨額の債権放棄を受けながら倒産した第一号として注目された青木建設（負債三九〇〇億円）に続いて、佐藤工業（四四九九億円）、日産建設（一一四六億円）、大日本土木（二七一二億円）、古久根建設（四三〇億円）と上場ゼネコンの大型倒産が相次いだ。これらは関連中小建設企業の連鎖的倒産を惹起した。建設業の倒産件数は九七年から急増していき、倒産負債総額は九七年二兆三六六八億円と過去最大を記録し、九九年にはいったん減少するが〇一年一兆九六一八億円となる。九〇年から増加傾向にあった建設

業就業者総数は九七年六八五万人をピークに減少に転じ、〇一年には六三二万人と五〇万人強の減少となった。

以上のことは、第II部第一章第三節で指摘した日本の景気対策の中心を公共投資拡大＝建設需要拡大に置くことの限界と誤りがそのまま現れたものといえる。そこで明らかにしたように建設業大企業、ゼネコンは巨額の借入金と巨額の損失、販売不能の土地・建築物を抱えており、大規模な公共投資が続けられても経営を立て直すことにはならなかった。したがって建設投資総額が減少し、金融機関の経営悪化によって救済的融資継続や利子支払い条件緩和等の優遇措置が打ち切られると、倒産に追い込まれるのはむしろ当然のことであった。

以上の惨憺たる結末は、膨大な公的資金によって公共投資・建設投資拡大を中心にした景気対策を続けてきたことの無意味さと誤りを、余すところなく明るみに出したといえよう。

第三セクター・リゾート法事業の相次ぐ倒産

景気対策の柱である公共投資拡大政策は、中曾根政権が打ち出した規制緩和・「民活」と都市再開発、地域・リゾート開発と結びついていたが、一九九〇年代後半以降リゾート開発事業（多くは第三セクター方式）の経営危機と破綻が相次いだ。完成・開業して間もない経営危機・倒産であった。これらは地方財政赤字の増大と民間金融機関の不良債権「新規発生」を生み出す主要源泉となる。

不良債権増大にかんしこれらに論及する論者は少ないうえ、論及したものの多くはバブル崩壊の結果としている。だがこれらの多くが一九九〇年代になってから建設されていることに注目する必要がある。政府はリゾート開発を「ゆとりのある時代」に適合するレジャー施設、ゴルフ場・スキー場、ホテルを備えた長期滞在型リゾート建設としたが、このような「ゆとりのある」「長期滞在」客（日本人、外国観光客）の大量利用を見込むこと自体が無謀であるうえ、九〇年代の経済状況の悪化はこれらの無謀な計画に警鐘を鳴らしていた。国が認可し、地方自治体が出資し、国が税制上の優遇措置や国有林利用等の優遇措置を与えるリゾート開発である以上、認可した国、参加した地方自治体はこれら計画の適格性を再検討し、計画の変更・中止を求める責任があったはずである。しかし第三セクターの多くでは、国、地方自治体、民間企業の間の経営責任・役割分担も、リスク分担も不明確なまま、計画の再検討もなく、無謀な大規模開発が強行されていき、開業後わずかの後に経営赤字となり、巨額の負債を抱えた倒産が相次いだ。「公」と「民」のもたれあい、「公」と「民」にわたるモラルハザードである。これらが、八〇年代後半の不動産関連の乱脈経営、金融機関の放漫融資の惨憺たる結果を経験した後に、再び実施されたことは驚くべき事実である。民活化を謳って第三セクター方式の膨大な工事を容認し放置してきた国家、地方自治体の責任は非常に重いが、破綻の責任はまったく問われないままである。

国土交通省は破綻が続出した二〇〇〇年三月末の調査(3)でリゾート開発を行った第三セクター一二三法人の半数六三法人が赤字経営であるという結果を知り、〇一年六月になってようやく各道府県知事宛に「総合保養地域整備基本構想の総点検の実施について」という通知を出し、基本構想の見直しを指示した。[4] あまりにも遅くもはや手遅れになってしまった後の通知であった。総務省は〇三年一二月になって経営悪化の深刻化に対し各道府県知事等宛に「第三セクターに関する指針の改定」を出し「事業の見直し、廃止、民間譲渡、完全民営化等」の検討を求めた。[5] これは一万一五九法人にのぼる第三セクターの調査結果によるものである。[6] この措置も、かなりが倒産し累積赤字を抱えた後のあまりにも遅いものであった。

リゾート法適用事業＝シーガイヤの大型倒産

シーガイヤは「リゾート法」適用第一号で事業規模は最大であり、第三セクター方式の大規模リゾート開発の象徴といわれたが、倒産負債額もまた最大を記録した。[7] 個別的な特徴もあるが、ここには「リゾート法」適用の第三セクターに共通してみられる問題が現れている。シーガイヤは宮崎県、宮崎市が資本金三億円のうちそれぞれ二五％の七五〇〇万円ずつを出資、地元財界・銀行の協力を得て「フェニックスリゾート」社として設立された。五〇〇〇人収容のコンベンションセンター、四三階建て高級ホテル、世界最大の屋内ウォーターパーク、ゴルフ場をもち、総工事費は当初八〇〇億円から九〇年代に入って二〇〇〇億円に大膨張した。九三年一部開業・九四年全面開業するが、短期間に経営悪化し赤字が累増、九九年メインバンクの第一勧銀が新規融資を打ち切り、他行も従う。二〇〇〇年七月の九州・沖縄サミットの外相会議の場となったため、宮崎県はシーガイヤ支援を主要目的に六〇億円を出して「振興基金」を創設し二五億円をシーガイヤに補助支出したが、その終了直後経営

資料 3　第三セクターの倒産事例

倒産年	企業	業種	負債額
1998 年	泉佐野コスモポリス（大阪府）	地域開発	607 億円
1998 年	ウラウスリゾート開発公社R（北海道）	リゾート開発	135 億円
1998 年	秋田県木造住宅（東京都）	建売住宅分譲	134 億円
1998 年	呉ポートピアランドR（広島県）	レジャーランド経営	114 億円
1999 年	苫小牧東部開発（北海道）	工業団地開発	1,423 億円
2000 年	むつ小川原開発（青森県）	工業用地造成開発	1,852 億円
2000 年	レクレーションR（群馬県）	スキー場経営	118 億円
2001 年	フェニックスリゾートR（宮崎県）	リゾート経営（関連会社 2 社含む）	3,261 億円
2001 年	多摩ニュータウン開発（東京都*）	商業ビル賃貸・管理	384 億円
2002 年	磐梯リゾート開発R（福島県）	リゾート開発	946 億円
2003 年	ハウステンボスR（長崎県）	テーマパーク	2,289 億円

資料出所：「帝国バンク」調べ，「東京商工リサーチ」調べ，各新聞から作成。R はリゾート法指定。

注：* 東京都が資本金 17 億 9400 万円の 51％ を出資して設立されたが，赤字拡大のため貸手金融機関と交渉したが不調。自ら東京地裁に民事更生手続きを申請。出資自治体による申請は異例で論議をよぶ。

資料 4　債務超過額の大きい第三セクター（2001 年度決算）債務超過額

東葉高速鉄道（千葉県）	469 億円
アジア太平洋トレードセンター（大阪市）	224 億円
大阪ワールドトレードセンタービルディング（大阪市）	223 億円
北総開発鉄道（千葉県）	171 億円
東京臨界副都心建設（東京都）	160 億円
北九州高速鉄道（福岡県）	155 億円
海上アクセス（兵庫県）	115 億円

資料出所：「東京商工リサーチ」調べ（『朝日新聞』2003 年 8 月 16 日）。

危機が深化、〇二年二月会社更生法を申請、事実上倒産する。負債総額は「フェニックスリゾート」二七六二億円、「フェニックス国際観光」三二七億円、「北部フェニックスリゾート」一七二億円、総額三二六一億円で第三セクターとして過去最大の負債額を記録する。資本金に比べ信じられない膨大な負債額である。驚くべき乱脈経営とともに、それを放置した県・市の無責任さ、第一勧銀等の民間銀行のずさんな巨額融資が、バブル崩壊後も継続しかえって拡大していたことが注目される。

会社更生法適用を審査した宮崎地裁は買取企業について公募方式を採用、アメリカ大手投資会社三社が争いリップルウッド・ホールディングスに決定、リップルウッドはシーガイアを開業時の事業費二〇〇〇億円のわずか一割にも満たない一六二億円で取得した。ここでも外資企業が破綻会社を超安値で買い叩いている姿がある（→二二二頁以下）。

「土地開発公社」の赤字累増

景気対策の公共投資拡大のもとで事業を拡大し赤字を累増した公社・公団等は多数にのぼるが、政府の景気対策に直接結びついて増設され行詰ったのは「土地開発公社」である。政府の景気対策は土地（販売不能の不良在庫土地）の流動化・地価下落抑止のために「公共用地先行取得」政策を推進したが、これによって土地の先行取得の「土地開発公社」が全国的に多数生み出された。

「土地開発公社」は金融機関からの借入れによって土地を先行取得し、事業が始まるさいにその土地を地方自治体に売却する役割を担っているが、しかし自治体が公社の行う先行取得用地の面積・金額の総額枠を規制しているわけではないし、用地取得について議会の承認も必要ではないので、公社は独自の判断で用地取得を行う。したがって地方自治体による公共投資計画が予想されると公社は活発に土地買付けに走り、販売不能の不良在庫土地を買い付け、自治体の購入実額を上まわって土地を購入してしまう傾向が強い。事実、購入した土地が売却できなくなって多額の借入金を抱えて行詰っている公社が多いが、しかしその場合その責任がどこにあるのか、その赤字をどうするのかも、明確ではない。国と特殊法人の事業との関係に類似している。結局は地方自治体が土地を買い取ることになり、地方財政危機が倍加されることになると予想される。総務省の調査によると二〇〇三年度末、全国に約一五〇〇もの公社が存在し、それらが保有している土地の簿価総額は六兆三五五六億円にのぼり、このうち五年以上〝塩漬け〟になっている土地が六五％の四・一兆円を占め、一〇年以上の〝塩漬け〟は三七％の二・四兆円である。これは氷山の一角にすぎない(8)。

第二項　超低金利の長期持続の弊害

公定歩合は一九九五年二月の二・五〇％から九月には〇・五〇％という異常な低さとなり、それがその後長期にわたって継続した。さらに二〇〇一年二月と三月の引下げで〇・二五％となり、同九月にはアメリカの同時多発テロ後の米欧諸国の金利引下げに対応して〇・一％に引き下げられた。超低金利の長期持続が景気回復に効果がなかったことはすでに指摘した（↓一九〇頁以下）が、それだけではなく経済悪化を促す作用を拡大していった。

第一は長期にわたる個人預金者の利子所得の大幅減少によって〝消費の冷え込み〟を促し長期停

滞を倍加する役割を果たしたことである（本章第四節第一項）。

第二に、公的年金基金、企業年金基金等の運用予定利率割れによって積立不足・赤字の累増を生む主要原因の一つとなった。また生命保険会社では契約者に約束した「予定利率」を運用実績が下まわる〝逆ざや〟状態が続き、これは運用有価証券の価格低落とともに、一九九〇年代後半以降生保の経営破綻を促した。九七年日産生命の破綻に始まり、嵐のような保険解約急増のもとで九九年東邦生命、二〇〇〇年第百生命、大正生命、千代田生命、協栄生命、〇一年東京生命と大手生保の大型倒産が相次いだ。生保の破綻では「生保契約者保護機構」があるが、契約者は保護のない保険商品や保険契約解約による損失や程度は異なるが破綻処理による損失を蒙った。このことは国民の生保への不信・将来の生活不安の増大、〝消費の冷え込み〟を倍加する作用を果たした。

第三に、超低金利が長期にわたって続くもとで、アメリカのヘッジファンド等が日本で超低金利資金を調達してこれを日本国内外での投機的活動に用いる〝円キャリートレード〟(9)を活発化させた。この大部分は投機的利益を求める活動であって、日本の株式市場や為替市場に投機的活動によって日本側にたびたび巨額の損失を与えた。日本国内では中小企業は〝貸渋り〟によって超低金利資金を利用できない状況が続くもとで、〝円キャリートレード〟が活発化したのである。

この他、国債費の大幅軽減が財政赤字への危機認識を弱める作用を果たした。

最後に、以上のような超低金利を続けると、経済対策として金利を下げることが必要あるいは有効なときにももはや金利引下げを政策的に用いられないことになってしまう。他方、超低金利が長期にわたって固定化してしまうと、異常な超低金利からの若干の金利引上げであっても、金利の引上げは直接景気を悪化させる作用をもつため、金利を引き上げる機会は乏しくなってしまう。こうして一九九〇年代における景気対策・金融政策の迷走が異常な超低金利をどうすることもできない状況に陥れたのである。二〇〇一年三月には日銀が金融調節を「金利」から「資金量」へと変更する政策がでてくる（本章第六節）が、超低金利はその後もいぜんとして続いている。

第二節　一九九七・九八年の金融危機と膨大な「公的資金」投入

政府は一九九六年住専の破綻処理で不良債権問題が一応決着したとし、「九六年度下期には民間需要主導による自律回復的循環がみられるようになった」（前出）という楽観的見解をのべていたが、その直後の九七年に有力大手の銀行・証券会社の相次ぐ破綻が始まり、九五・九六年とは比較にならない深刻な金融危機が出現した。


九七年一一月、三洋証券が会社更生法適用申請（事実上の倒産）。

九七年一一月、北海道拓殖銀行（都市銀行）の破綻（北洋銀行へ営業権譲渡）。

九七年一一月、山一證券（四大証券）が自主廃業届け出（九九年東京地裁が破産宣告）。

九八年一〇月、日本長期信用銀行が特別公的管理を申請、破綻銀行認定、一時国有化。

九八年一二月、日本債券信用銀行を政府が破綻銀行と認定、一時国有化。

これらを放置しておくと、巨大金融機関の破綻から債権・債務の連鎖をつうじて金融機関・一般企業の連鎖倒産と預金保険機構で対応できない預金支払い不能が生じ、金融が機能麻痺に陥る金融恐慌へと進む危険があった。しかも一九九七年七月タイのバーツ暴落に始まるアジアの通貨・金融危機、ロシアの株式暴落・経済破綻状況の影響が広がり、アメリカ大手ヘッジファンドLTCMが事実上倒産となり、ニューヨーク連銀主導の多数銀行の支援によってかろうじて救済された(10)。

第一項　一九九七・九八年の有力大手銀行・証券会社の破綻

大手有力銀行・証券会社の破綻の原因はさまざまではあるが、次の点では共通している。これらの破綻の根源は一九八〇年代後半のバブル期においてこれら金融機関が無謀な投機的活動を行っていた不動産、建設業等の企業や無謀な開発政策関連事業（第三セクター）に対し膨大な資金を貸付ける乱脈融資を続けたことにある。しかもバブル崩壊後の九〇年代にも、国家が大規模開発政策継続のうえに公共投資拡大の景気対策をとり地価・株価の下落抑止をもはかる対策をとったので、これら有力銀行はしばらく待てば景気が回復して地価・株価も上昇するという安易な期待をもって、リスクの高い不動産・建設関連の大口貸付け企業への融資拡大・救済融資を続けるとともに、無謀な第三セクター事業や関連諸企業に対し巨額の貸付けを拡大していった。また自ら保有する大量の株式と巨大な担保土地の価格暴落が直接経営に打撃を与えたことも大きかった。九五・九六年の住専破綻・信組破綻のさい、国が有力な大銀行や大企業は倒産させないといったことに安住して、有力大手銀行は不良債権を系列ノンバンクへ移すこと等によって不良債権の温存・隠蔽をはかるとともに、程度の差はあるが、悪質な不良債権の隠蔽工作、粉飾決算、「飛ばし」(山一證券)等の不正をも行い、債務超過を膨大化させた。

日本長期信用銀行(以下長銀)、日本債券信用銀行(以下日債銀)は、長期信用銀行法(一九五二年六月公布)にもとづいて、金融債発行で調達した資金によって重要産業の設備投資に対する長期資金供給を行う長期信用銀行として設立されたものであるが、八〇年代に主要製造業の有力企業が設備投資資金の借入依存から脱却できたときに、新しい情報・通信関連産業等を除くと、本来の役割のかなりは終わっていたといえる。こうしたもとで長期信用銀行は本来の役割から離れて、バブル期に大口融資先として、投機的活動を行っているハイリスクの不動産業やノンバンク、および流通・サービス業へ巨額の融資拡大競争を行っていったのである(↓九五頁)。

長銀の場合、住専破綻では母体行として巨額の債権放棄を行った。巨額の損失発生としては、メインバンクとして膨大な融資を行ったＥＩＥインターナショナル(高橋治則社長は破綻した東京協和信用組合の理事長)の無謀でずさんな南太平洋リゾート開発の失敗(倒産は遅れて二〇〇〇年、負債四七六四億円)や長銀の系列会社である日本リースの負債二兆一八〇三億円(過去最大)を抱えた破綻(長銀破綻直前)があった。その他の多数の系列ノンバンクに対し巨額のハイリスクの不動産融資を行わせており、一九九〇年代にもこれらを拡大し系列ノンバンクは巨額の不良債権を抱えていた。長銀は自行の不良債権を系列ノンバンクに移すとともに、不良債権を移すためのノンバンク(多くはペーパーカンパニー）を設立して不良債権の隠蔽も行っていた。

大手銀行の経営破綻の責任が経営陣にあることはいうまでもないが、国家の責任もきわめて大きい。国家・金融当局は、長期信用銀行がバブル期にその本来の役割から離れたハイリスクの不動産等への融資に偏っていったことを放置したままであったし、バブル崩壊後にも右のようなハイリスクの融資を継続・拡大し続け、悪質な不良債権の隠蔽工作等の不正をも行っていたことをまったく見逃している。先の住専破綻において母体行とのずさんで不透明な関係が明るみに出たし、信組破綻では乱脈・不正融資、粉飾決算の実体が浮かび上がったにもかかわらず、金融当局は金融機関に対する十分な監査、監督を行うことはなかった。

また破綻寸前の日債銀に対し大蔵省の口利きといわれる「奉加帳方式」の救済的増資が行われ、日本銀行が八〇〇億円の増資協力を行ったのに続いて民間金融機関が二九〇〇億円にのぼる増資協力を行ったが、その直後の日債銀破綻によって株式が無価値になり日本銀行、民間金融機関は損失を蒙った。さらにはるかに重要なことは、一九九八年三月、大蔵大臣、日銀総裁等六名からなる「金融危機管理審査委員会」（佐々波楊子委員長）が「健全な」大手銀行へ「公的資金注入」を行ったさい（→二一八頁）、長銀に一七六六億円、日債銀に六〇〇億円の公的資金を注入したが、これら二行が「健全行」と認定されたそのわずか数ヵ月後に破綻し、注入された公的資金が回収不能となり国民負担増となったことである。信じられない無責任体質である。これら有力銀行の破綻処理のためにいかに巨額の公的資金が投入され国民の税負担増となったかを考えると、国家の責任はきわめて大きいが、これらの責任はいっさい問われることはなかった。

最後に、長銀、日債銀の破綻では、国内外投資家、とくにアメリカのヘッジファンドとスイス銀行関係(一時長銀の業務提携交渉先)が両行の株を売り浴びせ株価を暴落させたことが、これらを最終的破綻に追い込んだ。

第二項　公的資金投入機構の設立・拡張

「公的資金」の規定

日本における民間金融機関への公的資金投入は次の二つに大別される。

①第一は破綻した金融機関の損失の穴埋め、あるいは公的管理における損失と破綻処理における資金援助のために投入されるものであり、この多くは財政資金の支出で「国民負担」となる。

②第二は「健全な」金融機関(略称「健全行」)に対し自己資本の強化等をはかるために「資本注入」されるもので、主に優先株・劣後債等の取得という形で行われる。これは返済が原則で、「資本注入」の前提として経営健全化計画の作成・遵守が義務づけられている。ただし「資本注入」を受けた後に破綻し返済不能となることがすでに発生しているし、今後生じる可能性はある。

公的には②は「資本注入」あるいは「資本増強」として①と区別されるが、一般には両者を公的資金投入ということが多い。公的にも、以下でみる公的資金投入機構自体に①と②が含まれており総計して公的資金投入枠六〇兆円などといわれている。本書では注意が必要なときは②を「資本注入」・「資本増強」とするが、それ以外は①②をともに公的資金投入と呼ぶ。

この他、日本銀行の特別融資＝日銀特融と破綻処理機構等への出資も「公的資金」投入であるが、本書では日銀による公的資金投入として区別する。

さらにまた公的資金は「広義」には、郵便貯金・簡易保険・公的年金基金等、国・公の管理している貨幣を不良債権や株式の買上げ機構、株価維持（ＰＫＯ）や各種の公共投資のために用いる場合にも使用される。この資金の運用で生じた損失が最終的には国家財政で穴埋めされ「国民負担」となる点では、①②の公的資金投入と共通している。しかし混乱を避け本書では「広義」のものは含めないで、「広義」についてはその都度注意する。

九八年の「公的資金投入機構」確立（三〇兆円の枠組み）

政府は一九九六年六月、「預金保険法」改定によって預金保険機構が「特別資金援助」を行うようにするとともにペイオフを一時凍結して預金の全額保護の措置をとったが、有力大手金融機関の経営危機・破綻の危険が生じたため、急遽九八年二月「預金保険法」改定と「金融機能安全化法」（「金融機能の安定化のための緊急措置に関する法律」）の制定によって預金保険機構の大改革を行った。大改革は預金保険機構が従来の預金者の預金保護だけではなく、有力「健全行」への「資本注入」という役割を担うようになったことである。

すなわち預金保険機構に、(a)「特例業務勘定」計一七兆円（預金者の預金保護）の他に、(b)「金融危機管理勘定」計一三兆円を新設して「健全行」に対し「資本注入」によって自己資本強化をはかることにした。総額「三〇兆円枠」の機構の確立である。

この施行直後の一九九八年三月、(b)にもとづいて「金融危機管理審査委員会」（前出）がはじめて「健全」主要大手二一行に対して公的資金一兆八一五六億円を「注入」した。しかしそれは審査基準の決定からわずか一二日後で審査はわずか五日間で無審査に近く、長期信用銀行二行の一部減額以外はすべてが申請額どおりの「注入」であった。しかも「健全行」として「資金注入」を受けた長銀と日債銀が数ヵ月後に破綻銀行と認定されたため、審査のずさんさが社会の厳しい非難を浴びた。

公的資金投入枠は六〇兆円、七〇兆円へと拡大

政府はさらに一九九八年一〇月「金融再生法」（「金融機能の再生のための緊急措置に関する法律」）と「早期健全化法」（「金融機能の早期健全化のための緊急措置に関する法律」）を制定（ペイオフ凍結の解禁予定の二〇〇一年三月末までの時限立法）、公的資金投入枠を六〇兆円に倍増した。増額の中心は先の(b)をより強固な「金融機能早期健全化勘定」とし「健全行」への注入枠を一三兆円から二五兆円に拡大したことと、新たに(c)「金融機関破綻後」の処理のために「金融再生勘定」一八兆円を新設し、破綻後を「金融整理管財人による清算」、「特別公的管理」（一時国有化）、「公的ブリッジバン

ク」の三つとしたことである。これらと先の(a)の合計で六〇兆円となる。(ここで先の「金融機能安全化法」の(b)は変更され廃止された。)

この(c)によって破綻した長銀、日債銀を「特別公的管理」(一時国有化)として破綻処理を行った。一九九九年三月には(b)の「健全行」への「公的資金注入」として主要大手一五行に対して総額七兆四五〇〇億円、九月には地方銀行四行に対して二六〇〇億円が「注入」された。

二〇〇〇年五月には相次ぐ金融機関破綻で資金不足の見通しとなったため公的資金枠を七〇兆円と拡大する。ペイオフ凍結解禁に備えて一〇〇〇万円以下の預金を保護する「一般勘定」に四兆円を追加し、「金融機能早期健全化勘定」に六兆円を追加した。

なお「金融再生法」はペイオフ凍結解禁予定の二〇〇一年三月末までの時限立法のため、(c)「金融再生勘定」は〇一年三月廃止され、この代わりに金融システム危機に対応するための恒久的な「危機対応勘定」が新設され一五兆円が計上された。

以上の公的資金投入枠の拡大によって預金保険機構の資金調達も拡大し、「七〇兆円枠」では政府保証の借入金と預金保険機構債券発行が五七兆円、交付国債一三兆円となった。

「金融機能安定化法」と「早期健全化法」による「健全行」への公的資金注入は二〇〇二年三月末で終了したが、金融当局はこれまでの巨額の公的資金注入と四大金融グループの誕生によって、大手「健全行」への公的資金注入はもはや必要ないと楽観視していた。

しかしその直後の二〇〇三年にはりそな銀行・りそなホールディングスの経営危機が生じた。金融庁はやむをえず「預金保険法第一〇二条第一項」(「信用秩序の維持に極めて重要な支障が生ずるおそれがあると認めるとき」の措置)を援用して一兆九六〇〇億円にものぼる「特別支援行」への「公的資金注入」を実施した。

第三項　膨大な「公的資金」の投入実績(11)

「健全行」への「公的資金注入」は一〇兆四〇〇〇億円強

有力大手「健全行」へ「注入」された公的資金は法的措置が終わるまでの期間に合計一〇兆四二〇九億円にものぼっている(「金融機能安定化法」による「注入」が一兆八一五六億円、「早期健全化法」による「注入」が計八兆六〇五三億円)。このうち返却分と返却不能確定分を差し引いた公的資金注入残額は二〇〇四年七月二日現在なお八兆二六三三億円存在する。

有力大手「健全行」への巨額の公的資金注入の目的は、正式には有力金融機関の経営改善を行い、〃貸し渋り〃を減少させることといわれていた。実際には金融機関の経営悪化を緩和し不良債権処理を助ける役割を果たしたことは明らかであるが、しかし〃貸し渋り〃の減少という点ではまったく効果がなかった。むしろ経営健全化を理由にリスクを重視しリスクのある中小企業への〃貸し渋り〃は強化された。実際上はこの主要目的の一つはＢＩＳ規制における自己資本比率を達成させることであり、この点では効果があったといえる。

金融当局はこの「健全行」への公的資金注入の効果を確実にする目的で、その前提として店舗の縮小、人員削減等の経営健全化計画を提出させたが、金融機関の経営陣はこれを口実に多数の人員削減・人件費削減を容易に実施していった。このことは不況下での経営健全化のためには多数の人員削減・人件費削減は不可避であるという社会的風潮を作り出し、非金融産業の大企業において大量の人員削減・人件費削減の実施を容易にするという重要な役割を果たした。これに反し、金融機関の経営陣は「公的資金注入」を必要とする経営状態にしてしまったことに対し責任があるはずであるが、経営者の責任はいっさい問われることはなかった。

以上のような巨額の公的資金注入は、大手銀行経営の安易さを助長し公的資金注入を受けたことの自覚の欠如、モラルハザード（倫理の喪失）を倍加したといえる。「公的資金」の注入を受けた大手金融機関は巨額の不良債権先＝大口融資先に対して安易に融資継続・救済融資を行うばかりか巨額の債権放棄を行い、しかも債権放棄を受けた企業が経営再生できずに倒産するものも増大したが、これらは経営者の無責任体質を表しているといえる。

破綻金融機関の処理への「公的資金」は二四兆二〇〇〇億円強(12)

ペイオフが凍結されていた一九九六年六月から二〇〇三年三月末までに破綻処理された金融機関は一六八行にものぼり、これらの破綻処理に対し預金保険機構が行った「公的資金」による資金援助実績は実に二四兆二〇八二億円にも達する（「金銭贈与」一七兆八四一九億円、「資産買取」六兆三六六三億円)。預金保険機構は国から交付された国債からの取崩しと政府保証の借入金と預金保険機構債券発行で賄っており、回収不能となった公的資金は税金=国民負担となるが、この額は増大を続けている。(「国民負担」となることが確定済みの額は〇二年三月末現在約一〇兆四〇〇〇億円にのぼる。)

この額の巨大さは、膨大な損失を抱えて破綻した金融機関の経営者の責任とともに、国家の責任の大きさを表すものといえる。しかしその実態はほとんど明らかになっていない。破綻銀行に対する公的資金投入の例を長銀を中心に指摘しておく。

日本長期信用銀行の破綻処理に「公的資金」約七兆五〇〇〇億円

政府、金融再生委員会(担当)は長銀を一九九八年一〇月に「特別公的管理」(一時国有化)にした後、その営業譲渡先の選定・助言等をアメリカのゴールドマン・サックスに依頼した。九九年九月、アメリカ投資会社リップルウッド・ホールディングスが中心となって設立した金融持株会社=ニュー・LTCB・パートナーズに譲渡することを決定し、二〇〇〇年二月正式契約が行われた。LTCBは長銀をわずか一〇億円で買い取り、新規発行普通株式三億株を一二〇〇億円(一株当り四〇〇円)で引き受けた。LTCBの投資総額は一二一〇億円である。しかもその契約には「瑕疵担保条項」があった。「瑕疵担保条項」はLTCBに引き継がれた「貸出関連資産」が「三年以内に、当該資産に瑕疵があり、二割以上の減価があれば、……当該資産の譲渡を解除可能」とする、つまり「売却資産」が二割以上減価すると預金保険機構が「売却資産」を「当初価値」で買い上げるというものである。

長銀の破綻、譲渡時、およびその後の公的資金投入は次のとおりである。(13)

①「金融機能安定化法」による「公的資金注入」の返済不能は一三〇〇億円（劣後ローン四六六億円は返済）。

②債務超過三兆五八七九億円（正式確定基準日二〇〇〇年二月末貸借対照表）。これに対し、金銭贈与・損失補てんが三兆五八八〇億円。

以上の①②の合計三兆七一八〇億円が譲渡終了時に国民負担となることが確定した。

③譲渡のさい「整理回収機構」が「不適資産」七九八七億円を買い取る。預金保険機構が長銀保有株式を少なくみても一兆八六〇五億円買い取った。この計約二兆六六〇〇億円がどれだけの損失を出すかは市場売却時の時価に左右されるので未定であるが、「不適資産」の大部分や不良の保有株式を買い取ったもののかなりは損失を生み国民負担となると予想される。

④譲渡の際長銀の保有株式の〝含み益〟二五〇〇億円は、国会では国が受け取るべきだといわれていたが、いわゆる〝持参金〟として譲渡先へ渡された。消極的な損失である。

⑤譲渡後にもかかわらず「早期健全化法」による「健全行」に対する資本増強のための公的資金注入を二四〇〇億円行った（新規発行優先株式六億株の引受け）。

⑥「瑕疵担保条項」により預金保険機構が買い取った不良債権は三年間で約八八〇〇億円にのぼる（〇四年三月末）。これは二割減価の「瑕疵資産」として買い取ったものであるから損失発生＝国民負担が多いと推察される。

以上、④を除いて公的資金投入の総額は少なくみても約七兆五〇〇〇億円で、譲渡時にすでに国民負担が確定していたのが三兆七一八〇億円である。国民負担額未定のものが約三兆八〇〇〇億円であるが、そのかなりが国民負担となると予想される。

新長銀は二〇〇〇年六月「新生銀行」と名称を変更した。新生銀行は〇四年東京証券取引所第一部に上場したが、株主のリップルウッドを中心とするLTCBは発行済み普通株式の約三分の一の四億四〇〇〇万株を国内外で売り出し、証券会社への手数料等を除いて売却額約二二〇〇億円を手にした。投資額は一二一〇億円であったから今回の売り出し分だけで投資額すべてを回収したうえ約一〇〇〇億円の利益をあげたことになる。

ここでは長銀の破綻の経営責任を別としてその破綻処理のみに限定しているが、長銀の破綻処理で予想をはるかに上まわる公的資金が投入されたことの責任がどこにあるのかはいっさい問題にされずに終わった。(14) この破綻処理については、当時長銀を引き受ける日本の金融機関が無かったのだから、この譲渡の価格は「市場」のつけた価格であり、「瑕疵担保条項」も「市場」のつけた条件であるという見解もある。しかしこれだけの優遇条件を与えることを含めたうえで交渉が行われてなお日本企業の引受け先が無かったわけではない。「瑕疵担保条項」の存在は譲渡後かなりたってわかったことである。政府・金融庁が最初に営業譲渡先の選定・助言をアメリカのゴールドマン・サックスに依頼したこと自体不明朗な決定であって、アメリカ系譲渡先への決定の不明確さ、不透明なさまざまな譲歩、とくに損失分担ルールもない「瑕疵担保条項」締結等、あまりにもずさんで不明朗な破綻処理であったといえる。

とくに「瑕疵担保条項」によって新生銀行は約八八〇〇億円もの債権を預金保険機構に買い取らせたが、その際不明朗なことが相次いだ。「瑕疵担保条項」があるところでは、債権先の企業が再建計画をたて関連金融機関に支援（債権放棄等）を求める場合、新生銀行はそれに応じるよりも債権先企業が経営危機に追い込まれ減価した債権を当初価格で買い取らせた方が有利であるためそれを選んだ。（〝そごう〟グループが経営危機に陥り債権放棄を要請したさい、新生銀行はこれを拒否して「瑕疵担保条項」で債権を預金保険機構に買い取らせた。〝そごう〟グループについては、公的資金の注入をうけた金融機関が私企業への債権を放棄することへの世論の反対が強く、結局〝そごう〟が「民事再生法」を申請、事実上倒産となるが、新生銀行だけは〝そごう〟破綻の損失を免れた。第一ホテル、ライフ（信販）等でも新生銀行の「瑕疵担保条項」利用が経営破綻の引き金となったという。）

日本債券信用銀行の破綻処理に「公的資金」約四兆八八〇〇億円

日債銀は一九九八年一二月に政府によって破綻銀行と認定され、一時国有化された後、ソフトバンク・グループ（ソフトバンクを中心とするオリックス、東京海上火災保険）がわずか一〇億円で買い取り、新規発行株式を約一〇〇〇億円で引き受けた。ソフトバンク・グループの投資額は一〇一〇億円である。ここでも長銀と同じ内容の「瑕疵担保条項」がある。日債銀に投入された公的資金を長銀の①②の項目に従って調べると次のようになる。(15)

①「公的資金注入」六〇〇億円。②債務超過の穴埋め三兆二四二八億円。①②の合計三兆三〇二八億円が譲渡終了時に国民負担が確定。

③「整理回収機構」の買取り三八一一億円、預金保険機構の保有株買取り六四九六億円。計約一兆三〇〇〇億円のうちかなりの損失＝国民負担が生じると予想される。④は不明。

⑤譲渡後の公的資金注入二六〇〇億円。

⑥「瑕疵担保条項」による買取りは二〇〇四年三月末、約二九〇〇億円と予想。

公的資金投入総額は約四兆八八〇〇億円、うち譲渡時に国民負担が確定したのは三兆三〇二八億円、未定の約一兆五八〇〇億円強のうちかなりの損失＝国民負担が出ると推測される。

この他、破綻寸前に救済支援の増資に日銀が応じ損失となった公的資金八〇〇億円がある。これを加えると譲渡時に損失が確定した額は三兆三八二八億円になる。

日債銀があおぞら銀行として発足してわずか二年余の二〇〇三年四月、ソフトバンクが株式をアメリカ大手投資ファンドのサーベラスに売却した結果、サーベラスが既得株と合わせて約六割強の株式を保有することになり、あおぞら銀行は外資傘下銀行となった。ソフトバンクは約五〇〇億円で取得した旧日債銀株を約二倍の一〇〇〇億円でサーベラスに売却し、わずか二年半で五〇〇億円の売却利益を獲得した。日債銀の売却では長銀とは異なって、外資系を避けて譲渡先を選定し、新出発の際には民間投資額一〇一〇億円のうち地銀、第二地銀等が出資に協力したという事情があったにもかかわらず、ソフトバンクの株売却で外資傘下銀行となった。〇二年ソフトバンクによる株式売却の噂が出た際、森昭治金融庁長官は「旧日債銀の民間への譲渡契約は、長期的投資を視野において買い取るという内容」であった[16]と述べたが、なんの効力もなかった。

以上のように膨大な公的資金投入によって金融危機は沈静化した。だが大量の公的資金投入のうち回収不能となったもの、将来回収不能となるものは、財政赤字拡大・財政危機に姿を変えた（変える）のである。また膨大な公的資金投入は金融危機を沈静化したとはいえ、金融機関の不良債権問題・経営危機問題を解決したわけでは決してない。二〇〇〇年以降不良債権の増大が緊急問題となったし、〇三年にはりそな銀行の経営危機が現れたのである[17]。

日銀の特別融資・特別出資金の回収不能発生

日本銀行の「特別融資」（略称、日銀特融）は、「最後の貸し手」である日本銀行が大蔵大臣の認可を受けて「信用制度の保持育成の為必要なる業務を行ふことを得」るという（旧）日本銀行法二五条により無担保で適正な方法で融資を行うことである。（改正）「日本銀行法」第三八条では「内閣総理大臣および財務大臣」が「信用秩序の維持に重大な支障が生じるおそれがあると認めるとき」となる。日銀特融は民間金融機関の破綻における払い戻し、預金返済に支障が生じないための緊急措置で、破綻処理が終われば返済される原則である。

戦後の日銀特融は一九六五年の山一證券に対するものを例外として長いあいだ行われることはなかった。しかし九四年以降には破綻信組、地方銀行、さらに九七・九八年の大手金融機関の破綻のさいに大規模な日銀特融が相次いで実施された。こうしたなかで九七年の山一證券に対する日銀特融の焦付きが戦後はじめて現れた。破綻清算手続の終わった二〇〇二年三月、約一四六四億円、最終確定一一一一億円の回収不能＝焦付きである。〇二年日銀特融残高は九九〇〇億円にものぼっているが、そのうち焦付きの可能性もかなり生じるのではないかと推測されている。この他、日銀は破綻金融機関の債権回収のための「住宅金融債権管理機構」（二〇〇〇億円）、「東京共同銀行」（二〇〇〇億円）、「整理回収銀行」（二〇〇〇億円）に出資していたが、「整理回収銀行」では約一六五億円が損失となり回収不能となった。また日債銀の破綻直前の出資の焦付き八〇〇億円がある。

これら損失は日銀の収益減少により日銀が国に収める国庫納付金を減少させ、国の歳入減少となるので、財政支出増加ではないが国民負担増となるのである。また日銀の財務状態を悪化させるものである。

第三節　金融ビッグバンとメガバンクの誕生——金融システム安定化への逆作用

金融危機対策の最中での「金融システム改革法」成立

一九九七・九八年、有力大手金融機関の相次ぐ破綻に対し、国家が各種の法的措置をとり膨大な「公的資金」投入によって大手銀行の資本増強と破綻銀行処理を実施し「金融機関の健全化」、「金融システムの安定化」をはかるといっていたとき、同時に他面では日本の金融システムを大改革する改革法案が急速に成立し施行されていった。金融ビッグバンと呼ばれたこの大改革は国内・国際にわたって金融のあらゆる面の規制を撤廃し競争市場原理に委ねるものであった。ここには「金融機関の健全化」、「金融システムの安定化」を攪乱する要因が含まれているため、両者は理論的に相容れない面があるが、実際にはこの重要な金融ビッグバンのための法改定が、第二節でみた「公的資金」投入をめぐる一連の法律制定と同時期に、急速に制定され施行されていったのである。

橋本首相は一九九六年一一月、「財政構造改革」とともに「わが国金融システムの改革」を発表し、「フリー（free）」、「フェア（fair）」、「グローバル（global）」の「三原則」によって金融システムの大改革を二〇〇一年までに実施するよう大蔵大臣、法務大臣に指示をした。東京国際市場を活性化し日本経済を再生するためといわれていたが、この大改革がなぜそれらを実現するのかという内容は明示されてはいなかった。これはきわめて重要な大改革であったにもかかわらず、九八年三月に国会に法案が提出され、充分な論議もないまま早くも同年六月五日「金融システム改革法」（「金融システム改革のための関係法律の整備等に関する法律」）が成立し、一部を除いて九八年一二月一日に施行されることとなった。その第一弾として九八年「外国為替及び外国貿易法」改定で対外取引の基本を「原則自由」とした。

日本の金融自由化はすでに指摘したように中曾根内閣期での「日米円・ドル委員会」のもとで大幅に進められ（→四三頁）、その後しだいに拡張していたが、この大改革はそれらを金融のあらゆる面にわたって徹底化し競争市場原理にもとづく金融システムをいっきょに構築しようとするものであった。金融ビッグバンと呼ばれる一大改革であった。「ビッグバン」は、イギリスで一九八六年実施された証券制度大改革が、宇宙誕生のきっかけの大爆発にたとえてビッグバン（Big Bang）と呼ばれたことから用いられ、日本の大改革は「日本版」金融ビッグバンと呼ばれた。しかし日本の金融ビッグバンはイギリスよりもはるかに広範囲にわたりはるかに徹底した内容のものである。イギリスの改革は証券市場についての制度改革であったのに対し、日本の改革は広義の金融すべてにわたっての徹底した規制・障壁の撤廃であった。

「金融システム改革法」・金融ビッグバンの基本内容

「金融システム改革法」は先の「三原則」にそくして次のような内容のものである。

第一の「フリー」として、これまでの大問題であった銀行、証券、信託、保険の「業態間」の規制・垣根についてこれを完全に撤廃し、各業務への新規参入、各業務の統合的運営を容認した。一九九三年四月施行の「金融制度改革関連法」は銀行業、証券業、信託業の子会社による相互参入を認可していたが、今回の改革では完全に「業態間」の垣根が撤廃された。しかもこれまで独占禁止法で禁止されていた「純粋持株会社」が解禁されたので、「純粋持株会社」という形態で、銀行、証券、信託、保険等のあらゆる金融業務を統合することが可能となったのである。ただしこの持株会社は広義の金融に限るもので、一般事業会社を傘下に置くことは禁止された。その他の規制撤廃＝「フリー」は、株式売買手数料の自由化、証券投資信託規制廃止、さらには投機性の高い有価証券店頭デリバティブの全面解禁、証券取引所集中義務の撤廃等である。

第二の「フェア」は、不良債権の実態をはじめ金融機関の経営状態のディスクロージャー（情報開示）の充実、公正な取引ルールの整備等である。大蔵省から独立した金融監督庁による銀行の不良債権や健全性の調査・監督等が含まれている。

第三の「グローバル」は、デリバティブの全面解禁、国際的基準に従った会計基準等の整備であるが、アメリカ主導の国際的取引・会計基準に従うことを意味するものである。

金融ビッグバンを推進したもの

金融ビッグバンの目的は、橋本首相の指示に明らかなように、アメリカが強化していった金融の自由化・国際化にあわせた大改革を実施することによって東京国際市場の再生をはかることであった。一九八〇年代後半、東京市場はニューヨーク市場、ロンドン市場に迫るほどの拡大をとげたが、九〇年代には急速に後退し、それらとの差は拡大、アジアのシンガポール市場、香港市場の成長に脅かされる状態になっていた。日本政府はこの東京国際市場の地位低下を食い止めその再生をはかるために金融ビッグバンを打ち出したのである。他方、日本の金融業界、とくに銀行業界にもそれを促す理由があった。日本の銀行は戦後の高度成長時代には、日本独特の「間接金融方式」のもとで大企業の資金需要の大膨張に対し急速に融資拡大を行い安定的な発展を遂げてきたが、バブル期では製造業大企業の自己金融充実とエクイティ・ファイナンスの活発化とによって、銀行の大口融資先は激減し、新しい大口融資先を不動産、建設、流通の分野に求めていって、バブル崩壊以降に巨額の不良債権を抱えるようになっていた。また長引く経済停滞・設備投資低迷は、銀行の安定的な大口融資先＝収益源を狭めていった。他方、日本の一三〇〇〜一四〇〇兆円という膨大な個人金融資産は、超低金利政策のもとでも証券への移動をあまり進めず、預金の比率はいぜんとして高かった。こうしたもとで、銀行は預金業務と貸付業務という本来の業務だけでは収益が拡大できないため、投資信託等のあらゆる資金運用業務へ本格的に参入する要求を強めていた。またBIS規制のもとで、自己資本比率に関係なく収益を求められるオフバランス取引（簿外取引）のデリバティブに対する規制撤廃の要求も強かった。

第二はここでもアメリカ側の強い要求があった。アメリカ政府は圧倒的力をもった自国の金融業が世界市場で活動するために、世界各国、とくに日本が徹底的な規制撤廃によって市場の全面的開放をすることを強く要求していた。日本の一三〇〇〜一四〇〇兆円の個人金融資産はアメリカ金融業にとってはきわめて魅力的なものであった。事実金融ビッグバンの実施によってアメリカを中心とする外国金融機関・ヘッジファンド等による日本の破綻金融機関・既存金融機関の吸収・合併と、日本の金融機関との業務提携は急激に拡大していった。

金融ビッグバンがもたらしたもの・メガバンク誕生

第一に、金融ビッグバンは日本の有力大手銀行が信託、保険、証券にわたって統合し新しい金融業務を行うことを可能にするとともに、外国金融機関の対日進出の脅威を強めるものであった。「公的資金注入」のさいの金融庁による経営健全化計画の要求がこれを促した。こうして金融ビッグバンの進展とともに、国内金融機関の合併・統合の大きなうねりが巻き起こっていった。「生き残り」をかけた急速度のうねりであった。

最初は従来のグループ（旧財閥系・非財閥系）の枠内での金融機関の相互提携という形で始まった金融再編は、急速にその枠を大きく越えた合併・統合となっていった。富士銀行、第一勧業銀行、日本興業銀行が経営統合したみずほフィナンシャルグループ（二〇〇〇年九月開業）を第一号として、東京三菱銀行と三菱信託とによる三菱東京フィナンシャルグループ（〇一年四月開業）、さくら銀行と住友銀行による三井住友フィナンシャル・グループ（〇一年四月に二行合併、〇二年一二月持株会社体制に）、三和銀行と東海銀行によるUFJホールディングス（〇一年四月開業）という四大メガバンクグループがきわめて短期間に誕生していった。これらはいずれも資産規模一〇〇兆円を超え、金融ビッグバンで解禁された持株会社体制のもとで、銀行、信託、生保、損保、証券という異なる業務を包括したものである。日本の金融制度の一大変革であった。その他に、りそなホールディングス、三井トラストホールディングスが続いていた。他方、証券業界でも野村、日興、大和の大手が持株会社体制をとり、新しい活動分野を開拓しつつある。これらが四大メガバンク等とどのような関係を形成していくかは今後の問題である。

第二は、日本の金融業が効率性、収益性の向上のみを求め、効率性の高い業務とともに投機的活動による収益性上昇を求める傾向を強めていくことである。アメリカではデリバティブなどを駆使し高い収益を求めるヘッジファンドの投機的活動がますます強大化しているが、金融ビッグバンによるグローバル化とはアメリカ金融業と同じように投機的活動で高い収益を求めることの拡大・強化を意味するものである。しかも日本の金融ビッグバンではアメリカ以上に銀行があらゆる業務を行うことが容認され、投機性が強い有価証券店頭デリバティブが証券会社だけではなく銀行にも認められていったのである。しかしこのような投機性の強いものを銀行に容認することは規制撤廃の行過ぎといわねばならない。メガバンクでは為替、株式、債券をめぐる投機的で高収益を狙う新商品の開発競争が熾烈化しつつあるが、その他の銀行にも普及していくことは明らかであろう。そして投機的活動は短期に巨額の収益を得る可能性と同時に短期に巨額の損失を生む可能性をもつので、これらによって銀行、メガバンクがこれまでには経験しなかった損失を蒙る危険が高まったといわねばならない。他方、メガバンクはクレジットカード（規制緩和による銀行のカードへのクレジット分割払い機能の組み込み）、信販業務をすでに掌握したうえ、高金利で収益性の高いサラリーマン金融（サラ金、主にサラリーマンを対象とする無担保、少額、高利の貸付）にも乗り出すために当該会社の買収をめぐって国内グループおよび外資系銀行や投資ファンドが凌ぎを削っている。これまですでにサラ金の急速な拡大は支払い不能者を急増し暴力的取立てや「自己破産者」の急増という社会問題を生み出しているが、これらがメガバンクの信用のもとに普及していく危険性がある。

第三は外国金融機関の日本進出の促進である。すでに長銀、日債銀や山一證券が破綻後、外資系金融機関となっていったが、金融ビッグバンは外国金融機関が日本の破綻金融機関の受け皿となって日本の金融慣習、顧客情報、従業員・店舗利用等を引き継いで日本進出をはかることを活発化した。破綻生保では保険契約の移転による外資系会社設立が顕著である（東邦、第百、千代田、協栄生命保険等）。また外国金融機関と日本の金融機関との合弁会社の設立や、特殊な金融商品・金融業務における提携が急速に増大しつつあるが、今後は外国資本、M&A業務組織による各種の形での買収の進むことも予想される。

第四に、個人の金融資産の運用においても、預金からリスクのある証券、外貨等での運用への転換が促進されていく。この転換は「小泉構造改革」によって促進される。

金融ビッグバンは金融システム安定化を攪乱

金融ビッグバンはアメリカをはじめとする金融の自由化・国際化の大勢に乗り遅れまいとするものであったが、「現代資本主義の変質」後の国際的金融「市場」にすべてを委ねることがどのようなことを意味するのかについて明確な分析も解明もないままに決定され強行されていった。

「現代資本主義の変質」以降、基軸通貨ドルの不安定性とアメリカの膨大な貿易収支・経常収支の赤字構造と各国の通貨・信用膨張のもとで、膨大な投機的活動がますます広範かつ強大化していき、この動きによって実体経済も振りまわされきわめて危険な状態になったのである。こうしたもとで新しい国際金融市場におけるドルの不安定性、膨大な投機的活動をめぐる危険性を考えることもなく、規制の全面撤廃、競争市場原理主義を実行するということはあまりにも無謀で無責任なことと思われる。

第二節でみたように一九九七・九八年、政府は膨大な「公的資金」を投入して「健全行」の資本増強・不良債権処理支援、破綻銀行の処理を行い、これによって「金融機関の健全化」、「金融システムの安定化」をはかると繰り返し述べてきたのである。ところが金融ビッグバンは金融機関が各種の投機的活動（自分の投機的活動と外国の金融機関・ヘッジファンドの投機的攻勢）によって巨額の損失を生み出す危険性をもっており、「金融機関の健全化」、「金融システムの安定化」を崩す可能性を含んでいる。これらは日本政府が膨大な「公的資金」投入や不良債権買上げ等によって行ってきた金融機関の経営改善を帳消しにしかねない性質のものである。

金融ビッグバンは「フェア」「グローバル」原則によって国際的にディスクロージャーの充実、公正な取引ルールの整備、独立した金融監督庁による銀行の不良債権や健全性の調査・監督等を行い、混乱や不正を防止するという。しかしこれら自体が確実に実行できる保証はないし、国際市場での投機的活動のうねりとそれによる大規模損失発生はこれらによって抑止できるものではない。この時期EUが通貨統合・ユーロ発足において問題にしていたのは、基軸通貨ドルの不安定性のもとで拡大する投機的金融商品・投機的活動のもたらす混乱であった。またアメリカで発生したエンロン、ワールドコム、アンダーセン等の不祥事（↓一四二頁）はアメリカのいう規制緩和、グローバル・スタンダードのいい加減さ・不明朗性について世界に警鐘を鳴らしていたのである。

たとえ金融の自由化・国際化がアメリカ主導の世界の主流であるとしても、そこにおける危険と無駄を認識しできるだけ投機的活動や不正な簿外取引等への歯止めをかけ、アメリカの経常収支赤字・財政赤字の膨大化がもたらすドルの不安定性等に対しそれらの抑制を強く求めることが肝要なのである。

しかしこの金融面での規制撤廃・競争市場原理主義の徹底化は、「小泉構造改革」のもとでいっそう強化されていく。

第四節　消費の冷え込み、国内産業停滞、失業・雇用状態悪化、の悪循環

第二節でみた一九九七・九八年の有力大手金融機関の相次ぐ破綻が衝撃的であったため、国家はこれへの対応に追われ、これ以降の国家政策の中心は金融面に置かれていった。しかし実体経済においても九七年以降事態はいっそう悪化していった。輸出依存的成長の破綻後も輸出に依存する経済構造が変わらないまま、消費の冷え込み、国内産業の停滞、対外直接進出、失業拡大・雇用状態悪化とが絡み合い相互に促進しあう悪循環の関係はいっそう深まっていったのである。

第一項　消費の冷え込み

まず全体の消費支出の推移を「(名目) 国内家計最終消費支出」から「帰属家賃」を控除した額

第17表　家計消費支出（帰属家賃を除く）の推移

（単位：10億円）

暦年	1991	1995	1997	1998	1999	2000	2002	2003
総額	206,371	225,495	233,803	231,492	228,424	227,250	223,478	221,527
対前年増加率%[1]	5.4	0.9	1.7	△1.0	△1.3	△0.5	△1.3	△0.9

資料出所：『国民経済計算年報（2003年度）』。ただし一般に全体の消費動向の基礎として利用されている「民間最終消費支出」ないし「家計最終消費支出」（個人企業は含まない）は，実際に消費支出されていない架空の「帰属家賃」を含んでいるので使用できない。ここでは「家計最終消費支出」から「帰属家賃」を控除した額を計上した。

注：1. 上の表では削除した年があるが，その場合にも対前年増加率は，表示されていないが前の年に対する増加率である。

帰属家賃（Imputed Rent）「国民経済計算」では「実際には家賃の受払いを伴わない自己所有住宅（持ち家住宅）についても，通常の借家や借間と同様のサービスが生産され消費されるものと仮定して，それを市場家賃で評価し」，この「帰属計算上の家賃」=「帰属家賃」を家計が支出したとしている（同「用語解説」)。「帰属家賃」は実に1991年約35兆円，2003年約53兆円にものぼり，「家計最終消費支出」全体に占めるその比率は91年14.5%，2003年19.2%にも達する。このような実際に支出されない「帰属家賃」を大量に含む「家計最終消費支出」を全国の消費支出動向の基礎資料とすることは理論的にも誤っていると考える。

第18表　全国勤労者世帯の（1ヵ月平均）消費支出等の推移

（単位；1000円）

		1991	1995	1997	1998	1999	2000	2002	2003	2004
全国世帯	消費支出[3]	327	329	333	328	323	317	306	303	304
	対前年増加率	5.3	△1.4	1.4	△ 1.5	△2.7	△1.8	△0.8	△1.1	0.5
全国勤労者世帯4)	実収入[1]	549	571	595	589	575	561	538	525	530
	可処分所得[2]	464	482	497	496	484	473	453	440	445
	消費支出[3]	345	350	358	354	346	341	331	326	331
	対前年増加率	4.2	△1	1.7	△1.1	△2.1	△1.5	△1.3	△1.5	1.5

資料出所：総務省統計局「家計調査」報告，これは毎月の調査で消費の基礎資料であるが，2人以上の世帯約8000と単身世帯約700を対象としており，サンプル数が少ないという欠陥がある。「国民経済計算」の「家計消費支出」も欠陥があり，充分な消費支出統計が存在していないのが現状である。

注：1. 1ヵ月平均実収入はボーナス等を含めた年間収入を12で除したもので，月実収入ではない。
2. 「可処分所得」は「実収入」から非消費支出を差し引いた残り（手取り）。
3. 「消費支出」は1000円以下を四者五入した。ただし対前年度増加率は1000円以下を含む額で計算されている。
4. 2人以上世帯で，勤労者世帯の1世帯の有業者平均数は1985年1.57人から90年代には増大し，1.65人前後を若干変動している。

でみると、拡大したのは消費税引上げ前の駆け込み需要のあった九七年のみで、その後は九八年に減少し始めその後減少を続けている（第17表）。実際の家計消費支出を調べた「家計調査」では、「全国勤労者世帯」の一世帯当たり一ヵ月平均「可処分所得」は九〇年〜九七年にはわずかではあるが増大したが、九八年以降減少に転じており、「消費支出」はほぼ同様に九二年からほぼ横ばい、わずかの増加であったが、九八年より減少が進み二〇〇四年には九七年の九二％にまで減少している（第18表）。

個人消費と経済停滞との関連

一九九〇年代以降における実体経済の停滞についてまず注目する必要があるのは、個人消費の動向がここで非常に重要な役割を果たすようになっていることである。

本来資本主義経済では、経済全体の拡大を惹起する基軸は設備投資の出現である。国内市場が低迷しているもとでも、画期的な新産業・新生産物の開発や旧来の生産設備の廃棄を迫る画期的な新生産方法の開発が行われると当該生産部門の諸企業によって設備投資の群生が生じる。設備投資は耐久的な設備投資特有の機械・機械部品への群的な需要の誘発と原材料に対する需要誘発を惹起し、それら生産部門の生産拡大・さらには設備投資を誘発し、広範な関連部門にわたって需要拡大と生産拡大・設備投資との相互促進的拡大を生み出すのである。この過程で雇用の拡大、消費需要の拡大が生じ、これが経済全体の再生産規模の拡大（経済成長）を支えていく。資本主義経済では経済拡大を惹起する主導力は設備投資であって消費拡大は経済拡大によってもたらされるのである。このこと自体は「現代資本主義の変質」後でも国家政策が介入しないかぎり同じである。また大規模の輸出の持続的拡大が輸出産業における設備投資の群生を惹起し、設備投資主導で同じような経済の再生産規模の拡大（経済成長）が生じることもある。

しかし一九九〇年代の日本では、第II部第一章第一節で明らかにしたように国内外の新しい大量需要を創出できる新産業・新生産物の開発も革新的生産方法の開発も途絶してしまい、中枢的な輸出依存産業は輸出減退によって設備過剰を抱えていたので、国内設備投資も輸出市場大幅拡大の可能性もまったく喪失していた。さらに異常円高の打撃が加わり、輸出産業および安い輸入品の大量輸入で打撃を受けた各種産業は海外直接進出に活路を求めていった結果、国内産業の空洞化（＝生産と雇用の海外流出）が進んでいき、国内生産の低迷が各産業に拡がっていった。

このような状態では、国内消費が経済動向に対しもっとも重要な役割を果たすものとなっている。消費の冷え込みが続くことは国内市場の縮小・設備過剰の倍加によって国内経済の停滞をいっそう深化させ、経済停滞と雇用縮小・消費冷え込みとの悪循環を強めていく。反対にこのような状態では、消費拡大は国内市場を活性化させ設備過剰の緩和・解消、生産拡大を促す唯一の重要要因となっている。もしなんらかの原因で国内消費の拡大が進み、消費関連産業での設備過剰が解消していけば、新しい生産拡大局面において品質改良や生産技術の改良等への意欲も高まるし、関連生産部門への需要拡大を誘発していくことにもなる。

ところが一九九二年以降の国家の景気対策は消費を考慮しないばかりか、かえって消費の冷え込みを促す役割を果たしていたのである。

住宅ローン支払い世帯の増大による消費の冷え込み

すでにみたように、一九九二年の景気対策は住宅建設拡大のために住宅ローン新規需要拡大を促したが、これは消費の冷え込みを促すうえに大きな役割を果たした。年間収入の数倍もする住宅（第13表）を長期ローンで取得する日本独特の住宅ローン制度はこれまでも家計消費を圧迫する重要な要因の一つであったが、雇用・所得条件の悪化するもとではとくに消費の冷え込みを促す作用を強めた。九九年「全国消費実態調査」（総務省）では、前回調査の九四年に比べ、実質消費支出（物価変動の影響を除く）は、住宅ローン返済のある世帯では五・〇％減少し、ローン返済のない世帯の一・二％減少に比べかなり上まわる減少である。住宅ローンの平均返済額は一ヵ月当たり六万四六四六円、可処分所得に占める返済比率は一二・九％であり、九四年に比べ返済額は一八・〇％も増加し可処分所得に占める返済比率は一・七％上昇している。[18]「家計調査（二〇〇二年）」（総務省）では住宅ローン返済額は一ヵ月平均一〇万八一六七円、年間約一三〇万円、住宅ローン返済額が可処分所得に占める比率は二〇・一％で調査開始以来最高の二〇〇〇年をさらに上まわっている。[19]（二つの調査では対象の差によって平均返済額はかなりの差があるが、可処分所得に占める返済比率が最高になったことは同じである。）「消費性向」は「住宅ローンのない世帯」よりも「住宅ローンのある世帯」の方がかなり低く、この差は九八年以降にはさらに拡大している。

しかも勤労者世帯全体のうち「住宅ローンを返済している世帯」は一九八〇年代後半には約三〇%強であったが、二〇〇〇年には調査開始以来最高の三四・〇%になり、〇二年三三・五%である。勤労者世帯の実に三分の一もが長期ローンを返済しなければならない世帯である（「家計調査」）。したがって住宅ローン返済負担が全体の消費の冷え込み・国内消費縮小を促す作用も大きくなっている。

超低金利政策による消費の冷え込み

景気対策としての超低金利持続政策も反面で消費の冷え込みを促すうえで大きな役割を果たす。日本の個人の定期性預金（定額郵便貯金を含む）の総額は一九九五年五三四兆円（日銀調）だったので、金利の一%引下げは年間五兆三四〇〇億円の利子所得を強制的に家計から奪う。金利引下げ幅を三%としても年間約一六兆円の利子所得が家計から奪われることになる。「国民経済計算」の「家計部門」（個人企業を含む）の年間利子所得（普通預金も含む）は、公定歩合引下げに対応して九一年三四・四兆円、九二年三〇・〇兆円、九三年二六・七兆円と減少し、九五年以降には減少が加速し九五年一七・〇兆円、九八年一〇・九兆円、二〇〇〇年一〇・四兆円となっている。九〇年代末以降の一〇・五兆円前後を九二年（公定歩合平均三・五%）と比べると年間約二〇兆円の減少であり、九三年（公定歩合平均二%）と比べると年間約一六兆円の減少である。福井俊彦日銀総裁は〇五年一月二八日衆議院予算委員会で、低金利の継続によって家計が受け取ったはずの「利息」

がどれだけ減少したかという質問に対し「九三年の水準と比べ、その後の一〇年間の累計で一五四兆円減った」と答弁した[20]。

日本では欧米諸国に比べて個人の金融資産のうち預金の比率が非常に高いという特徴があるが、これは老後や病気の不安に備えて中高年層がリスクの低い預金という形態で保有する傾向が強いためである。長期にわたる超低金利は国民の退職後の生活設計を狂わせ、老後のための預金積立て必要額を増大させ、消費の節約を生む大きな要因となっている。

国民負担増による消費の冷え込み

さらに政府による増税や社会保障負担増が消費の冷え込みを促した。橋本「財政構造改革」は一九九七年四月より消費税の五%への引上げ、減税廃止、勤労者の健康保険自己負担率の一割から二割への引上げや老人医療自己負担増で、約九兆円にのぼる国民負担増を実施した。この結果、国民消費は消費税引上げ前の駆け込み需要拡大の後に、大幅な減少となりこれが景気悪化を促した。減税だけは小渕内閣で復活した。年金関係では、九四年改定で厚生年金、公務員共済年金の基礎年金支給年齢引上げ、二〇〇〇年厚生年金等の報酬比例部分について給付水準の五%引下げ、厚生年金等の全額支給開始年齢の引上げ等が実施され、さらに小泉内閣では〇四年度に大改定が行われた(→三三〇頁)。財政危機に対するこれらの国家政策は、直接消費部分を削減するだけではなく、将来いっそうの増税、年金給付削減等が生じるという国民の将来不安を強め、消費の抑制・消費の冷え込みを倍加するのである。

第二項　国内産業の停滞

従来の中枢産業・輸出依存産業の停滞

かつての日本の中枢産業であった輸出依存産業の行詰りから輸出依存的成長が破綻した内容は第II部第一章第一節で明らかにしたので、ここでは輸出産業の停滞を長期化する関係が一九九〇年代後半にはいっそう深化していったことを示すだけで充分であろう。

輸出依存産業が国内生産の停滞化をもたらした基本は、産業によって若干の差はあるが、輸出の激減、国内需要の減退傾向、海外現地生産の激増（円高・日米貿易摩擦の回避と安い労働力利用と現地・周辺地域の販売拡大の目的）、東アジア諸国からの安い製品輸入（日本の現地製品の逆輸入を含む）の激増――これらによる国内生産の大幅減少である。もっとも一九九五年逆プラザ合意によるドル高・円安への転換とアメリカ経済の繁栄・消費拡大が生じ、これらは日本の輸出を促す作用をもっていたが、しかし東アジアへの直接進出・現地生産拡大のうねりを止めることはなかった。ドル高傾向はこれまでの経験からみて反転の不安があったし、東アジアでは通貨・金融危機があったが同時期の日本国内経済の停滞は厳しかったため、日本企業の直接進出は、通貨・金融危機の影響が軽微で経済発展の可能性の高い中国に重点を移して一段と活発化した。

(1) 自動車では先の第14表のように、輸出台数は日米摩擦と異常円高によって一九九五年まで激減してしまった後、九五年以降の輸出条件好転により乗用車輸出はアメリカ向けも東アジア向けも大幅に回復する。ただし商用車（トラック中心）の輸出は海外生産拡大によって全体としてその後も減少を続ける。これに対し日本企業の対外進出による海外現地生産は日米貿易摩擦と円高による輸出困難を回避するために八〇年代末以降アメリカで大幅に拡大したが、九〇年代にはアジアでの現地生産が大幅に拡大を続けとくに二〇〇〇年に入ると中国にも進出し、海外現地生産台数は激増していった。自動車全体の輸出台数に対する海外現地生産台数の比率は八五年のわずか一三％から、九〇年五六％を経て、〇三年には一八一％となり、輸出が対外現地生産によって代替されていったことが明白である。ただし自動車、乗用車では海外現地生産品の輸入はわずかで、外車と併せた輸入台数も九〇年代あまり変化はない。

乗用車の国内新車販売は一九九〇年代前半に激減した後、九〇年代中葉には一時増大するが消費の冷え込みが進む九八年以降には再度減少していった。二〇〇二年以降乗用車販売台数は回復しているが、九九年以降乗用車のうちの軽四輪が大幅に増加したのでこれを除外すると乗用車販売は九〇年代前半に激減した後長期にわたって横ばいである。

以上の結果、国内生産台数は乗用車も自動車全体も一九九〇年代前半に大幅に減少し、九五年を底に拡大するが緩やかで、二〇〇三年にかなり増大している。それでも〇三年乗用車生産台数は九〇年の八五％である。自動車全体の国内生産台数に対する海外現地生産台数の比率は八五年の七％

から九〇年二四%となり、〇三年には八四%へと上昇し現地生産は国内生産に迫る勢いである（第14表）。このため国内自動車産業全体の従業員数は九〇年七九・九万人から九五年七八・〇万人、二〇〇〇年七二・三万人へと減少した。

一九九〇年代には世界の自動車業界では、各種分野での急速な技術開発、環境対策の新技術開発・燃料電池車開発等をすべて一企業で行うことが困難なことと、乗用車各種やトラック等の製造技術の優位性や市場網の異なる外国企業の統合が有利であることによって、世界的自動車メーカーの合併・買収、各種提携が急速に進んでいった（ダイムラー・ベンツとクライスラーの合併、フォードによるボルボ買収等）。経営難にあった日本企業では、マツダはフォード、日産はルノーの出資（株式取得）とともに経営陣を受け入れ外資傘下となり、GMといすゞ・スズキ・富士重工との提携、ダイムラークライスラーと三菱自動車の提携も進んだ。ただしこれらの国際的な動向はなお流動的であるのでこの評価はここでは留保しておく。

なお日本の自動車産業では、環境を考慮した低公害車への取組みが早かった。トヨタは世界に先駆けて一九九七年ハイブリッド車（内燃機関と電動機の併用によって燃費・排ガスを少なくする）を発売しその他メーカーもこの改良を進めたし、燃料電池車の開発を急いでおり、これらに対する海外の関心・需要ものびている。IT革命と結合してカーナビゲーション、電話・ネット接続、自動料金収受システム（ETC）、さらには日本が優位といわれる次世代ネットのインターネット・プロトコル・バージョン6（IPv6）を取り入れた自動車の開発が進められている。これらが将来の

第5図　VTRの国内生産・海外生産・輸出・輸入の推移（台数）

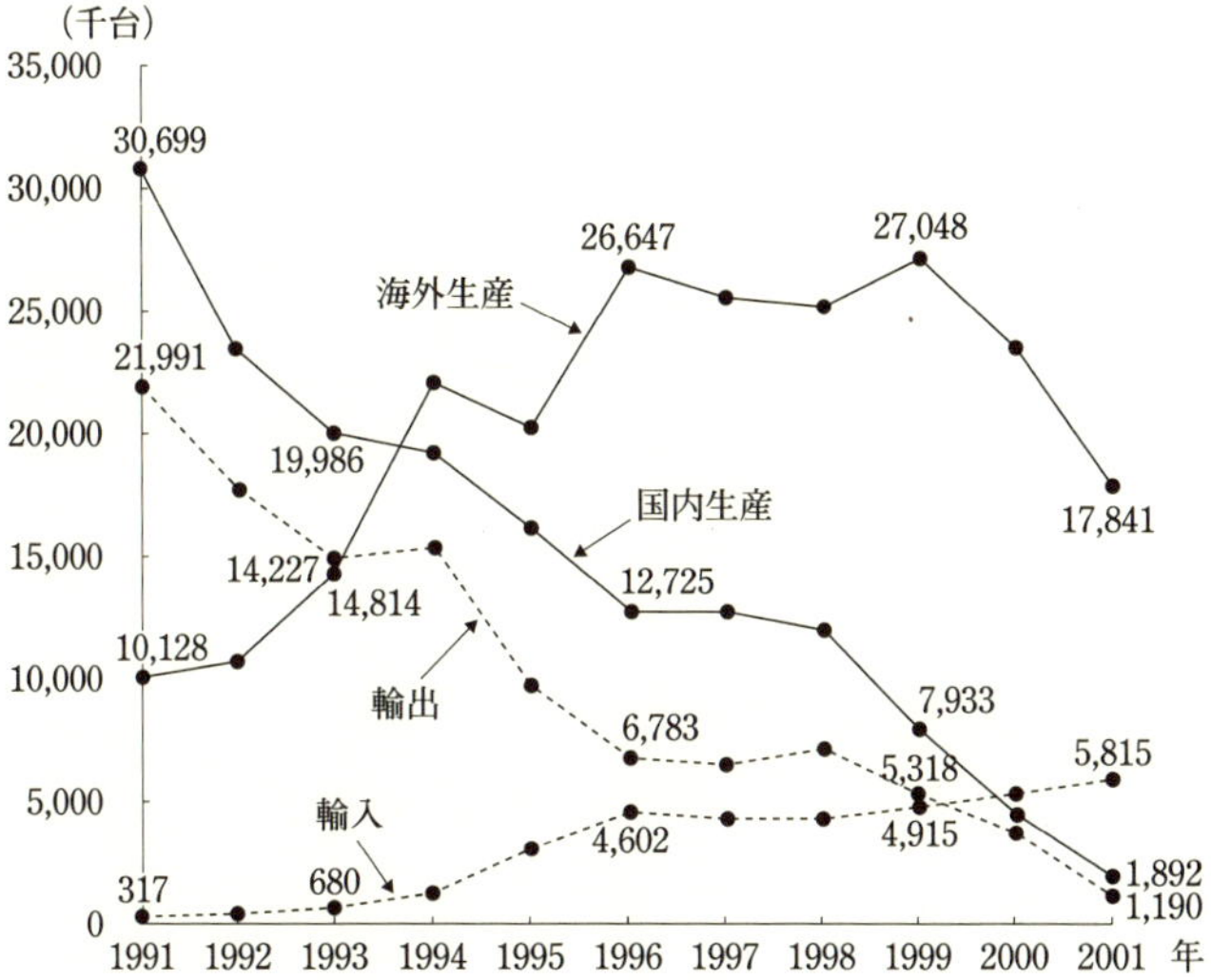

資料出所：『電子工業年鑑 2003』（電波新聞社）361 頁。

日本自動車産業の行方に影響を与えることになろう。

(2)　民生用電子機器における輸出の激減、国内生産の激減、海外生産の激増、輸入の増大という変化は、乗用車、自動車よりもいっそう激しい。このことはかつて大型輸出の花形であったVTR（ビデオテープレコーダ）とカラーテレビをみた第5図・第6図で明白である。VTRは一九八〇年代において躍進した最大規模の開発新製品であり、国内生産額はピークの八四年には二兆九〇〇〇億円にのぼり国内生産に占める輸出の比率（金額ベース）は当時八〇%前後であった。円高の激化で輸出台数は九六年は九一年の三一%にまで落ち込む。国内生産台数も八四年をピークに急速に減少し九六年は九一年の四一%に落ち込む。他方、

第６図　カラーテレビの国内生産・海外生産・輸出・輸入の推移（台数）

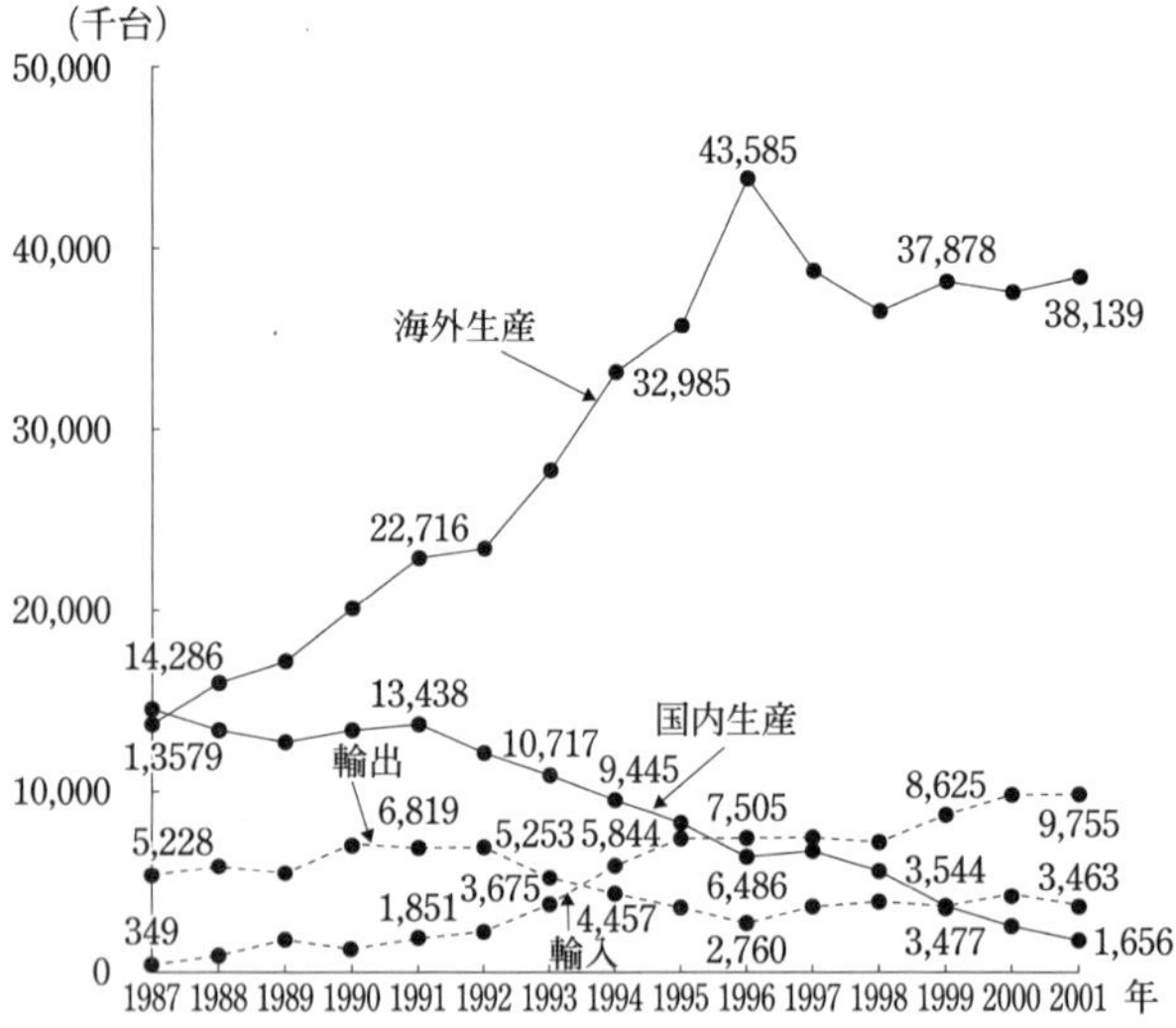

資料出所：『電子工業年鑑 2003』345 頁。

九〇年以降日本企業は東アジア中心に海外進出を拡大、九三年以降ＶＴＲの海外生産台数が輸出台数を上まわり、九四年には国内生産台数を上まわり、その後その差は急激に拡大し、九九年には海外生産台数は国内生産台数の三・四倍となる。輸入は日本企業の海外生産の逆輸入を含めて九一年から増加を続けるがそのほとんどが東アジア諸国からである。九九年以降ＶＴＲはＤＶＤに代替されていく。

カラーテレビでは日米摩擦と円高進行に対し日本企業が海外生産拠点を作ってそこから現地販売および輸出を行う方針をとったため、海外生産は一九八七年から激増を続ける。日本からの輸出は早くから低水準で九二年以降はさらに減少を続けた。国内生産台数は八八年には海外生産台数を下まわりその差は急激に拡大し、九六年には国内生産は海外生産のわずか一七％となる。輸入は海外生産拠点からの逆輸入を中心に拡大し九六年以降輸入台数が国内生産台数を上まわるようになる。九〇年代末以降には従来のカラーテレビのデジタル薄型テレビへの移行が進む。

その他の民生用電子機器でも大体同様の傾向であった。この結果、民生用電子機器全体の生産額は一九九一年四・七兆円から大幅に減少し九六年には半分以下の二・二兆円へ落ち込みその後二兆円程度で推移している。

(3)　日本の半導体ICの生産は一九八〇年代中葉には世界市場の五〇％近いシェアを占めていたが、九〇年代中葉には三〇％近くまで低下、二〇〇〇年代には二五％以下になった。MPUでは従来からアメリカが優位を保っており九〇年代はじめにインテル社が世界制覇をとげていった。日本はDRAMでは八〇年代はじめ以来世界一の生産・輸出を続けてきたが、このDRAMでも九〇年代後半には韓国、台湾、アメリカ企業の躍進で日本の競争力は急激に弱化し、日本の一部企業は撤退を余儀なくされた。ただし半導体全体の生産は携帯電話の爆発的な需要拡大およびアメリカの経済繁栄による輸入の拡大によって九九年以降生産と輸出を拡大し、二〇〇一年に世界的なIT不況で一時減退するが、その後第三項でみる新製品の出現で生産は拡大傾向にある。

東アジアからの安い製品輸入で打撃を受ける産業

一九八五年以降の円高進行に加え九〇年代前半の異常円高と東アジアの著しい経済発展によって、

東アジアからの安い製品輸入（日本企業製品の逆輸入を含む）が激増した結果、国内生産が停滞・衰退を余儀なくされていった主要な産業は繊維・衣料、履物・雑貨、農産物、農産加工品である。国内需要（国内生産プラス輸入）のうち輸入に依存している比率（「輸入浸透度」）は、鉱工業全体では九〇年六・八％から二〇〇二年四〜六月期に一三・一％とかなり上昇しているが、繊維産業では同時期に八・三％から三一・九％へと大幅に上昇している。[21] この輸入急増には日本企業が中国を中心に東アジアへ進出し低コストで大量製造した既製服を逆輸入するのが大きな役割を果たしている。安い衣服の大量輸入によって既製服の価格切下げ競争が恒常化し衣服産業の経営悪化が進んだ。また衣料では和服を除けば既製品販売が圧倒的になったので、既製服の輸入は国内の繊維産業とくに紡績業に大きな打撃を与え、工場閉鎖、倒産が相次ぐとともに紡績業でも海外への生産移転が進んだ。繊維関係（衣料製造、繊維総合商社等）の倒産件数・倒産負債額は九二年頃から増大、とくに九七年以降には急増し、二〇〇〇年度倒産件数一五〇六、負債総額六八八七億円になった。[22] 〇一年にはタオル製造業者団体が「繊維セーフガード」（WTOで認められている緊急輸入制限措置）の発動を政府に要請しその他団体も要請を検討するなど、繊維地場産業の打撃は深刻である。このため繊維、衣服ともに国内生産は絶対的縮小を余儀なくされ、繊維・衣服産業の従業者数は九〇年一一〇・八万人から九五年八五・八万人、二〇〇一年五一・五万人へと半分弱になった（『工業統計表』、従業者四人以上の事業所）。

以上、各種製造業の停滞の深化の結果、日本の製造業の従業者は一九九〇年一一一七・三万人から減少を続け、九七年以降さらに減少を強め九七年九九三・七万人から二〇〇一年には八八六・六万人へと大幅に減少している（『工業統計表』）。

流通業における店舗過剰化と倒産の続出

流通業では一九九〇年代後半に経営危機と大型倒産を含めた倒産が激増し、建設業、不動産業と並んで不良債権を生む三大「構造不況業種」となった。流通業が九〇年代に入ってからなぜ、いかにして大型店舗を急激に拡大し、巨額の有利子借入金を膨張させていったかは第II部第一章第三節第三項で述べたので、ここではその経営悪化、倒産の激増を示すことで充分であろう。

小売業の倒産は一九九七・九八年以降急増し、二〇〇〇年には倒産件数三〇一七件と過去最高記録を更新するとともに、大型倒産によって負債総額は三・五兆円強と過去最高を記録した。〇一年も負債総額二・六兆円である。大型倒産の代表は戦後はじめての上場百貨店の倒産となったそごうグループ二二社が二〇〇〇年七月、約一兆八七〇〇億円にものぼる負債（グループ間の借入れ保証の相殺後）を抱えて民事再生法を申請したこと、および〇一年九月スーパー業界売上高第四位のマイカルが一兆三八八一億円もの負債を抱えて民事再生法を申請したこと、である（倒産の資料は「帝国データバンク」資料による）。そごうは、出店前に借入金に依存して土地を購入し大店舗出店で周辺地価上昇を促した後、一部売却して新店舗拡大に充てるか、地域開発・再開発に絡んで駅前ビルに進出する方式をとって、店舗を強引に拡大し続けたが、業界全体での過剰投資と消費の冷え込みの深化のもとでは、むしろ当然ともいえる経営破綻であった。しかも海外出店が経営悪化を倍加した。マイカルは株価五〇円割れとメインバンクの第一勧銀等の追加支援融資打切りを契機として倒産に追い込まれたが、その原因は無謀といえるスーパーの店舗増大と不動産等の総合開発、ホテル等の業務拡張、中国進出における経営赤字の累増にあった。マイカルでは借入れとともに無担保普通社債発行で資金調達をしており推定三四〇〇億円の社債が債務不履行となったため、社債市場に不安を生み出した。この他の上場スーパー倒産は九七年ヤオハンジャパン（負債一六一三億円）、二〇〇〇年長崎屋と関連三社（負債三〇三九億円）、〇一年壽屋（負債二二六億円）が続いた。さらにまたダイエーが長い間破綻状況にありながら金融機関による巨額の支援（〇一年一七〇〇億円の債権放棄、一二〇〇億円の債務の株式化、主力銀行三行引受けの優先株一二〇〇億円の一〇〇％減資、計四〇〇〇億円）をうけて延命してきたが、〇四年一二月、「産業再生機構」による再生が決定された。他方、地方の老舗デパートがスーパーの進出による店舗過剰・価格引下げ競争と地方経済の長引く停滞のもとで相次いで倒産に追い込まれた（〇一年、丸正、負債二三一億円、大黒屋八七億円、松菱二九五億円等）。

バブルとその崩壊による苦い経験を反省することもなく、一九九〇年代に入ってからも巨額の銀行借入れに依存した店舗増大が投機的な土地獲得と絡み合いながら激増したこと、金融機関が競い合ってこの無謀で危険な事業拡大に膨大な資金を貸し付け、しかも長い間救済支援を行ってきたことは信じられないことである。そしてこの結果、金融機関の膨大化した不良債権処理と企業の破綻

第7図　全国（全産業）企業の倒産件数，負債総額の推移
（負債額1000万円以上）

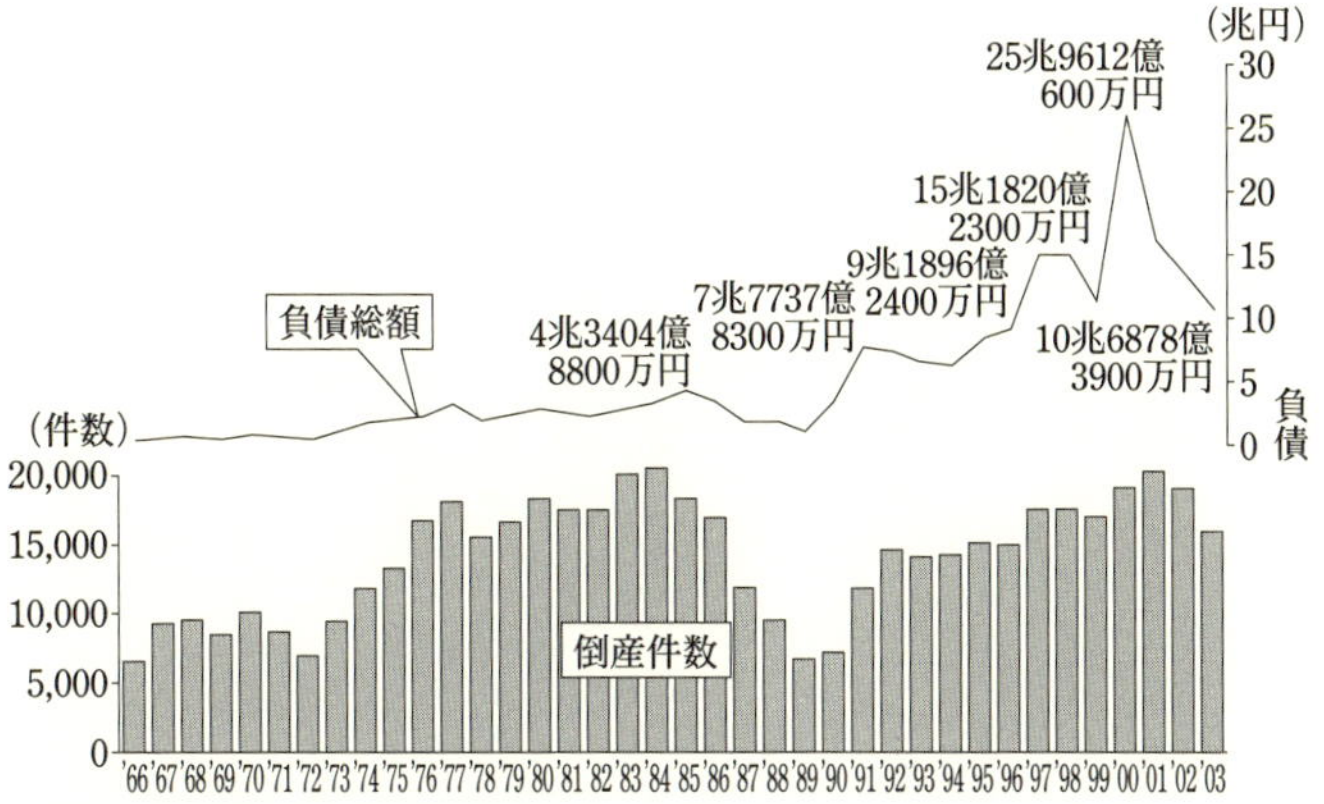

資料出所：帝国データーバンク調べ。

処理のために直接・間接に「公的資金」が使われているのである。

以上、第一節の建設業・ゼネコンを含め、各種の産業において一九九七年を境に上場大企業を含む倒産が激増し、二〇〇〇年には倒産負債総額は過去最高を記録していく（第7図）。

第三項　新製品の登場とその効果の限界

以上のような停滞化のもとで、新しい需要拡大と生産・サービスの拡大をもたらす新生産物がようやく登場し始めた。

日本は一九九〇年代はじめのアメリカによる情報通信革命（「IT革命」）ではアメリカに完全に遅れをとったため、九〇年代後半以降におけるパソコンの急激な普及とそれにともなうインターネットの普及でも、パソコン生産はアメリカのインテル社のMPU・CPUとマイクロソフト社のO

Sにほぼ全面的に依存した形であった。またその急速な普及もマイクロソフト社のwindows 95, 98等のOS改良型発売に依存するところが大きかった。しかしこれらの急速な普及・生産の拡大の過程で、電子機器メーカーは主力を新しい情報通信革命分野における独自の技術進歩と新製品の開発に向けていった。携帯電話は小型軽量化の実現と端末販売の自由化（一九九四年）とによって九五年以降加入契約が激増し、九四年度末四三三万から九六年二〇八八万、二〇〇〇年六〇九四万、〇三年八〇〇〇万と爆発的普及を遂げた。この間携帯電話をめぐって音響付、デジカメ付、テレビ映像付、さらにはネット接続で多目的利用の開発競争が熾烈に展開され、これはパソコンの機能拡大とともに、ネット接続機器の発展とインターネット、ブロードバンド（超高速で大容量情報を常時伝送できる環境）の急速な拡大を促した。インターネットでは企業（三〇〇人以上）普及率は九七年末六八・二％から〇二年末には九八・四％とほぼ全体に普及し、世帯普及率もパソコンからの利用と携帯電話・携帯端末等からの利用によって九七年末六・四％から〇二年末には八一・四％にまで上昇した。[23] ただしいずれにおいても大量生産による生産性上昇と低価格品の登場による価格切下げ競争で価格低下が著しくメーカーの経営は厳しくなった。パソコンは九〇年代末には普及の飽和状況と経済状態悪化によって伸びは鈍化し、二〇〇〇年には「パソコン不況」となり、国内出荷総額（金額）は価格低下も反映して九六年一・八兆円へ拡大した後は二〇〇〇年二・一兆円、〇一年一・八兆円水準である。

いわゆる「新・三種の神器」の登場[24]

二〇〇〇年代には日本で開発されたデジタル薄型テレビ、DVDレコーダ（録画再生機）、デジタルカメラが大規模な国内外市場を開拓することのできる新製品＝「新・三種の神器」として注目を集め始めた。デジタルカメラはまず国内販売から始まったが世帯普及率は〇一年二三％からわずか二年後の〇三年には五二％に上昇した。企業は国内普及は頭打ちに入ると予想して輸出拡大に重点を移し〇三年には出荷台数の八八％を輸出が占め、〇四年には出荷増加の九五％を輸出が占める見通しである。単価は生産性上昇分以上にメーカーの競争によって大幅に低下、〇一年四万円以上であったのが〇三年には三万円を割り、採算悪化が懸念されている。

DVDでは、最初の再生専用のDVDプレーヤーに対し、高度技術の録画・再生可能のDVDレコーダが二〇〇二年本格的に発売され、国内各社が〇四年アテネ・オリンピックでの売上拡大を目指して生産を拡大したが、価格は低下したとはいえまだ高価格のためいままでのところ需要拡大は期待以下で収益頭打ちとなっている。ただし映画・アニメ等のDVDソフトの躍進で今後世界的に市場拡大が予想されている。

テレビでは二〇〇〇年一二月のBSデジタル放送開始とともに、デジタルテレビの超大型、軽量薄型が開発され、アテネ・オリンピックでの売上拡大を目指した。三二型までは「液晶ディスプレー（LCD）」、四〇型以上は「プラズマディスプレー（PDP）」が優勢であるが、まだ本命は不透明である。ここではアメリカのゲートウェー社が台湾でのOEM（相手先ブランドによる受託生産）によって破格の安値で参入したのに続いてデル社もOEMによって低価格戦略で参入したため価格低下と競争激化となった。しかも韓国サムスンなどの外国メーカーも参入し、またテレビメーカーに加えてパソコンメーカーの参入で世界的にはすでに設備過剰といわれ、競争は熾烈化している。

日本製品で以上のデジタル家電拡大との関係で拡大が期待されているのが「液晶」である。とくに薄型デジタルテレビでは、これまでのブラウン管（CRTディスプレー）に替わってLCDとPDPが主流であるうえ、さらに「液晶」は省スペース、低消費電力によって新世代携帯電話、カーナビゲーション等、利用範囲を拡大しつつある。シャープは一九七三年世界初の「液晶」搭載の電卓の開発、LCDのノート型パソコンへの利用によって技術の蓄積があり、「液晶」生産で優位を維持してきた。だが「液晶」でも国際的競争が熾烈となり、九八年には世界の生産のうち日本が約七〇％を占めていたのが、二〇〇一年には日本四四％、韓国（外資系企業を含む）三二％、台湾（同）二四％となり、〇二年には韓国がトップとなり、日本、台湾が同率二位となった。

今後はパソコン、デジタルテレビ、DVDレコーダ、デジタルカメラそれぞれの機能の多様化とともに、これら相互の連結をはかりパソコン、テレビ、映像・音響、ゲーム、カメラ、電話、さらにはホームセキュリティ等の機能の一体化が追求されていくと予想される。

以上の新生産物には次のような限界がある。

第一はこれらの開発技術が必ずしも画期的なものではないので国内外の諸企業の参入激化によっ

て競争が熾烈化しつつあることである。しかも一九七〇年代後半以降に日本の開発した新製品が一定期間は世界市場をほぼ独占して輸出を拡大していた時期（第3表）と比べると、最近の東アジア、中国の状勢は大きく異なっている。これら諸国は最近では製造技術力の向上、さらには技術改良能力が急速に進んだため、安い労働力利用を求めるアメリカ企業のOEMや外国企業の直接進出により、あるいはこれらの国内企業によって、これら諸国で日本の新製品と同様の製品の生産が急速に進み、日本の国内生産がこれらの追上げを受けることになる。したがって日本企業はこれら新製品でも生産の拠点を安い労働力を利用できる海外現地へ転換することになり、ここでもすでにみたVTRやカラーテレビと類似した展開となる可能性は少なくない。なお今後は日本が技術優位を占めるといわれる次世代ネット＝インターネット・プロトコル・バージョン6（IPv6）がはたしてどれだけ日本独自の技術として各種産業に応用され効果をあげるかが注目されている。

これに対しシャープは高い技術力を独占し需要の変化に素早く対応できるカスタムメード能力をもつ中小型「システム液晶」に重点を移し、この中小型「システム液晶」によって新しい携帯電話、デジタルカメラ、カーナビゲーションなどの分野で長期的に市場を拡大する方針を進めている。この「システム液晶」は量産体制をとった二〇〇二年末以降急速に売上げを伸ばし〇四年は前年の約二倍の一七〇〇億円と予想され、「液晶」全体の売上高約七三〇〇億円の約二割となる予想である。今後海外の大手携帯電話メーカー等への供給拡大で販路拡大を狙っているが、これが独自技術として海外企業の参入を許さない状態を維持できるかどうかが今後の問題である。

第二はこれらがこれまでの製品の代替であることである（薄型テレビは箱型の代替、ＤＶＤレコーダはＶＨＳビデオの代替、デジタルカメラは各種カメラの代替）。たとえば薄型テレビはアナログがデジタルになったとはいえ、放送されるコンテンツはほとんど変わらない。これらの需要拡大は旧製品の衰退のうえに実現されるので、日本のメーカーは新旧交替への切り替えにおける無駄があり利益率上昇にも限界がある。最初にテレビやカラーテレビ、あるいはＶＴＲが登場したときのような画期性はないし、新市場開拓効果、関連産業への需要拡大効果もそれらよりも少ない。

またこれらの機能の多様化、パソコン、テレビ、映像・音響、ゲーム、カメラ、電話等の機能の一体化は、利便性を高めるとはいえ、複雑で煩わしい機能の多様化と一体化であるので、全国の世帯にどの程度普及していくかいまのところ先行き不透明である。

これら新生産物では、開発が成功しても、かつてとは異なって日本企業による海外現地生産の拡大、外国企業の参入による競争激化が避けられないため、国内の生産拡大・雇用拡大の効果は以前の新製品開発のときのように期待することはできない。

第四項　農業の衰退と自給率低下

日本の農業は円高進行のもとで、安い農産物と加工・半加工食品（日本企業の現地生産を含む）の輸入の急増によって大きな打撃をうけ、食料自給率のいっそうの低下、農家経営の困難と農業就業者の減少等の問題をいっそう深刻化させていった。ここではこれまで日本農業が抱えてきた問題の

第19表　食料自給率の推移　（単位：%）

		1965	1980	1990	1995	2000	2002
主要品目別自給率	米	95	100	100	104	95	96
	（うち主食用）					100	100
	小麦	28	10	15	7	11	13
	大豆	11	4	5	2	5	5
	野菜	100	97	91	85	82	83
	果実	90	81	63	49	44	44
	肉類（鯨肉を除く）	90	81	70	57	52	53
	牛乳および乳製品	86	82	78	72	68	69
	魚介類	100	97	79	57	53	47
穀物（食用＋飼料用）自給率		62	33	30	30	28	28
主食用穀物自給率		80	69	67	65	60	61
供給熱量総合食料自給率		73	53	48	43	40	40
金額ベースの総合食料自給率		86	77	75	74	71	69
飼料自給率		55	28	26	26	26	25

資料出所：農林水産省「食料需給表」。

注：1. 品目別自給率，穀物自給率および主食用穀物自給率の算式は次式による。
　　自給率＝国内生産量／国内消費仕向量＊100（重量ベース）
2, 供給熱量総合食料自給率の算出は次式による。ただし畜産物については飼料自給率を考慮して算出。
　　自給率＝国内供給熱量／国内総供給熱量＊100（カロリーベース）
3. 金額ベースの総合食料自給率の算出は次式による。ただし，畜産物および加工食品については，輸入飼料および輸入食品原料の額を国内生産額から控除して算出。
　　自給率＝食料の国内生産額／食料の国内消費仕向額＊100（金額ベース）
4. 飼料自給率については，TDN（可消化養分総量）に換算した数量を用いて算出。

説明は省略し[25]、一九九〇年代における問題のみを簡単に指摘する。

食料自給率の低下はこれまでですでに米以外の小麦や大豆では極限といえるくらいまで進んでいたが、一九九〇年代には野菜、果物、牛乳及び乳製品にまで拡がった（第19表）。このことは輸入が日本農業の生産領域をいっそう狭めていったこと、日本の農業が米と各種の野菜等の生産を兼ねる可能性を一段と低めていったことを意味する。日本の零細農耕では農業だけで家

第20表　食料自給率の国際比較の推移（熱量総合自給率[1]）

	1980	1990	1995	2000	2002
フランス	131	142	139	121	130
ドイツ[2]	76	93	90	99	91
イタリア	80	72	75	69	71
英国	65	75	79	61	74
アメリカ	151	129	126	122	119
日本	53	48	42	40	40

資料：農林水産省「食料需給表」，FAO, Food Balance Sheets を基に農林水産省が試算した。
注：1. 供給熱量総合食料自給率については第19表を参照されたい。
2. ドイツについては，統合前の東西ドイツを合わせた形で遡及している。

計を維持することはいっそう困難となり、農家戸数の減少、とくに専業農家戸数の減少が注目される。農業就業者は一九七〇年一〇三五万人、八〇年六九七万人、九〇年五六五万人と大幅に減少してきたが、九〇年代以降の農業経営の困難によって減少はいっそう加速し二〇〇〇年三八二万人、〇三年三六八万人となった。しかもこのうち六五歳以上高齢者の占める比重が九〇年三五・七%から〇三年五六・一%へと急速に上昇している。

農業就業者の減少は非農業に職を求める者の増大となるが、次にみる新規学卒者の就職難、出稼ぎの需要減少によって農業外での就業希望者は充分な就業先を見出せないため、農家家計のうちの農業外収入額の減少をもたらすとともに、「非正規雇用者」や「完全失業者」を増大させる主要源泉の一つとなっている。

また高度成長期以来、農村は都市より遅れるが、家電製品、自動車（多くは農業用を兼ねるもの）の耐久消費財市場として重要な位置を占めていたのであるが、農業収入、農業外収入の減少は農家の消費の冷え込みを深化させ、国内市場の縮小を促す大きな役割を果たすことになる。とくに厳しい地方経済の停滞の基礎には農業経営の悪化と農業の衰退がある。

なお自給率低下の第19表で注目されることは、一九八〇年まで国内漁業にほぼ一〇〇%依存していた魚介類が二〇〇二年には五〇%を切ったことである。自給率の低下は農業だけではなく漁業にも拡がっているのである。

第五項　大企業の長期雇用・年功制度の崩れと失業・不安定就業の拡大

就業・雇用条件は一九九〇年以降悪化しつつあったが、これらにおいても九七・九八年以降にその悪化が一段と広がり深化していった。このことは消費の冷え込みと、国内産業の停滞の深化と、相互に促進し合う悪循環を強めている。

完全失業者の増大と若年層での完全失業率の上昇

統計上の「完全失業者」は失業者の氷山の一角ではあるが、一九九八年以降この完全失業者の増大・完全失業率の上昇が顕著になった。八〇年代に減少した完全失業者・完全失業率は九〇年一三四万人、二・一%を谷として増加・上昇に転じ、九五年二一〇万人・三・二%を経て九八年二七九万人・四・一%、二〇〇二年には三五九万人・五・四%となる（第8図）。この「完全失業者」のうち失業期間が一年以上になる「長期失業者」が九〇年代末から大幅に増大、〇二年以降は一一〇万人強となり全体の三分の一が「長期失業者」となっている。しかも九〇年代中葉以降の特徴は一

第8図　完全失業者数（左目盛），総完全失業率・若年完全失業率（右目盛）

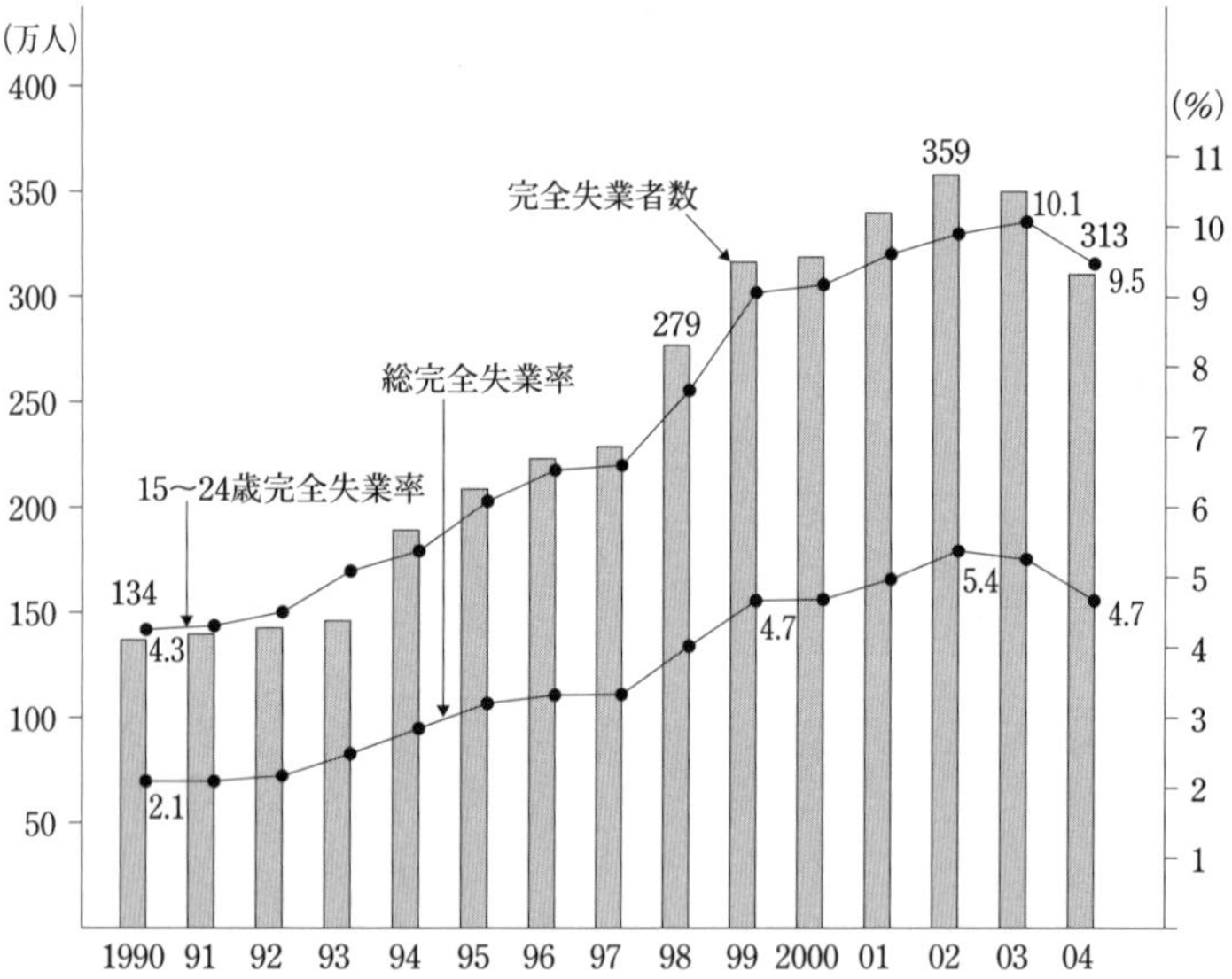

資料出所：総務省「労働力調査」より作成した。

「完全失業者」の規定は「労働力調査」では，「ILO（国際労働機関）の基準に準拠し」て，「仕事がなく，仕事を探していた者で，仕事があればすぐに就ける者」である。この規定では調査期間の「月末1週間に1時間でも働いた者」は「完全失業者」ではなく，「就業者」となる。2004年平均で月末1週間の就業時間がわずかに「1〜4時間」の「就業者」は36万人にのぼる。また仕事を探しても仕事が無いため求人広告等を見ている者は「非労働力人口」となる。04年「家計調査詳細結果」（総務省）では「非労働力人口」となっている者のうちの「就業希望者」で「非求職」の理由が「適当な仕事がありそうにない」人が190万人にのぼり，そのうち「仕事があればすぐつける」人は73万人，「過去一年間に求職活動をした」人は48万人である。

五〜二四歳の最若年層の完全失業者が全体平均よりも上まわる伸びを続け、〇三年にはこの若年層の失業率は一〇・一%と全体平均五・三%をはるかに上まわっていることである（第8図）。日本では高度成長以来、新規学卒者・若年層に対する需要が強く〃金の卵〃ともてはやされていたことを考えると、きわめて大きな変化である。「長期失業者」でも二五〜三四歳の層の伸びがもっとも高い。以上は九七年以降、金融機関および非金融企業における大手企業を含む経営悪化と倒産激増とに対応している。

大企業の長期雇用・年功制度の一部解体

雇用状態の悪化について注目される第一は、これまでの日本の大企業における「本採用者」の長期雇用制・年功序列制が崩れつつあることである。（長期雇用制は一般には〃終身雇用制〃と呼ばれてきた。しかしこれはほぼ六〇歳前後の定年まで長期雇用された後、いっせいに解雇される制度であって、被雇用者の大半は定年後に再就職する必要があるので、〃終身雇用制〃と呼ぶのは正しくない。[26]）日本の大企業では日本独特の「本採用者」の長期雇用制、年功序列制が一九五五年以降の技術革新に対応した形で再編成され、被雇用者の技術進歩への対応力を維持するとともに、被雇用者の企業への忠誠心・企業との一体化、「本採用者」だけの労使協調的な組合＝〃企業別「本採用者」労働組合〃を生み出すという重要な役割を果たしてきた。[27] 経営者は景気が悪化しても「本採用者」の雇用は維持し、景気変動による生産・雇用の調節はもっぱら臨時雇用者、社外工と下請中小企業の調整によって行ってきた。七〇年代以降の徹底的な「減量経営」でも、大きな目標であった労働コストの削減は、賃金抑制、労働の効率化、出向制や下請利用の効率化等によるもので、「本採用者」の削減＝解雇は目標に入っていなかった。

ところが一九九〇年代以降の経済停滞のもとでは、大企業はこの雇用・労働制度の中枢である長期雇用の「本採用者」に対しても大量の削減（多くは退職募集・退職勧告）を行うとともに、「本採用者」の関連会社への転籍（元の企業に帰ることのない出向）を拡大した。同時に従来原則として新規学卒者を「本採用者」として採用しそれらに担当させていた基幹労働・事務職にも臨時採用者、パートタイマー、雇用契約のない「派遣労働者」等を採用していった。これは広範な産業の生産・事務職にわたる〃ME化〃・「IT革命」が、従来「本採用者」の担ってきた基幹労働・経営事務職のかなりを不要にしていったことによるものでもある。

さらにまた国家が規制緩和、競争市場原理主義・効率化、民営化による不況克服を強調してきたことがこれを加速した。金融当局は一九九八年の大手「健全行」への「公的資金」注入において、その条件として店舗削減・雇用削減による経営効率化・経営再生計画の提出を求め、二一行は合計で九七年度末の従業員一八万四〇〇〇人の約一割にあたる一万七七〇〇人の削減計画を提出した。これによって大手銀行の雇用削減は組合の反対もなく容易に実施されたが、このことは非金融業の大企業の本格的なリストラ実施に弾みをつけ、主要大企業はいっせいに大規模な雇用削減計画を発表した。（日立製作所は九八年度中に四〇〇〇人削減、九九年度中に四〇〇〇人出向・転職。NECは二〇〇一年度末までに不採算部門売却・グループ計一万五〇〇〇人削減。ソニーは〇二年度末までにグループ計一万七〇〇〇人削減。このほか自動車、総合商社、百貨店、大手スーパーでも同様の雇用削減計画を発表。）日本では戦後の大企業の労働争議のほとんどは解雇をめぐるものであり、これに対し大企業は「本採用者」の長期雇用を維持するもとで「本採用者」の労資一体化をはかる制度を作ってきたのであるが、ここでは国家政策と大企業の倒産＝大量失業発生の厳しい現実のもとで、「本採用者」は退職募集・勧告に応じ「本採用者」の大量削減は混乱もなく実施された。同時に大企業でも各種の「非正規雇用者」が増大していった。

長期雇用制・年功序列制は大企業にとって非常に有利なものであったのでこれが完全に崩壊するとは思われないが、以上のようにして部分的に崩れていくことはこれまで被雇用者の持っていた企業忠誠心とともに技能習得意欲・勤勉性・秩序保持を衰退させていくことは避けられない。

規制緩和による労働法規改定と不完全就業者の急増

注目される第二は規制緩和、競争市場原理主義、効率化促進の国家政策が労働関係の法的規制にまで及んでいったことである。ここでもアメリカの要求（日本へ進出するアメリカ企業の立場）がこれを促した。

まず労働者派遣事業の認可、職業紹介の自由化が進んだ。戦後の「職業安定法」（一九四七年）は戦前の人夫供給業を禁止した。五二年法改定で請負会社の雇用労働者が請負先企業で働くこと

（「社外工」）が容認されたが、それは一部の産業にとどまっていた。新自由主義政策の「規制緩和」路線は、その具体化として八五年「労働者派遣法」によって人材派遣業の認可を始めた。認可は最初は専門性が高いとみなされる一三業務であったが、八六年改定で一六業務に、九五年改定では二六業務に拡大された。これによって九六年以降派遣労働者数が急速に拡大していった。さらに九九年改定では「原則自由化」（港湾運送、建設、製造現場等は禁止）となった。二〇〇四年三月には労働者派遣の自由化の仕上げともいえる法改定で製造業現場、医療等も解禁され、派遣期間も原則一年から三年へと延長された。製造業現場ではそれまでも「本採用者」ではない労働者が多数働いていたがそこでは一応請負企業が仕事を請け負ってその雇用労働者に作業を行わせることになっていたが、この「労働者派遣法」は派遣業務のみを行う会社・業主が簡単に労働者を派遣することを可能にした。これと対応して、職業紹介でも「規制緩和」が進んだ。戦後の「職業安定法」では職業紹介は「公共職業安定所」（後にハローワークと呼ばれる）を原則とし民間業者による有料職業紹介はごく一部の業種に限定され許可制であった。これは求職者保護の制度として被紹介者に不利で不当な内容の斡旋や中間搾取を防ぐためであったが、九七年「職業安定法施行規則」改定は有料職業紹介事業の資格要件を緩和するとともにその認可対象事業を拡大し、ホワイトカラーについては原則自由とした。「労働基準法」も九九年四月（施行）の大幅改定によって、女性の時間外・休日労働および深夜業の規制の撤廃や、全体の時間外労働時間規制の弾力化が行われた。

これらの法的改定によって、パートタイマー、派遣労働者などの「非正規就業者」が急激に増大していき、これらは今後いっそう増大すると予想される。二〇〇二年「就業構造基本調査」（総務省、五年ごと）では、「雇用者」のうち「正規の職員・従業員」三四五六万人に対し「非正規就業者」は九七年以降大幅に増大し一六二八万人となり雇用者全体の約三二％にもなっている。この比率は男性一六・五％に対し女性では五三・〇％と半分以上になっているのが注目される（第21表）。これらのうちの「労働者派遣事業所の派遣社員」は最初は情報通信革命のもとでコンピュータの利用技術・知識を武器にして自由に雇主と交渉し労働市場で自由に移動する者といわれたが、法改定によって派遣労働者が製造業現場を含むあらゆる分野にまで拡張されていき、外国人労働者の派遣も拡大すると予想されている。そこではもはや専門的技術・知識を武器にする者はごく一部であって、大半は安い賃金で企業の希望する期間に働く労働者となっている。

「パートタイマー」は調査によって定義が異なるが、「労働力調査」（総務省）では平均週就業時間三五時間未満の雇用者＝「パートタイマー」は非農林業で二〇〇一年一二〇五万人、うち女子八二九万人で、雇用者に占めるパートタイマーの比率は〇一年二二・九％へ上昇し、女子の比率が高い。パートタイマーにはフルタイム労働者とほぼ同時間就業している者、正規雇用を希望しているが、企業の側が低賃金（第22表）で社会保険料負担が無いパートタイマーを利用して労働コストを縮小するために正規雇用となれない者が多数存在している。

最近では以上の「非正規雇用」より広い内容の「フリーター」という新しい名称の就業者が急速に拡大している。「フリーター」の概念はまだ明確になっていないが、ここでも専門的技能を身に

第21表　「正規」雇用者と「非正規」雇用者の内訳（非農林業）

（単位：1000人）

	1997年	2002年				97年＝100の02年の総数[2]
	総　数	総数	男	女	製造業総数	
就業者総数	67,003	65,009	38,034	26,975	12,202	97.7
雇用者	54,997	54,733	32,201	22,531	11,194	99.5
会社などの役員	3,860	3,895	2,957	939	736	100.9
会社などの役員を除く雇用者(a)	51,147	50,838	29,245	21,593	10,457	99.4
正規の職員・従業員	38,542	34,557	24,412	10,145	7,998	89.7
非正規の職員・従業員(b)	12,605	16,281	4,833	11,448	2,459	129.2
うちパート	6,998	7,824	628	7,196	1,488	111.8
うちアルバイト	3,344	4,237	2,096	2,141	329	126.7
うち労働者派遣事業所の派遣社員	257	721	204	517	196	280.5
うち契約社員・嘱託	966	2,477	1,309	1,169	355	256.4
うち　その他	1,025	946	544	402	76	92.2
非正規の雇用者の比率（b/a）[1]	24.6	32.0	16.5	53.0	23.5	

資料出所：総務省『就業構造基本調査』1997年，2002年。この調査は5年ごとに行われている。

注：1. 就業者総数のうち「自営業主」，「家族従業者」は省略し，「雇用者」のみを表示した。

2. これらは筆者が計算したもの。

第22表　女性パートタイム労働者と一般労働者との時間給格差

（単位：円）

	女性時間給		女性格差 (b)/(a) %	（参考）男性パート時間給
	一般労働者(a)	パート[1] (b)		
1990	1,303	768	58.9	1,022
1995	1,591	914	57.4	1,129
2000	1,709	936	54.8	1,082
2002	1,748	930	53.2	1,044

資料出所：厚生労働省「賃金構造基本調査」を同省で特別集計したもの。

原資料注：賞与を含む年間賃金額を実労働時間で除して求めた時間当たり賃金額。

注：1. パートは原資料の「パートタイム労働者」を略した。

補足：賃金格差では，大体同じ年齢層・職種の一般労働者の賃金を比較する必要がある。男性では全体の一般労働者の平均時間給と比較するのは大雑把すぎるので，原資料の格差は省略し，パートの時間給だけを参考に示した。女性ではパートの比重が非常に高いし，一般労働者自体も男性と同じように昇格・昇給をする者は限定されているので，格差の数値はかなり有効なものといえる。

つけた専門職の者はごく一部で、雑種のアルバイトまでを含み、若年層の「意図しない」不完全就業者となっている。

企業にとってパートタイマー、雇用契約のない派遣労働者等の「非正規就業者」は、低賃金でボーナスや退職金等が格段と低いうえ、年金、健康保険等の企業負担が不要なため、今後ますます拡大していくと予想される。

労働の分野では、雇用主と雇用者とは対等ではないことから、労働者の長い闘争をつうじて労働者の団結権・団交権・争議権（団体行動権）の法的容認と、イギリス「工場法」に始まる労働条件に対する法的規制が作り上げられてきたのである。新自由主義による規制緩和、競争市場原理主義がこれらの労働者の権利、労働条件、雇用条件の法的規制までにも及んでいるが、これらを競争市場原理に委ねることは労働者の基本的権利を侵害する大問題である。ここでもあらためて新自由主義政策による規制緩和、競争市場原理主義とはなんであるのかを問い直す必要がある。

こうして一九九〇年代以降、若年層を中心に完全失業者、長期完全失業者が急増し、労働・雇用関連の法的規制の撤廃によって「非正規就業」・不完全就業者が急速に増大しているが、このことは若年層の労働意欲の喪失・社会生活からの脱落者の増大を促すとともに、将来の生活不安の増大による消費の冷え込みを深化させ、経済停滞を倍加する悪循環を強めているのである。

補足　技術進歩のあり方と食の安全

ＩＴ革命をめぐる技術進歩のあり方

最後に、「ＩＴ革命」をめぐる近年の技術開発競争のあり方について見直す必要がある。たしかにＩＴ革命はこれまでに予想もしなかった情報通信における新しい機能を次々と生み出し、世界中の諸国民が国境を越えて世界の情報にアクセスし双方交信し世界的規模での連帯を強めることを可能にしていった。しかしＩＴ革命がどれだけ文化の向上、国民生活の安定と豊かさを実現するかはいまのところ不明確である。大容量の情報を瞬時処理し情報・映像等を超高速度で相互に伝達しあう利便性も、現在それをもっとも利用しているのは軍事活動であり、国際的な投機的金融活動である。

日本の個人生活面ではまだＩＴ社会の初歩的段階であるが、個人情報の漏洩・売買や国家による国民の個人情報の収集・管理の拡大が個人の人権侵害を生む危険性が生じているし、各種の不正取引、無駄で有害な情報提供の氾濫等の弊害も多発しつつある。国民が「ＩＴ革命」に注目し、人権侵害や不正取引を防止するとともに、国民生活に有効なＩＴ技術活用のあり方を検討して国家・企業に働きかけていくことが肝要である。

また国民が国民生活にとって必要な技術開発を促すことも必要である。安全で耐震性の強い住居等の技術開発、住環境・自然環境を改善するための技術進歩、大気汚染をださない安全な自動車・

二輪車の開発、ごみ発生制限・ごみ処理の技術開発、次にみる「食の安全」を守るための各種の技術開発……等、開発すべき技術は数多く存在する。

食料自給と食の安全

すでにみたように日本の食料自給率はいっそう低下し、きわめて低い水準に落ち込んだ。先進諸国のなかでは例のない低さである。

新自由主義政策による規制緩和、競争市場原理主義の拡大・強化は食料の分野にも及んで自由化は一段と強化されていった。日本政府は基本的には（米《こめ》を除いて）規制緩和、競争市場原理主義をとっている。しかし国民生活に不可欠な食料の多くを輸入に依存することは、災害・飢饉・戦争等によって輸入が途絶した場合、国民生活が危機に瀕することを意味する。とくに最近ではアフリカ等での飢餓や中国をはじめ人口の多い国々の工業化による農産物不足が始まり、農産物が地球上に豊富に存在しており外貨さえあれば購入できるという条件はなくなっているので、食料の多くを輸入に依存する危険はいっそう現実性を増している。

しかも一九九〇年代以降「食の安全」を脅かす問題が急激に拡大し深刻化していったので、「食の安全」からみても食料を輸入に依存する危険性は高まっている。「食」の危険は従来の化学肥料、農薬問題から食品添加物、保存料、防腐剤、ポストハーベスト（収穫後の農薬散布で残留度が強い）、環境ホルモン問題、遺伝子組替え問題、畜産・魚介養殖における抗生物質等の大量投与、クローン問題など、多くにわたって深刻化している。大量の輸入品についてポストハーベストや遺伝子組替え品を事後的に検出することはきわめて困難であるし、輸入が急増している加工・半加工食品では有害添加物使用や遺伝子組替え品加工の検出は不可能に近い。

日本国内では、一九九〇年代末から、病原性大腸菌O157食中毒事件、野菜のダイオキシン汚染、遺伝子組替え農産物輸入、BSE（牛海綿状脳症）感染牛の国内発生（二〇〇一年九月）、食品産地表示偽装、輸入先表示偽装、BSE関連の解体牛肉買取り制度での不正事件（輸入牛を国産牛と偽装して買い取らせた事件）、鶏インフルエンザ事件（廃棄処分の不正）等が相次ぎ、食の不安がいっきょに高まり、生産者のモラル低下と行政のずさんさが明らかになった。牛の飼料が問題であったBSE問題では、[28]飼料の大半を輸入に依存する日本の不安も浮かび上がった。

規制緩和と競争市場原理主義が支配しているもとではコスト削減、採算性のために「安全性」が犠牲になるのは必然である。したがって「安全性」をもっとも重視すべき食料分野に規制緩和、競争市場原理主義を適用することは基本的な誤りであって、国家は「食の安全」を守るために規制の強化と違反の監督を行うことが不可欠であるし、またこれらの実施のためにも安全な食料、飼料を国内で生産することが必要なのである。消費者各人が国内生産者と協力して「安全」な食料を自国で生産していく途を考え、国家の行政を正していくことをしないかぎり、日本の「食の安全」を守ることはできないようになってきている。

第五節　「小泉構造改革」――不良債権最終処理、民営化

小渕内閣は一九九七・九八年の金融危機の沈静化と金融メガバンクの誕生によって不良債権問題と金融システムの不安定性をほぼ解決し、超大型景気対策で景気回復が期待されるといっていたが、しかし二〇〇〇年以降再びあらゆる経済指標は悪化していった。非金融業の倒産負債総額は二〇〇〇年戦後最高の二四兆円を記録、不良債権は新規発生のため残高は拡大し、〇一年はじめ以降株価の大幅下落が再現していった。実質GDP成長率は二〇〇〇年に二・八%へ上昇したものの一年のみで〇一年〇・四%、〇二年〇・一%と落ち込み、完全失業者数も完全失業率も〇一・〇二年高度成長開始以来最悪となった（→二六二頁）。財政は文字どおり危機的状況に陥っていた。しかもアメリカでは〇一年はじめ情報通信革命の行詰り（いわゆるITバブル崩壊）でダウ平均株価は一万ドルを割り込み「日米同時不況」の危惧が日米に拡がっていた。こうした経済の閉塞状況と国民の不満の鬱積を背景にして、二〇〇一年四月森首相に替って小泉首相が「構造改革なくして成長なし」、「聖域なき構造改革」を掲げて登場し、国民の高い支持を集めていった。

第一項　「小泉構造改革」の骨子

小泉内閣は発足直後の六月に公表した「構造改革に関する基本方針」＝「骨太の方針」の冒頭で

「今後二〜三年を日本経済の集中調整期間と位置付け、短期的には低い経済成長を甘受しなければならないが、その後は経済の脆弱性を克服し民需主導の経済成長が実現することを目指す」という。その内容は「骨太の方針」をはじめとする一連の方針（「骨太の方針」の手順を示した二〇〇一年九月「構造改革工程表」と「改革先行プログラム」、〇二年二月の「早急に取り組むべきデフレ対策」、同六月「経済財政運営と構造改革に関する基本方針二〇〇二」＝「基本方針二〇〇二」、〇三年六月「同上二〇〇三」等）で明らかにされたが、きわめて広範な分野にわたる「改革」で、具体的内容の不明確なものが多い。しかも「構造改革」を行うとなぜ、いかにして「成長」が実現するのかという肝心の論理的脈絡もはっきりしないし、「構造改革」後の日本経済の全体像も明確になってはいない。だが以上の各種の「方針」からみて「小泉構造改革」の骨子は次のようになろう。[29]

(1)第一の緊急課題は不良債権最終処理の二・三年内での決着。(2)特殊法人等の廃止・民営化（中心は道路公団、郵政三事業の民営化）。(3)財政構造改革――「公共投資」抑制、新規国債発行抑制（三〇兆円以下）、歳出見直し等による「基礎的財政収支」（プライマリー・バランス）の黒字化、および国と地方の財源配分見直し。(4)金融政策――「量的緩和政策」と金融システム安定化。

以上の「構造改革」に貫かれている政策原理は、競争市場原理にもとづく徹底した「効率」第一主義である。競争市場原理による劣者の淘汰推進であり、「効率」の悪い「公」の削減と「効率」の高い「民」への移転＝民営化である。

もっとも規制緩和・競争市場原理主義は新自由主義政策として中曾根内閣が導入し、一九九〇年代には不況克服のための政策原理として強調されてきたものであるし、金融ビッグバンも小泉内閣以前の橋本内閣によって始められ法的措置を完成している。しかし「小泉構造改革」の特徴は規制緩和・競争市場原理主義・民営化をあらゆる分野で徹底的に短期間で強行しようとしたことである。「医療、介護、福祉、教育」など、これまで主に国・地方自治体・非営利法人が主体であったものにまで競争原理、効率第一主義が導入され民営化が強行された。また労働法規で規制された労働・雇用制度や労働・雇用慣行にも競争市場原理の導入が進められ効率化がはかられた。他方、小泉首相は二〇〇三年一月末の施政方針演説で、経済活性化のために外資の対日直接投資残高を五年間で二倍に増大する目標を示し[30]、金融ビッグバンを積極的に推進する立場をより鮮明にしていく。

たしかに日本の官僚の非効率性、特殊法人における無責任な乱脈運営・赤字累増、天下り人事等は目に余るものがあり、「小泉構造改革」がこれに対しメスを入れたことは評価できるし、これが国民の支持を集めた主な原因の一つといえる。しかしこのことはただちに「官」は無駄・非効率であることを意味するものではないし、「官から民」への転換、競争市場原理を正当化するものでもない。「民」・競争市場原理に目を向ければ、それが生み出してきた公害、環境汚染、自然破壊、住環境の悪化、薬害、食の不安……等、「民」の弊害もきわめて多く、国家が国民生活を守るためになすべき規制強化・監督強化は拡大しつつあるのである。またバブル期において、さらにバブル崩壊以降においても、「民」の金融機関・非金融産業での不正・粉飾決算、暴力団との癒着、贈賄等が後をたっていない。アメリカでは小泉内閣発足当時に、規制緩和の推進過程で急成長したエンロンやワールドコム等の不正・粉飾決算、会計監査アンダーセンの不正関与という事件が生じ世界に衝撃を与えていた（↓一四二頁以下）。また「現代資本主義の変質」後の国際金融市場ではヘッジファンド等の投機筋が投機的利益を求めて猛威を振るっており、日本に対しても株価操作による投機的利益獲得、不良債権・不良資産の安値買叩き等が注目されている。

「現代資本主義の変質」によって暴走を始めた競争市場原理主義に対し、一九九〇年代末以降には世界でも日本でもその暴走に抑止をかけることが問題となり始めていたにもかかわらず、「小泉構造改革」では競争市場原理の暴走や「民」の生み出す弊害や歪みにはまったく目を向けないで、規制緩和、民営化さえ実施すれば競争市場原理のもとですべてが健全化され経済成長が実現するかのように主張されていくのである。そしてこれに反対するものはすべて旧い既得権益を護る「抵抗勢力」、国際的に遅れたものとして切り捨てられるのである。

同時にいま一つ注目しなければならないのは、「小泉構造改革」では規制緩和・競争市場原理主義が徹底化されながら、同時に他面では国家が強力な政策を推進し、膨大な公的資金を用いて市場への強力な介入を行っていることである。規制緩和・競争市場原理主義とともに国家の強力な政策介入を行う身勝手さは新自由主義政策の特徴である（↓二三頁以下）が、「小泉構造改革」ではこのことは格段と強まっている。したがってこの両面の把握がとくに重要である。

なお「小泉構造改革」はあらゆる領域にわたっているので、本節ではその中心といえる不良債権最終処理・企業再生と民営化を取り上げ、その他の問題は関連する節で言及する。

第二項　「小泉構造改革」が急ぐ不良債権の最終処理

不良債権処理については一応それまでの経緯をみる必要がある。すでに指摘したように、一九九〇年代前半の不良債権のほとんどは八〇年代後半のバブルとその崩壊から生じたものであったのに対し、九〇年代後半以降には経済状況の悪化、企業経営悪化・倒産の増大による不良債権の「新規発生」が加わって不良債権残高が拡大したのである（→一六四頁以下）。このため金融機関が毎年巨額の不良債権を処理しても不良債権残高が増大したのである。二〇〇一年版『経済財政白書』は「最近の四年間」に「銀行は年間一〇兆円あまりの不良債権を最終処理しているが、ほぼ同額の不良債権が新規に発生し、その結果、不良債権の総額は約三〇兆円に高止まっている」、「九五年三月期以降、七年間連続で」「銀行の収益は実質上の赤字となっている」という。(31)

このため政府は不良債権処理政策をこれまでの「間接償却」中心から、不良債権を貸借対照表から最終的に落としてしまう「直接償却」＝「オフバランス化」実施へと変換した。先進諸国とくにアメリカは日本の金融危機が世界へ波及することへの不安を深め、日本に対し不良債権最終処理の実施を強く迫った。森首相は二〇〇一年三月日米首脳会談で不良債権の最終処理を確約し、帰国後四月「緊急経済対策」（柳沢金融担当相）でそれを最優先課題としたが、その直後に森首相は退陣したため小泉内閣（柳沢留任）がこれを継続することになったのである。

しかも日本の株価は二〇〇一年はじめから再度大幅低下を始め、株価下落は株式を大量に保有す

〔4〕開示される不良債権の定義

Ⓐ「リスク管理債権」の規定は、一九九八年三月期からは「米国証券取引委員会（ＳＥＣ）と同様の基準」に基づくものとなり、九九年三月以降は金融システム改革法に基づいた銀行法改定で、全預金取扱金融機関に対し連結ベースでの開示を義務化した。貸出金を、①「破綻先債権」、②「延滞債権」、③「三ヵ月以上延滞債権」、④「貸出条件緩和債権」に区分し、これらが不良債権とされる。Ⓐの統計は九三年三月期以降からの一番旧いものであるが、定義が拡大されたので統計は連続できない（九三年三月期〜九五年三月期は①②のみ、九六年三月期以降は「金利減免等債権」が加わり、九八年三月期以降は①②に③④が加わった）。

Ⓑ「金融再生法開示債権」は債務者の状態から資産を査定するもので、不良債権は、①「破産更生債権及びこれに準ずる債権」、②「危険債権」、③「要管理債権」（三ヵ月以上延滞債権及び貸出条件緩和債権）である。九九年三月期以降開示された。査定の対象はⒶでは貸出金だけであるが、Ⓑでは総与信に拡大されている。

Ⓒ金融機関の「自己査定」債権は九八年度以降査定を義務づけられた。その「債務者区分」では、「正常先」以外は、①「破綻先」、②「実質破綻先」、③「破綻懸念先」、④「要注意先」である。④の内「要管理先」（三ヵ月以上延滞債権、貸出条件緩和債権）が細区分される。この査定では不良債権のⅡ〜Ⅳ分類もある。新聞等では①〜④すべてを不良債権としており、ⒶやⒷの不良債権よりはるかに多額である。金融庁は金融機関独自の査定で統一性がなく④が広すぎるため、Ⓒを不良債権とできないという。

なお担保・引当金が付いた部分はⒸでは正常債権であるが、ⒶⒷでは不良債権である。

全国銀行の二〇〇〇年九月末の不良債権総額はⒶは三一・八兆円、Ⓑは三二・九兆円、Ⓒは①〜④の「要管理先」だけでは三五・四兆円、④全部を含めると一一一兆円となる（金融庁編『金融庁の一年（二〇〇〇事務年度版）』参照）。

第23表　不良債権残高の推移（年度，名目）

（単位：10億円）

	年度末残高	1998	1999	2000	2001	2002	2003
全国銀行	金融再生法開示債権	33,943	31,805	33,630	43,207	35,339	26,594
	うち破産更生債権	10,321	7,786	7,661	7,404	5,747	4,352
	うち危険債権	17,415	16,248	15,034	19,315	13,013	11,188
	うち要管理債	6,207	7,771	10,935	16,488	16,579	11,055
	正常債権	517,419	504,319	503,496	468,869	439,241	428,911
	合計	551,383	536,124	537,126	512,076	474,581	455,505
主要行[1]	金融再生法開示債権	21,945	18,493	18,032	26,782	20,244	13,616
リスク管理債権残高		29,627	30,366	32,515	42,028	34,849	31,244

資料出所：『金融庁の1年』各年版（資料編）より作成。
「金融再生法開示債権」とその内訳，「リスク管理債権」は「囲み〔4〕」を参照されたい。

注：1. 都銀，長信銀，信託銀の主要11行。ただし新生銀行，あおぞら銀行を除く額。

第24表　「不良債権処分損」の推移（全国銀行[1]）

（単位：10億円）

年度	1997	1998	1999	2000	2001	2002	2003
不良債権処分損	13,258	13,631	6,944	6,708	9,722	6,658	5,374
貸倒引当金繰入れ額[2]	8,403	8,118	2,531	2,732	5,196	3,101	1,616
直接償却等	3,993	4,709	3,865	3,072	3,975	3,520	3,734
うち貸出金償却	851	2,377	1,881	2,520	3,204	21,623	2,517
うち売却損[3]	3,142	2,332	1,984	552	770	1,357	1,217
1992年度以降の累計	45,135	58,766	65,710	71,818	81,540	88,198	93,572

資料出所：金融庁公表資料（2004年7月30日）。

原資料注：1. 破綻銀行は含まれないが，合併等の後は含まれる。
2. 貸倒引当金は個別引当金の他，一般貸倒引当金を含む。
3. 「バルクセールによる売却損等」で，RCC，共同債権買取機構等への売却損を含む。

〔5〕不良債権の処理方法

不良債権の処理は「間接償却」と「直接償却」に大別されている。

「間接償却」は貸借対照表上に不良債権残高を残したうえで将来の損失発生に備えて「引当金」を積むものである。この方法では銀行は不良債権を保有し続け担保価格の目減り等でリスクが拡大すると「引当金」を積み増す必要が生じる。

「直接償却」は貸借対照表から不良債権残高を引き落とすもので「オフバランス化」とも呼ばれる。そのうち、①「債権譲渡」は債権を第三者に売却するもので、異なる債務者の複数の債権を一括して売却する「バルクセール」方式もある。借り手企業は新しい債権者によって再建ないし清算される。②「法的整理」は「民事再生法」、「会社更生法」などによって借り手会社の損失分担を確定したうえで、会社は再建あるいは消滅（全財産処分）されるが、金融機関は不良債権の損失分担をして処理を終わる。③「私的整理」の主なものは、金融機関など債権者が債権放棄によって借り手会社を再建させ残部の債務を返済させるもので、残部の債権は「正常債権」となる。②と③の違いは裁判所の法的手続きを経るかどうかにある（『経済財政白書（二〇〇一年版）』参照）。

一九九〇年代前半では政府は不良債権の「間接償却」に対する優遇措置でそれを促す政策であったが、不良債権の長期的拡大に対し、政策の重点は「直接償却」・「オフバランス化」に移る。とくに「小泉構造改革」では緊急課題を不良債権の急速な「最終処理」とし不良債権買取機構の強化などを進める。ここで「最終処理」という用語が用いられるが、不良債権買取機構が買い取った債権を回収できないで長期間保有している場合が多い。ここでは金融機関にとってはバランスシートから落とした「最終整理」であっても、不良債権は買取機構に移っているので、「最終処理」とはいえない。このような買取機構の買取りや巨額の債権放棄が急増しているので、注意する必要がある。

る金融機関に不良債権の拡大と自己資本減少という打撃を与えたため、「小泉構造改革」は不良債権最終処理を第一の緊急課題とし、株価対策、とくに銀行保有株対策を急ぐことになる。

「小泉構造改革」と不良債権の最終処理

小泉内閣が最初に公表した「構造改革」の「骨太の方針」は、冒頭で「日本経済再生の第一歩として」「不良債権問題の抜本的解決」を挙げ、緊急課題は「主要行」の不良債権の「オフバランスシート化」であり、その処理を「整理回収機構（RCC）」を中心に行い、この目標期間を「二～三年以内」とした。「構造改革工程表」でも最初に不良債権処理を取り上げ、「主要行」の包括検査の年一回実施等の具体的取組みが示されている。

さらに小泉首相は二〇〇二年九月の日米首脳会談で「不良債権処理の加速」を表明したため、その実施を急ぐことになる。同九月の内閣改造で不良債権処理策に慎重であった柳沢金融担当相を更迭、竹中経済財政担当相を金融担当相兼務としたが、竹中氏は経営状況の悪い金融機関や一般企業は市場から退出すべきであるという強い主張者であり、不良債権の最終処理もこの原則にしたがって加速されていった。金融機関の不良債権の厳しい査定によって大手「健全行」には「公的資金」投入とともにRCCによる不良債権買上げを加速させる、また金融機関の不良債権先企業のうち、再建可能企業へは債権放棄やRCCによる不良債権買上げ等の支援を行うが、再生不能企業へは融資打切り・返済要求を行い事実上の淘汰を促す――このような形で不良債権最終処理と企業の再生・淘汰との一体的実施が加速化されるのである。このために「産業再生機構」が設立された。〇二年一〇月「改革加速のための総合対応策」では「〇四年度には、主要行の不良債権比率を現状の半分程度に低下させる」といわれた。

不良債権買取り機構・RCCの機能の拡充

「整理回収機構（RCC：Resolution and Collection Corporation）」は一九九九年四月預金保険機構が資本金二一二〇億円全額を出資・設立した子会社（株式会社）である。以前の「住宅金融債権管理機構」が「整理回収銀行（RCB）」を合併してRCCとなったのであり、RCCはこれらの債権を譲り受けその回収を行うことになる。RCC以前の債権買取り機構（「東京共同銀行」、「整理回収銀行」、「住宅金融債権管理機構」）では主な役割が破綻金融機関の債権の買取り・回収であったのに対し、RCCの役割はそれだけではなく、健全金融機関等からも不良債権の買取り・回収を行うものとなっていた。

「小泉構造改革」でこのRCCが不良債権最終処理の主役を担うものとしてクローズアップされその役割は格段と拡張され強化された。二〇〇二年一月「金融再生法」改訂によってRCCによる債権買取り価格は従来よりも高い時価となり、このことによって健全金融機関からの不良債権の買取りが急速に拡大した。さらに竹中金融担当相（兼任）以降ではRCCは不良債権買取りと企業再生との一体的加速という役割を担うようになり、不良債権の証券化（債権を株式に変えて売買を容易にするもの）をも進めている。

しかし大手健全銀行から高い価格で不良債権を買い取ることは銀行にとってのメリットを増大するが、ＲＣＣにとってのリスクは高まる。ＲＣＣは債権買取りから五年を目途に売却・回収することになっているが、景気回復、資産価格上昇が進まないかぎりＲＣＣに不良債権が累増しその売却・回収において損失が発生し、ＲＣＣに巨額の赤字が累増することは不可避である。事実二〇〇二年度「会計検査院」調査は、ＲＣＣが〇二年度、買取額を回収益が下まわって約四五三億円の赤字を出し、また債権残高約一兆七一〇〇億円についてかなりが回収不能と見積もっている。会計検査院はこの赤字を国が補助金で補塡しなければならない可能性があると指摘している。[32] ＲＣＣは、金融機関の不良債権を公的機関であるＲＣＣに移し公的負担で金融機関の不良債権を処理する役割を果たしていることになる。

「産業再生機構」の新設

従来、倒産に追い込まれた株式会社の処理・再建の多くは「会社更生法」、「民事再生法」によって行われてきたが、二〇〇三年四月「小泉構造改革」は新たに「産業再生機構」を設立した。竹中金融担当相が〇二年「金融再生プログラム」に盛り込んでいたのを急いで翌年四月関係法制定によって発足させたものである。これは預金保険機構が四九四・八億円全額を出資した株式会社で、これと預金保険機構、ＲＣＣの「三機構連携体制」で行うよう規定されている（囲み〔6〕）。この

「産業再生機構」は、経営危機に陥っている大口不良債権先企業に対し企業再生と不良債権「最終処置」とを一体的にいっきょに実施しようとするものである。すなわち「機構」は大口不良債権先企業が再生可能と判断した場合には、準主力銀行の金融機関の不良債権を買い取って主力銀行（メーンバンク）と連携して主力銀行の債権放棄や不採算事業の処分等によってその企業・事業の再生を支援し、同時に不良債権最終処理をいっきょに行うというものである。この「機構」は、買取り資金を一〇兆円の政府保証の付いた借入れで調達し、債権買取りを〇五年三月末までに集中的に行うとされた。

この「機構」は次のような問題をもっていた。「機構」における再生の可否の決定が当該企業の運命を左右する重要なものであるが、この「機構」では公的機構の役員がその可否を決定し、再生可能と判定した企業には不採算事業の処分、不良債権買取り価格、銀行の債権放棄等の支援を決定するが、この再生可否の判断には公平な客観的基準がなく裁量の余地が大きく、不公平・差別が生じるという難点がある。またここでも間接的に「公的資金」によって金融機関の不良債権処理・再生企業の支援が行われるのであり、この企業の再生が失敗した場合や、企業が再生しても「機構」による不良債権の買取りをめぐって「機構」の損失・赤字が生じる場合には、その損失は結局は財政支出・国民負担で埋め合わされると予想される。発足当初は「機構」の内容が不明確なことからか適用企業も少なかったが、カネボウ、ダイヤ建設、とくにダイエーの再生を担当したことで社会の注目を集めたが、その詳細は公表されず、全貌はまだ明確になってはいない。

〔6〕預金保険機構（預保機構）

日本では一九七一年「預金保険法」にもとづいて「預金保険制度」が創設され、その運営にあたる「預金保険機構」（認可法人）が政府、日本銀行（一億五〇〇〇万円ずつ）、民間金融機関（一億五五〇〇万円）の出資で設立された。この「制度」の目的は金融機関が破綻した際、預金者の預金を保護して金融不安を防ぎ信用秩序を護ることである。金融機関破綻の際、加盟民間金融機関から徴収する保険料積立てによって保険金を預金者一人につき元本一〇〇〇万円プラス利子を上限として支払い清算する（ペイオフ）制度である。（九六年金融危機防止のためペイオフは凍結され、預金は全額支払いとなる。二〇〇二年四月一部解禁され、〇五年四月ペイオフ完全実施となる。）

「預保機構」は九六年「預金保険法」改定による「抜本的な改革」で「特別資金援助」を行うことになり、その後さらに重要な役割を担うことになる。「金融機能安全化法」等による金融機関への巨額の「公的資金」投入は、「預保機構」が担当する。さらに「預保機構」は九九年一〇〇％出資で「整理回収機構RCC」（子会社）を設立した。

「小泉構造改革」はこの「預保機構」の役割を格段と強化していった。「構造改革」が「緊急課題」とした不良債権の最終処理においてRCCは中心的役割を担うことになり、健全行からの不良債権買取りを拡大した。また「小泉構造改革」が不良債権最終処理と企業再生との一体的実施のために発足させた「産業再生機構」（〇三年）も「預保機構」の全額出資で設立され、同機構の業務は「預保機構」、RCCと三者が連携して遂行することになる。膨大な役割を担うようになった「預保機構」の資金は金融機関からの借入れと債券発行（政府保証）で調達し、日銀借入れも可能となっているが、資金調達額は膨大化している（本書第31表）。

各種資産の買取り・回収等、資金援助で巨額の損失発生が予想されるが、損失は後に財政によって埋め合わされ国民負担となるであろう。

不良債権「最終処理」を最優先する政策の弊害

「小泉構造改革」では不良債権の最終処理を行えば景気は回復するという考えが基本となっているが、しかしここでは不良債権と景気との関係についての誤った把握がある。本当の関係は、経済状況悪化による非金融分野での経営危機・倒産が不良債権の新規発生をもたらすのであって、不良債権の存在が非金融分野での経営危機・倒産を拡大するのではない。したがってまた不良債権の最終処理さえ行えば景気が回復するわけではない。もっとも金融機関が巨額の不良債権を抱えていることは、リスクの警戒から企業への貸付けを避け、とくにリスクが高いとみる中小企業への〝貸し渋り〟・〝貸し剝し〟(返済要求の強化)を促す作用を果たす。しかしこのことも、実体経済が停滞し一般企業の経済活動が停滞し経営の苦しい状態に原因があるのであって、これを解決しないかぎり金融機関の貸付けが順調に進むはずがない。このような状態のもとで、金融庁が厳しい査定によって不良債権処理の加速を促すことは、金融機関がリスクへの警戒を一段と強め貸付けの抑制、とくに中小企業への貸付抑制、〝貸し渋り〟、〝貸し剝し〟を強め、経営難・倒産・失業を加速し、不良債権の「新規発生」を促すことになる。

しかも「小泉構造改革」が不良債権最終処理の加速化のためにとったRCCによる不良債権買取りの加速化、さらに強化された不良債権最終処理と企業再生との一体的加速は、一般企業のいっそうの淘汰＝倒産を促し経済停滞を倍加する作用をもっている。RCCが金融機関からの不良債権買取りを加速するもとで、貸付け先の中小企業の知らないあいだに、金融機関が当該企業への債権（企業の債務）をRCCに売却してしまい、信用の失墜とRCCによるその債権回収（企業の債務返済）の要求のため経営危機に陥る例が生じている。またRCCが預金保険機構と協力して不良債権処理と企業再生との一体的解決を急ぐ場合、不良債権先企業のうち再生の可能性があると判断したものは支援されるが、可能性の無いと判断した企業に対しては買い取った債権の回収（企業への返済要求）を迫るほか、買い取った債権を売却し事実上の淘汰を促す。しかしこの再生可能性の判断には厳格な基準がなく関係者の裁量の余地はかなりあり、不公平・差別は免れない。「産業再生機構」と共通する問題である。事実、金融機関やRCCは破綻処理で受け取った債権だけではなく、売却・回収を急ぎたいという不良債権を不良債権売買市場できわめて安値で売却しているのである。

この過程で金融機関は、大口不良債権先企業に対しては企業再生を支援して残りの債権を回収した方が有利であるという判断から、巨額の債権放棄を増大していったが、ここにも問題はある。大手銀行はすでに巨額の「公的資金」の注入を受け、東京三菱グループ以外はまだ多額を返済していないのである。また長期にわたって超低金利政策のもとで預金者の犠牲によって巨額の収益を取得する恩恵を受けてきたのである。このような銀行が、巨額の不良債権先の大企業に対して巨額の債権放棄を行っても、巨額の不良債権を出した大口不良債権先経営者もこれらに巨額融資をしてきた金融機関の責任も問われないのである。しかも巨額の債権放棄をしてもらった企業が倒産するという例が少なくない。預金者の犠牲や「公的資金」投入という事実からすると非常に不明朗で不公正なことである。またここには大口融資先に対してのみ債権放棄が行われることの不平等性という問題もある。このような債権放棄は金融機関と融資先企業との癒着、両方のモラルハザードの拡大をもたらすものである。(「帝国データバンク」調査では、債権放棄は一九九九年、青木建設二〇四九億円放棄、長谷工コーポレーション三五四六億円放棄をはじめゼネコンの債権放棄ラッシュが生じ、大手一四行の債権放棄総額は二〇〇〇年度だけでも一兆円を超えた。〇一年に過去最高の二五一企業を記録し、その後減少したが〇四年にはまた増加し、銀行による一般企業への債権放棄は過去最高になる。)「小泉構造改革」の不良債権最終処理の加速化政策では、このような債権放棄は不良債権処理と企業再生とを行うものとして促進され、先の「産業再生機構」では「機構」の決定として実施されるのである。

不良債権最終処理の加速化という基本政策は、二〇〇五年四月からのペイオフ完全実施と相まって地銀、第二地銀、信金、信組等の合併・統合と破綻とを急速に促しており、今後その地域産業への影響が現れるであろう。

以上のように「小泉構造改革」は不良債権最終処理の加速化のために次々と新しい機構や新しい手続きを打ち出し不明確な基準で不良債権最終処理と企業再生との一体的実施を強行していったが、これでは再生支援をうける一部企業を除いて、企業の淘汰・倒産が倍加されるとともに、この不良債権処理の後始末のために財政赤字・国民負担が増加し、経済全体の活性化は実現しない。優先すべきは国民の生活不安の改善・雇用の改善による消費の冷え込みの解消であり、実体経済を担う企業の活性化のための対策である。これらの実現なしには不良債権の真の解決はありえない。

銀行保有株買上げ機構の設立

「小泉構造改革」は、不良債権最終処理とともにそのための関連で、銀行保有株の株価安定を目指す措置を実施していった。すでに指摘したように日本では巨大企業グループに属する大手金融機関・銀行は株式持合い制の要としてグループ内諸企業の株式を大量に保有しており、企業グループに属さない大手金融機関、銀行も有力大企業の株式を大量に保有している（↓九七頁以下）ので、株価下落は大手銀行の自己資本を減少させ、BIS規制の自己資本比率の維持を脅かした。金融庁によれば一九九〇年代後半、大手銀行が保有する株式は合計約四〇兆円であり、金融庁の試算では東証の日経平均株価が一万一〇〇〇円になると大手行の含み損は合計九兆円になるという。そして二〇〇二年三月期から導入された時価評価制度ではこの含み損の約六割が剰余金から差し引かれるので、経営が圧迫される。〇一年はじめから低下を始めた株価は九月一一日アメリカ同時多発テロによるアメリカ株価の大幅下落の影響をうけたうえに、日本経済自体の低迷が加わって〇二年九月には日経平均株価・TOPIXともにバブル後の最安値となり前者は九〇〇〇円を割り込む寸前になった。銀行・保険業の保有株も大幅に下落した。〇二年株価下落はさらに進んだ。

政府は急遽二〇〇一年臨時国会で成立させた「銀行保有株制限法」（「銀行等の株式等の保有の制限等に関する法律」）によって銀行等（農林中央金庫、信金中央金庫を含む）の株式保有を、自己資本額を上限に制限する（〇四年九月末から実施）と同時に「銀行等保有株式取得機構」設立を決めた。

この法的措置によって銀行が売却する必要のある株式は約一二〜一三兆円といわれたが、この巨額の保有株式を銀行がいっせいに市場で売却すれば株価下落を促し金融システムにも動揺を与えるので、「銀行等保有株式取得機構」によって銀行保有株を買い上げようとしたのである（存続期限は最長一〇年）。この「機構」は銀行業界が一〇〇億円を出資して〇二年一月設立されたが、株式買取りの原資は政府保証付き借入れ（二兆円、後に四兆円に増額）で調達し、株式売却時に銀行は将来の損失に備えて売却代金の八％を拠出する。「機構」が株価値下がりで損失を生じた場合には、売却時拠出金、当初拠出金の順でそれらを取り崩し、それを超えるものは税金で穴埋めすることになる。なお直後の法律改定で、〇三年一月から「機構」は「事業法人が保有する銀行株」も買い取ることができるようになり、その後の改定で「株式保有制限」期間を二年間延長、「事業法人が保有する銀行株」の買取額を拡大、「機構」の「存続期間」を一七年三月末まで延長した。

政府は「銀行等保有株式取得機構」の株式買取り価格、市場での売却価格を時価としたので、この措置は市場原理を歪めないと説明している。しかし「市場原理を歪めない」、「市場原理に介入しない」というのであれば、わざわざ法的措置によってこのような「機構」を設立する必要ははじめから存在しないはずである。「機構」は長期間の株式保有が認められており、その間に買取りの時期や額、売却の時期や額は、国の政策を反映して「機構」が政策的に決定するのである。しかも「機構」の損失を最終的には税で穴埋めするというのである。明らかに市場原理への介入である。

ただしこの「機構」では銀行が株式売却代金の八％を拠出する負担があるため予定どおりの買い

上げが進まなかったので、ついに日本銀行が「銀行保有株式」を買い上げることになるのである（→三〇三頁以下）。ここにも法的措置がきわめて安易に決められて法改定を繰り返し、また新しい制度を作っていく「小泉構造改革」のずさんさが現れているといえよう。

第三項　特殊法人等の廃止と民営化

「小泉構造改革」は「特殊法人」の廃止・分割、民営化を「聖域なき構造改革」として「構造改革」の中心にしていた。（特殊法人は公共的・公益的事業を営むために特別の法律で設立された独立の法人であり、国が業務の監督を行うとともにできるだけ経営の自主性、弾力性を認めて能率的経営を行わせようとするものである。「公社」＝郵政公社、「公団」＝日本道路公団はじめ道路四公団、石油公団等、「事業団」＝日本放送協会、「銀行・公庫・金庫」＝日本政策投資銀行、国際協力銀行、住宅金融公庫等、がある。これらは主として「財政投融資」資金によって運営され、これに国庫からの出資金、補助金、貸付金が加わる。一九九〇年代中葉における「一般会計」からの「特殊法人」に対する補助金、出資金の合計は二兆八〇〇〇億円前後である。）

これら「特殊法人」については、旧くから所管省庁からの天下り、政官癒着の温床、無駄・浪費、赤字累増等の問題があり、これらは一九八〇年代以降の大規模な公共投資拡大の過程で格段と強まった。財政投融資の肥大化・赤字拡大の抑制と国庫負担の削減のために特殊法人と財政投融資（略称財投）の見直しが行われ、二〇〇〇年五月財投の「資金運用部資金等の一部を改正する法律」が成立した。これによって「郵便貯金及び年金積立金」全額が財投「資金運用部」に預託する義務が廃止され、原則として自主運用を行うことになった。そして各「特殊法人」が「財投機関債券」を発行し、それが困難なものには「財政融資資金特別会計国債（いわゆる財投債）」発行によって貸付けを行うことになる。こうした改革を基礎にして「小泉構造改革」による「特殊法人」の廃止・民営化が急速に実施されたのである。

小泉内閣は、二〇〇一年一二月「特殊法人等整理合理化計画」、〇二年一〇月「特殊法人等の廃止・民営化等及び独立法人の設立等に当たっての基本方針について」を決定し、これに従って一六三法人の整理、合理化に着手し、〇五年一月末までにこのうちの八割にあたる一三五法人の措置を終えた。「廃止」は宇宙開発事業団、石油公団、都市基盤整備公団など一五法人、「民営化」は日本道路公団などの道路四公団、新東京国際空港公団（成田国際空港）、帝都高速道交通営団（東京地下鉄）など三六法人、「独立行政法人化」は三九法人（国際協力機構等）、「共済組合」措置が四五法人である。[33] しかしこれらの廃止の具体的措置はいずれもまだ明確ではなく、過去の資産と決算後の収益・債務の処理等の問題が先送りされているのである。これらは「構造改革」の中心といわれた道路四公団の「民営化」における例と共通しているものである。

道路四公団の「民営化」は二〇〇三年六月民営化関連四法案の成立によって、〇五年度中に高速道路の建設・運営にあたる六つの株式会社と道路資産をもつ独立行政法人「日本高速道路保有債務返済機構」とに分離することになった。そして道路公団の赤字約四〇兆円（〇二年度試算）は新設された独立行政法人「機構」が道路資産とともに継承し、この「機構」が道路資産保有にもとづくリース料等の収益によって、債務四〇兆円を四五年以内に返済することになっている。しかしこのリース料の原資は通行料金に依存するので、料金収入の減少や金利負担等によって、この「機構」による債務返済が計画どおりにいかなくなることは容易に予想できる。したがってこの民営化では民営化された新会社は赤字から解放されて効率と収益追求に専心できるが、膨大な赤字は「独立行政法人」という曖昧な「機構」に継承され、この「機構」が将来赤字を拡大し返済不能に陥れば、結局国民負担増となるのである。しかも国民の財産である道路を無料化するという途はこの民営化では不可能になるばかりか、「機構」の返済のために、料金値上げの可能性が大きいのである。

しかも、小泉内閣は二〇〇三年に高速道路の新建設に厳しい歯止めをかけるという「民営化」の最初の大目的を果たせないまま現行計画の未着工区間二千数百キロを期間延長等で実施することとした。また分離「民営化」の具体策は「道路民営化推進委員会」の議論の混乱・分裂で「最終報告」は「構造改革」の目標とはかけ離れたものになっている。「小泉構造改革」は民営化の長所として国鉄の民営化をしばしば例に挙げているが、国鉄民営化ではＪＲ七社は過去の赤字から解放され、赤字路線を廃止して主要幹線において「効率」と収益をあげているものの、不要資産と膨大な赤字（約三七兆円）を継承した「国鉄清算事業団」では土地売却金とＪＲ上場による株式売却金で赤字の一部を埋め合わせた後に残った赤字二四兆五〇〇〇億円が九八年解散時には二八兆三〇〇〇億円に膨張し、結局最後の用地売却をした後、赤字二二兆円が財政から支払われる国民負担増となったのである。「小泉構造改革」での民営化も同じような問題の処理方法であって、赤字の処理が将来に繰り延べされているのである。

「小泉構造改革」のいま一つの中心といわれた郵政民営化では、一応その第一歩として二〇〇三年四月日本郵政公社が発足したが、その後の民営化に対する疑問や反対は自民党内にも根強く、〇四年末になっても郵政をわざわざ民営化する理由はどこにあるのかが明確でないという不満や批判が相次いでいる。各種の世論調査でも国民が現在政府に求めていることの中心は年金改革や景気対策で、郵政民営化を優先すべきだという意見は少数に留まっている。

第六節　迷走を続ける金融政策

一九九二年以降の景気対策の主要な柱である超低金利の長期持続についてはすでに論及してきたので、本節では九九年の「ゼロ金利政策」、新しい「金融市場調節方式」・「量的金融緩和」政策以降、迷走を続ける日本の金融政策、日銀の金融政策を取り上げる。

あらかじめ注意しておく必要があるのは、金融政策における政府と日銀の関係である。日本銀行は一九九七年六月成立した「日本銀行法」（九八年四月一日施行）によって「自主性」を強めたといわれるが、この「自主性」は必ずしも明確に規定されてはいない。新「日本銀行法」は第三条で「日本銀行の通貨及び金融の調節における自主性は、尊重されなければならない」というが、第四条ではこの通貨及び金融の調節は経済政策の一環であるので「政府の経済政策の基本方針と整合的なものとなるよう、常に政府と連絡を密にし、十分な意思疎通を図らなければならない」という。そのため「小泉構造改革」についてその具体案を策定している「経済財政諮問会議」に日銀総裁は委員として参加している。もっとも速水総裁時代には政府・与党の日銀・日銀総裁への批判・不満と「ゼロ金利」の解除についての両者の意見の対立がしばしば新聞等で取り上げられたが、実際の日銀の政策は基本的には政府の要望と「整合的」になっていたといえる。小泉首相は二〇〇二年一〇月「臨時国会」の所信表面演説で「デフレ克服に向け、政府・日本銀行は一体となって総合的に取り組みます」と述べている。したがって以下の日本銀行の政策は、一部に政府との意見の相違はあるが、基本的には政府・日銀両者による国家政策といっても良いと思われる。

第一項　日銀の新しい金融市場調節方式・量的金融緩和政策

日本銀行は一九九五年九月以降、公定歩合〇・五%という超低金利を続けたうえ、九九年二月一二日には日本経済についての「非常事態宣言」ともいえる厳しい現状認識を示して史上はじめてゼロ金利政策（コール市場での「無担保コールレート（オーバーナイト物）」の金利を、取引手数料抜きの実質ベースで〇%に誘導するよう資金供給を行うもの）を始めた。超低金利の長期持続もゼロ金利政策も、先進諸国の歴史では例のない政策であった。二〇〇〇年八月にはゼロ金利誘導を解除し誘導金利を若干上げたが、その直後経済は悪化し政府等はゼロ金利解除は誤りだと厳しく批判する。日銀は〇一年三月新しい「ロンバート型貸出し制度」（あらかじめ明確にした条件を充たすかぎり、金融機関の希望するとき担保の範囲で希望する金額を原則公定歩合で日銀から借り入れることができる制度）を発足させたうえ、公定歩合を〇一年二月、三月に二回引き下げ〇・二五％とした。しかし都市銀行、地方銀行等の貸出残高は九七年から〇一年まで四年連続で前年の水準を下まわり、銀行の貸出抑制（"貸し渋り"）のためとくに中小企業の資金調達難による経営悪化は深刻化した。

新しい量的金融緩和政策の登場とその骨子

日銀は二〇〇一年三月一九日、過去十数年間、金融・財政の両面から大規模な政策対応がとられてきたにもかかわらず、ここにきて再び経済の悪化に見舞われたため、「通常では行われないような思い切った金融緩和に踏み切ることが必要と判断した」とのべ、新しい量的金融緩和政策を発表した。日本経済の厳しい現状と金融政策の行詰りに対する苦渋の選択であった。

日銀の新しい量的金融緩和政策の骨子は次のとおりである。①「金融市場調節の主たる操作目標」をこれまでの「無担保コールレート（オーバーナイト物）」＝「金利」から「日銀当座預金残高」に「変更」する。②これを「消費者物価指数（全国、生鮮食品を除く）の前年比上昇率が安定的にゼロ％以上となるまで」続ける。③「日銀当座預金残高」を五兆円程度に増額する（最近の四兆円強から一兆円積み増し）。④このため必要な場合は「長期国債買入れ」を増額する。ただし日銀の長期国債保有額残高は銀行券発行残高を上限とする（当時「長期国債買入れ」は月四〇〇〇億円ペース)。なおこの「長期国債買入れ」は、「後に売り戻す条件」をつけて買い入れる短期的金融調節のオペレーションとは異なって、「売り戻す条件」のない買上げであるので「国債買切り」というべきものである。以下では「国債買切り」という。③の結果、無担保コールレートは〇%近辺になると推測されるというので、この政策で「ゼロ金利政策」が事実上復活したといえる。

日銀が当座預金残高を「金融市場調節の主たる操作目標」とするというのは次の意味である。民間金融機関は各種決済、現金支払い準備、準備預金制度下での法定準備預金のために、日銀の当座預金口座(無利子)に預金をしている。日銀はこの当座預金残高を民間金融機関の預け額よりも大幅に積み増すことによって、民間金融機関がこの無利子の当座預金積増し分をより有利に運用しようと企業への貸出し、設備投資資金供給、外国債券投資等を拡大し、経済活動を活性化させることを期待したのである。日銀が「当座預金口座」を用いて民間金融機関への貸付けを拡大し、経済活動のための資金供給拡大を促したのである。

この量的金融緩和政策は「小泉構造改革」の柱ともなって急速に拡充・強化されていった。小泉内閣が発足直後に発表した二〇〇一年六月「骨太の方針」は「緊急課題」として「不良債権の抜本的解決」とRCC等の機能の抜本的拡充を挙げていたが、これと対応して日銀は当座預金残高目標を〇一年八月六兆円へ、一二月一〇~一五兆円へと拡大し、長期国債買切り目標を〇一年八月に月六〇〇〇億円へ、九月に月八〇〇〇億円へと拡大した。さらにその後いっそう拡大し、当座預金残高目標を〇四年一月には三〇~三五兆円へ引き上げ、長期国債買切り目標を〇二年一〇月に月一兆

資料 5　日本銀行の量的緩和政策と金融機関保有株式買入の推移

	当座預金残高目標	長期国債買切り月額目標	＊金融機関保有株式買入
2001 年 3 月 「量的緩和政策」開始	5 兆円程度	4000 億円	
同 8 月	6 兆円程度	6000 億円	
同 12 月	10～15 兆円程度	8000 億円	
2002 年 2 月	いっそう潤沢に	1 兆円	
同 9 月			＊金融機関保有株式買入開始 ＊買入総額上限 2 兆円[1]
同 10 月	15～20 兆円程度	1 兆 2000 億円	
2003 年 3 月			＊買入上限 3 兆円に
同 4 月	17～22 兆円程度[2]		
同 4 月	22～27 兆円		
同 5 月	27～30 兆円		
同 9 月			＊買入期間を延長
2004 年 3 月末（日銀決算）	当座預金 36 兆 3600 億円	長期国債保有 65 兆 5767 億円 短期国債保有 34 兆 4452 億円 国債保有計 100 兆 222 億円	
2004 年 9 月末			＊株式買入を終了 ＊株式買入累計[4]2 兆 180 億円

資料出所：日本銀行公表文書より作成。

注：1. 対象は株式保有額が自己資本（Tier1）を超過している銀行（事実上大手銀行）。買入株式は原則として 07 年 9 月末まで処分しない。「2017 年 9 月末までに株式市場の情勢を勘案し，適正な対価で処分。」

2. 郵政公社発足に対する措置で，金融緩和ではないといわれる。

3. 2003 年 6 月「資産担保証券」買入開始，上限 1 兆円。中堅・中小企業関連債権への配慮。

4. グロスベース，受け渡しベース。

二〇〇〇億円へと大幅に拡大した(資料5)。

二〇〇四年三月末決算で日銀の当座預金残高は三六兆三六〇〇億円(対前年五・四兆円増)となる。長期国債保有高は六五兆五七六七億円にも達し、短期国債保有高三四兆四四五二億円を加えると国債保有総額は一〇〇兆円(対前年一一・四兆円増)を超えてしまった。長期国債保有高がその「上限」とされていた銀行券発行高七一兆四〇三二億円に早くも近づいたことが注目される。

効果のあがらない量的金融緩和政策

日銀がこれだけの「量的緩和」の強化を続けたにもかかわらず、期待した効果はあがらなかった。マネタリーベース(第9図)は「当座預金」を中心に顕著な伸びを続けたが、マネーサプライの代表的指数「M2+CD」の伸び率は二〇〇二年末から減退し続け、貨幣の流通速度は低下している(第9図)。〇一年三月から〇四年三月までのあいだに国内銀行の総資産は約一八兆円減少したが、総資産に占める企業向け貸出しの比率は五七・六%から五三・五%へ低下した。企業向け貸出額の減少率は主要行の方が高い。この間、国内株式取得も減少した。大幅に増加しているのは国債であり、総資産に占める国債の比率は一三・一%から一五・二%へ上昇した。したがってこれだけ大規模な「量的緩和」を行ったものの、その多くは国債購入に向かい、目指していた産業への資金供給は拡大しなかった(第25表)。(「量的緩和政策の効果が明確にみられない」ことは『経済財政白書(〇三年版)』も認めている。[34])

第9図　マネタリーベースとマネーサプライの伸び（対前年同月比）の推移

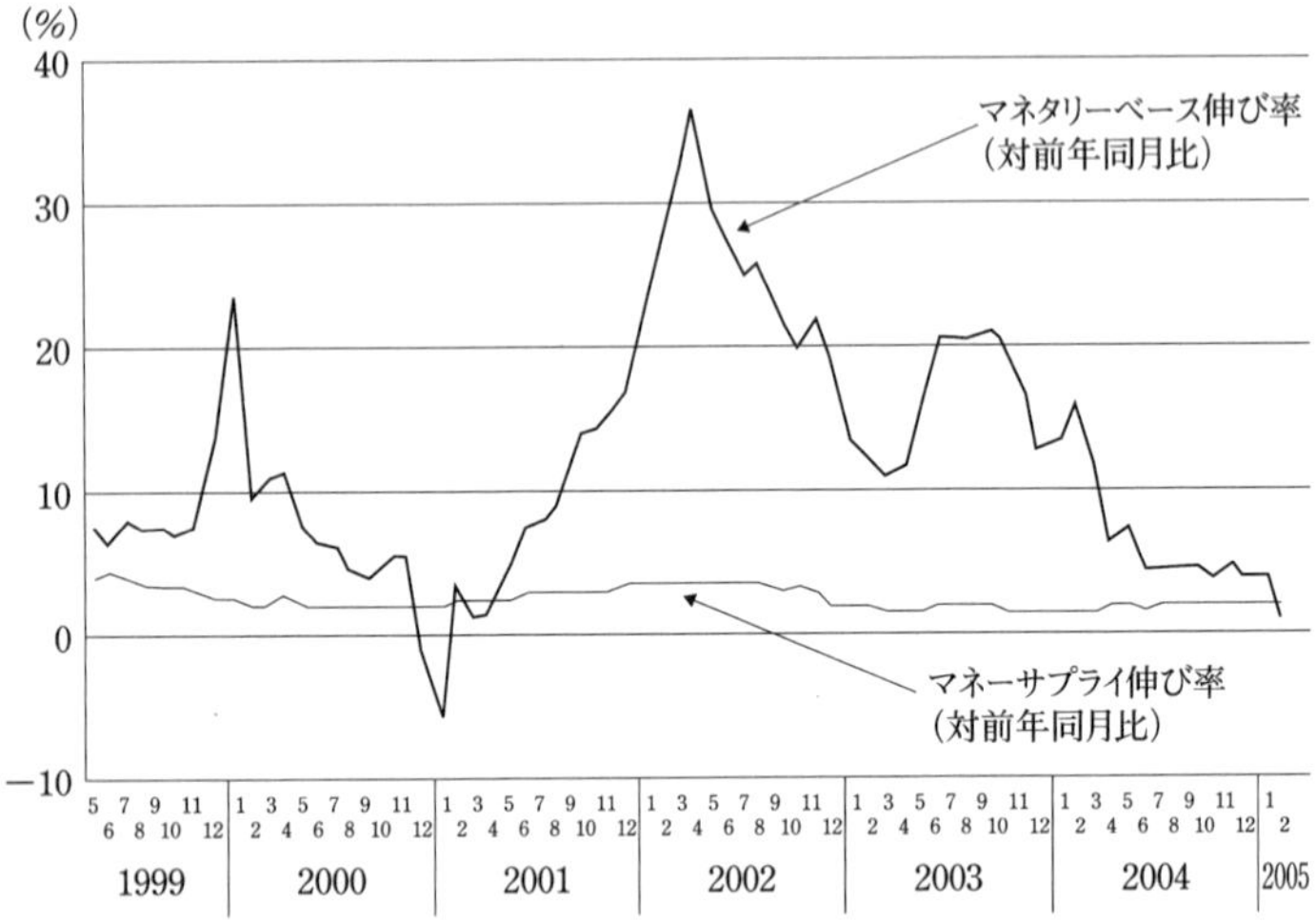

資料出所：日本銀行公表資料から作成。

注：1．マネタリーベースは「日本銀行が供給する通貨」で，具体的には，「日本銀行券発行高」＋「貨幣流通高」＋「日銀当座預金」。

2．マネーサプライは「金融部門から経済全体に供給されている通貨の総量」で，具体的には M2＋CD＝M1（現金通貨と預金通貨）＋定期性預金＋CD（譲渡性預金）

第25表　銀行等の資産構成の推移

（単位：兆円，（　）内は比率%）

年度	現金預金		うち日銀預け金		貸出金		国債等		株式等		総資産
1990	139.0	(12.5)	5.3	(0.5)	692.2	(62.3)	71.2	(6.4)	68.4	(6.2)	1111.9
1995	145.6	(12.9)	3.4	(0.3)	727.3	(64.6)	80.5	(7.1)	62.2	(5.5)	1126.3
1998	130.2	(11.2)	5.8	(0.5)	728.8	(62.9)	87.7	(7.6)	55.1	(4.8)	1157.7
1999	144.4	(12.6)	14.5	(1.3)	692.7	(60.3)	124.9	(10.9)	65.5	(5.7)	1148.9
2000	145.9	(12.0)	5.1	(0.4)	698.7	(57.6)	158.5	(13.1)	55.0	(4.5)	1212.0
2001	157.9	(13.4)	27.0	(2.3)	680.6	(57.7)	142.5	(12.1)	45.1	(3.8)	1179.1
2002	159.0	(13.6)	29.2	(2.5)	654.0	(55.8)	160.7	(13.7)	29.7	(2.5)	1171.2
2003	160.7	(13.5)	25.5	(2.1)	638.8	(53.5)	181.4	(15.2)	48.6	(4.1)	1194.1

資料出所：内閣府『経済財政白書（2004年版）』260ページ。

原資料注：1．日本銀行金融経済統計「資金循環」により作成。

2．2003年は12月末速報値。

3．銀行等は，国内銀行，在日外銀，農林水産金融機関，中小企業金融機関等。

理論的にみて、産業の側が過剰設備を抱え、生産拡大・設備投資を行う投資意欲のないところでは、当座預金残高の積み増しによって金融機関の利用可能な資金をいかに大量に供給したとしても、それだけで民間金融機関が産業へ生産拡大・設備投資のための貸付けを拡大することにはならない。量的緩和政策によって民間金融機関への資金供給が拡大されることと、それが金融機関によって産業活動のために貸し出されるということとは別の問題なのである。このことは超低金利政策について述べたことからすでに明らかであろう（↓一九〇頁以下）。しかも金融機関が大量の不良債権を抱え金融庁から不良債権減少を迫られているもとでは、金融機関は企業貸付へのリスク警戒を高めている。業績の良い一部の優良企業は借入金依存体質から脱却しており、大規模の借入金を必要とする安定的企業は一部少数しか存在しない。主要行の方が企業貸付けの減少率が高いのはこの反映である。日銀が供給を拡大した資金は、金融機関によって企業貸付けよりもリスクの少ない国債購入拡大に充当されていった。大手銀行にとってはＢＩＳ規制対策としても国債購入の方が有利であった。したがって日銀が大胆な量的金融緩和政策による資金供給拡大だけで金融機関の貸出し等が拡大し経済を活性化できると期待したことは誤った判断であったし、効果があがらなかったのはむしろ当然のことであった。

結果は日銀の国債買切り拡大・日銀の国債保有高の激増

こうして量的金融緩和政策がもたらしたものは、日銀が金融機関に利用可能な資金の供給を急激に拡大し、その資金で金融機関が国債を購入し、その国債を日銀が買い切るという関連である。結果的には、日銀の量的金融緩和政策は国債発行の歯止めをいっそう緩める役割を果たしたのである。これでは財政法が財政規律を失うとして禁止している日銀による長期国債の直接引受けと類似したものになっている。差異は、新規発行債が民間金融機関を経由していることだけである。量的金融緩和政策は、日銀が長期国債六五兆五七六七億円、国債総額一〇〇兆円超を保有する状態を生み出す役割を果たしたので、その責任はきわめて大きいといわねばならない。

過剰流動性の危険

以上では日銀の量的金融緩和政策が期待した成果をあげなかったことに注目してきた。民間金融機関に対し豊富な資金供給を拡大し続けても、産業の側が巨大な過剰設備を抱え生産拡大・設備投資の意欲をもっていないところでは、金融機関の貸付けは拡大しないのである。しかしこの面だけをみているわけにはいかない。長期にわたって日銀から豊富な超低金利資金が供給され、民間金融機関の当座預金口座に必要以上の資金が積み増しされていくもとでは、たとえ産業の側の投資意欲が冷え込んでいても、ある契機によって資産、とくに土地の価格上昇が始まると土地の投機的取引と住宅地の潜在的〝真の需要〟拡大が進み、金融機関のこれらへの貸付けが始まり、土地の投機的取引・〝真の需要〟の活発化と地価高騰との相互促進による土地バブルが出現する可能性がある。あるいはかっての第一次石油ショックのように原油価格高騰が投機的買付け、便乗値上げの継起によって物価の高騰を惹起する危険性もある。ここでは日銀による量的金融緩和が借入金にもとづいた投機的取引をいっきょに拡大させることに役立つ、つまりバブルや物価高騰を惹起し継続させる重要な基盤となるのである。国際的に投機的金融活動が拡張しているところでは、このような事態を惹起する要因は予期しない形でも存在する。

第二項　金融機関保有株式の日銀による買入れ

日銀による異例の決定

二〇〇二年株価は低下し続け九月四日には一九年ぶりに日経平均で九〇〇〇円の大台を割り込んだ。九月一八日、日銀はついに「金融機関保有株式」買入れに踏み切ることを発表した。超低金利の長期継続や「ゼロ金利政策」は先進諸国では例のないものであったが、中央銀行が大量の株式買取りを行うことも先進諸国では例をみないものであった。主要先進諸国で中央銀行が民間の株式を買い上げ保有している国は無い。民間銀行が巨額の株式を保有しているのはドイツだけであるから、銀行の保有株を中央銀行が買い上げるということは生じえないのである。日本でも日銀が大規模に銀行の保有株式を買い上げ保有することは予想もできなかったことである。法的にも日銀法第四三条では「日本銀行の業務とされた業務以外の業務を行ってはならない」とされており、もちろん株式買上げは「日本銀行の業務」ではないので「行ってはならない」ことになっている。今回の措置はこの第四三条で「ただし、この法律に規定する日本銀行の目的達成上必要がある場合において、財務大臣及び内閣総理大臣の認可を受けたときは、この限りでない」という「ただし書き」に依拠して行われた苦肉の政策決定である。

日銀はその公式発表で「金融機関保有株式の価格変動リスクが、金融機関経営の大きな不安的要因となっている」ので、このリスクを軽減することが「金融システムの安定」確保と「不良債権問題の克服」のために緊急課題であると言い、「金融機関による保有株式削減努力をさらに促すための、新たな施策の導入を検討する」という。(35) これは、政府が二〇〇一年一一月制定した「銀行保有株式制限法」によって銀行が「制限」を超える保有株式を処分する必要が生じるが、株式市場でいっせいに売却すると株価に大きな影響を与えるため日銀が買い上げるというものである。先に述べたように政府はすでに同じ目的をもつ「銀行保有株式取得機構」(〇二年一月)を新設していたが、この「機構」が期待した成果をあげられなかったので、日銀が急遽銀行保有株式買上げに乗り出したのである。このように急遽日銀が乗り出したということは、株価低下の深刻さとともに、大手金融機関の不良債権処理と経営安定化がなお進んでいないことを表すものである。

日銀による株式買入れは二〇〇二年一一月二九日より実施されたが、その対象は株式保有高が「中核的自己資本」(Tier 1)を上まわっている銀行(事実上大手行)で、期間は〇三年九月まで、買入総額(残高)の上限は二兆円、「買入対象金融機関毎の買入上限額」は五〇〇〇億円(日銀の子会社化を避けるため)、買入価格は時価を基本とし、買入株式は〇七年九月末までは市場で売却しないで一七年九月までに適正価格で売却するとされた。しかし翌〇三年三月には早くも買入総額の上限は三兆円に、「買入対象先」毎の「買入上限額」は七五〇〇億円に引き上げられ、買入期間は延長された。〇四年九月三〇日に買入れを終了し、株式買入累計額（グロスベース）は二兆一八〇億円に達した（資料5）。ここで注目されることは、買い上げた株式を長期間保有することが規定されていることである。これでは日銀が取得した株式の株価の長期安定化をはかるものとなり、従来、大手民間銀行の株式保有が果たしてきた役割を日銀が代行することになる。

「小泉構造改革」は競争市場原理主義の徹底化を強行しながら、これらは明らかにそれに反した株式市場への日銀＝国家の介入である。

このように日銀が大手金融機関の保有株式の大量購入を行うことは、大手金融機関の日銀依存の体質を強め、金融機関の自己責任の欠如・モラルハザードを生むことになる。それだけではない。日銀が大手金融機関の保有株式の買上げにいったん踏み出せばそれだけでは止まらないことになる。二〇〇三年六月、日銀は中堅・中小企業関連資産を主な裏付資産とする「資産担保証券」を金融調節上の買入対象とすることを決定し、七月から買上げを開始した（〇六年三月末まで、残高一兆円）。またその後、この買入れ「資産担保証券」の基準の見直し（緩和）が行われた。政府・与党からは一般株式や不動産の買上要求も根強い。

日銀の財務の不健全化

以上のように日銀が次々と異例といえる政策を日銀法の苦しい解釈を行いながら実施していくことは、本来の中央銀行の機能を踏み越えた経済政策を日銀が担うことを意味している。これが政府の要求であれば政府が日銀に本来の業務を越えた景気対策を押し付けたことになるが、日銀の決定として行われているのでこの点は問わない。しかしこのようなことは、日銀の財務の健全性を侵害することになる。日銀の決算をみると「量的緩和政策」の影響をうけて、総資産残高は二〇〇一年以降急増し、自己資本比率（「資本金、準備金、引当金の合計＝自己資本」を日銀券発行残高で割った比率）は、〇三年三月末には日銀が経営の健全度の目安とする八％を割り込んだが、これは一九八〇年三月末以来二三年ぶりのことである。しかもバランスシートの内容ではすでに指摘したように、〇四年三月末、長期国債保有残高六五兆五七六七億円、全国債保有残高一〇〇兆円強に達し、信託財産株式（株買取り等残高）一兆九二六五億円が加わった。これらが資産のうちで高い比率を占めるようになっている。日銀が長期国債の買切りとともにリスクのある株式の買上げを進めることは、日銀自体の経営内容を不安定なものとし、国債価格や株価の下落によって日銀の経営の悪化が生じることにもなる。経営の健全性を第一にするべき中央銀行＝日銀の基本は侵害されているといえる。

なお一九九〇年はじめより日銀が金融機関の経営危機・破綻に対して日銀特融、破綻処理機構への出資等の形で救援を深めてきたことも日銀の財務の健全性を侵害している。すでに指摘した山一証券への日銀特融の焦付き一一一億円等の損失がある。しかも日銀特融の一種ともいえる預金保険機構への貸付けが急速に拡大しているが、同機構は大量の赤字をだしているので、これが将来焦げ付く可能性も大きい。これらはいずれも日銀の財務にマイナスに働くとともに、国民負担の増加をもたらすことになるのである。

第六節への補足 「デフレ」論・「インフレ・ターゲット論」の混乱

消費者物価は一九九〇年以降対前年上昇率が低下し続け、九五年の超円高の年にわずかではあるがマイナスを記録、その後上昇したが九八年夏にマイナスに転じその後緩やかではあるがマイナスを続けている（九九年△〇・三%、二〇〇〇年△〇・七%、〇一年△〇・七%、〇二年△〇・九%、〇三年△〇・三%）。消費者物価が連続下落するのは戦後はじめてである。これをめぐってデフレ論議が台頭したが、「デフレ」は不況、物価の低下、資産価格の低下＝資産デフレ等を指すものとして用いられ、その概念も議論も混乱していた。

こうしたなかでデフレを「貨幣現象」とし、このデフレを不況の元凶とみなし、不況克服のためには日銀による資金の量的緩和の大幅拡大によって「インフレ・ターゲット（インフレ目標）」までインフレを惹き起こす必要があるという「インフレ・ターゲット論」が現れ、ジャーナリズムを賑わした。この主張は、不況の原因とその克服政策を「貨幣現象」とみなすデフレとインフレに絞ったもので、実体経済の側を無視する見解の極限の姿を示しているといえる。このような主張が一時脚光を浴びたのは、一九九〇年代以降、大規模な財政赤字に依存した景気対策を続けても、また超低金利を長期にわたって続けても、景気がいっこうに回復しない閉塞状態のもとでなにか新しいものが求められていたためであろう。しかしジャーナリズムで過大に取り上げらることによって、この「インフレ・ターゲット論」は日本経済の全問題を「貨幣現象」といわれるデフレとインフレにしてしまい、日本経済全体の問題の所在を棚上げにするという役割を果たしたのである。

以下ではデフレ概念の混乱を指摘した後、「インフレ・ターゲット論」を検討・批判する。

デフレの公的定義

一九九〇年代に消費者物価の対前年上昇率の低下が生じたもとでデフレという用語が現れたが、デフレの公的な統一的定義はなく混乱が続いていた。旧経済企画庁物価局『物価レポート一九九九』は、デフレの定義には、①「(物価動向にかかわらず)不況、景気後退を指す場合」、②「物価の下落を伴った景気の低迷を指す場合」、③「景気の状況にかかわらず物価の下落を指す場合」があるとし、このレポートでは②を採用していた。[36] 一般でも②が多かったが、②のなかでも物価下落と景気低迷の関連をどう把握するかによって差異があった。他方、『経済白書(九四年版)』では九三年の「物価全般の上昇率の鈍化」に注目してこれを「ディスインフレ」と呼び、[37] この用語も一部では継承されていた。

二〇〇一年三月、内閣府（旧経済企画庁を統合）はデフレの公的定義を統一するため、デフレを「物価下落が二年以上継続している状態」とし（IMFなどの国際機関で使われているもの）、「物価をはかる物差し」は「卸売物価指数より偏りが少ない消費者物価指数を使う」ことにした。同時に内閣府は全国の消費者物価の総合指数（総務省、九五年＝一〇〇）が九九年に前年比マイナス〇・三％、二〇〇〇年マイナス〇・七％（過去最大の下落率）と二年連続して下落したので、この定義に従って日本は「デフレである」と明言した。[38]『経済財政白書（〇一年版）』はこの内閣府の定義に従って「消費者物価指数」（ただし変動する生鮮食料品除く総合）でみると「日本経済は既に二年程度緩やかなデフレの状態にある」、また「一国の経済活動全般の物価水準を示すGDPデフレーター」でみると「九〇年代半ば以降緩やかなデフレの状況」だという。そして「このような状態は、日本経済にとって戦後初めての経験であり、また戦後の他の先進国においても例がない」という。[39]

しかし「消費者物価の下落継続」はさまざまな原因でさまざまな内容をもって生じる。内閣府の定義のようにその原因や内容を規定しないまま「消費者物価の下落継続」ということのみを「デフレ」と規定したのでは、生産性上昇によって生じようと、大幅な円高傾向によって生じようと、低廉な原料・製品の輸入によって生じようと、すべてがデフレになってしまう。しかしそれぞれは原因も経済への影響も対策が必要かどうかも異なっているのである。「消費者物価の下落継続」＝「デフレ」は経済学的概念とはいえないものである。したがって「消費者物価の下落継続」をわざわざデフレとしないでその原因、内容、影響を分析することだけで充分であった。定義を統一するという内閣府の意図に反し、その後もデフレがさまざまな意味で用いられることになったのはむしろ当然といえる。

その後のデフレ概念の混乱

内閣府のデフレの定義公表の後も、これ以外の意味でデフレが用いられることが多かった。

第一は、デフレに不況を含めるものである。「小泉構造改革」の主要方針を示した二〇〇二年二月「早急に取り組むべきデフレ対応策」(略称「デフレ対応策」)は、「デフレ対策」といいながら「物価の継続下落」(デフレ)には触れないで、主要課題として不良債権最終処理の促進、金融機関の健全性確保、株価対策等を挙げており、これらが「消費者物価の下落継続」(デフレ)に対する対策であるかどうかも明らかにしていない。ここでのデフレは不況であり、デフレ対策は不況対策であると理解できる内容であった。このことが、新聞や一般の論議においてデフレを「物価下落をともなう不況」ないしは「不況」とし、「デフレ対策」を「不況対策」のように使うことを流布させる役割を果たしたといえる。

第二は、デフレのなかに物価の下落とともに資産価格の下落＝「資産デフレ」を含めるものである。日本では物価下落が問題となる前から、はるかに激しい資産価格下落が生じこれを「資産デフレ」と呼ぶ論者もいたので、内閣府の定義の後にもデフレに「資産デフレ」を含めるものが少なくない。しかし資産価格暴落は消費者物価の持続的下落とは原因も、経済への影響も異なるので、デフレに「資産デフレ」を入れることによってデフレの議論に混乱が生じた。

第三に、デフレを「物価の下落継続」とするが、その内容を貨幣供給量に起因する「貨幣現象」ととらえ、このデフレが不況の原因であるから不況克服のために「インフレ・ターゲット」政策が必要であるという見解が現れた。これによってデフレ論議はいっそう混迷を深めた。

筆者は、明確な経済学的概念とはいえないデフレという用語に翻弄されることに終止符を打つために、デフレという用語を使わないで、株価、地価・住宅地価の下落、消費者物価の下落と呼んでそれぞれの分析をすることを提案したい。

デフレを不況の元凶とする見解、「インフレ・ターゲット論」の骨子

元来「インフレ・ターゲット（インフレ目標）」政策は、資本主義諸国においてインフレを抑える目的で中央銀行や政府・中央銀行の協議によって物価上昇率の目標（一～三％）を設定してそこまで物価を下げようとする政策であった。日本のものはそれとはまったく異なって、デフレを克服するために「インフレ・ターゲット」政策をとることを主張するものである。これを日本で採用することを提唱したのはプリンストン大学教授ポール・クルーグマンで、これが日本の論議に火をつけた。

日本におけるこの見解の骨子は次のように要約されよう。[40]

(1)「インフレもデフレも、貨幣供給量の長期変化によって起こる貨幣的現象である[41]」。その理論

的基礎は貨幣数量説であり、その「貨幣数量方程式」を若干変形した「所得版の貨幣数量方程式」、「貨幣供給量」（M）×「貨幣の所得流通速度」（V）＝物価（P）×実質国内総生産（GDP）が用いられる。したがって貨幣供給量の変化に比例して物価が変化する。ここではVは比較的安定しているので一定と仮定、実質GDPは貨幣供給量が変化しても変化しないので一定と仮定される。

(2) デフレは「物価」＝「絶対価格」の下落の問題である。生産性上昇による価格低下や中国等からの安い製品輸入による価格下落はその製品の「相対価格」の低下であり、これは他の製品購入の拡大・価格の上昇をもたらすので「物価」を変化させない。したがってデフレ論議では「相対価格」の変化ではなく、「物価」＝「絶対価格」を問題にすべきである。(42)

(3) 中央銀行・日銀が供給するマネタリーベース（日銀当座預金＋流通現金）は、ほぼ一定といえる貨幣乗数に応じてマネーサプライ（M2＋CD）を変化させる。したがって中央銀行・日銀はマネタリーベースによってマネーサプライをコントロールできる。

(4) デフレは不況をもたらす。名目金利（ゼロに近い）をゼロ以下に下げることはできないため、デフレは実質金利（「モノで測った金利」）を上昇させ借金（債務者）の実質負担を増大させるとともに、実質賃金の上昇（「名目賃金は下方硬直的」）をもたらし、企業経営を悪化させる。また物価下落は企業の売上額減少によって収益を減少させる。企業は同じ売上額を維持するためにはより多く販売する必要がある。実質金利上昇により同じ借金の返済のためにもより多く販売する必要がある。より多く販売しようとすることは物価下落を促し「デフレがいっそうのデフレを引き起こし、景気

の悪化が止まらなくなる」デフレ・スパイラルに陥る危険がある。(43)

(5)　不況克服・デフレ脱却のためには「インフレ・ターゲット」(上限三%程度)を設定し、日銀はその目標まで価格を引上げなければならない。そのため日銀は量的緩和、長期国債の買切りオペ等によって貨幣供給量を増大しなければならない。そのさい日銀はインフレ目標達成を強調して「インフレへの期待感」を生み出す必要がある。インフレ期待が高まりインフレになると、資産取引が拡大し、実質金利の低下、実質賃金の低下、売上総額の増大が生じ、設備投資、消費の拡大、企業の収益改善によって景気は回復軌道に乗る。「インフレ・ターゲット」政策をとっても、日銀は貨幣供給量をコントロールできるから「インフレ・ターゲット」以上にインフレが暴走する危険はない。

以上が「インフレ・ターゲット論」の骨子である。

「インフレ・ターゲット論」の誤り

(1)　第一に、「所得版の貨幣数量方程式」によって貨幣供給量の減少(増大)が物価の低下(上昇)をもたらすというが、この見解の致命的欠陥は、なぜ貨幣供給の変化が生じ、それがいかなるルートで需要者(企業や個人)を経て需要供給の関係によって物価を動かすのかという論理が欠落していることである。「インフレ・ターゲット論」では、「貨幣の供給イコール財・サービスへの需要増大」が前提されてしまっている。貨幣数量説では、貨幣供給の拡大によってインフレを惹起できる例として、ヘリコプターで貨幣を空からばら撒いても物価を引き上げられるという〃ヘリコプターマネー論〃が述べられるが、ここにはこの誤りが端的に示されている。すなわちここではヘリコプターで撒いた貨幣の供給増大はそのまま財・サービスへの需要増大となることが暗黙裡に前提されてしまっているのである。デフレの例ではおそらくはヘリコプターで撒くのと反対に空から吸引機械で貨幣を吸い上げ貨幣供給を減少させると価格は低下するというのであろうが、ここでは吸い取られた貨幣の減少はそのまま財・サービスの需要減少となることが暗黙裡に前提されているのである。

しかし中央銀行の貨幣供給の変化をこれと同じと考えることは基本的に誤っている。貨幣供給が増大するルートの一つとして、中央銀行引受けによる赤字国債発行によって貨幣供給が増大し、それをもって国家が直接購買者として軍需品等を購入する場合を考えると、ここでは貨幣供給増大はイコール国家需要の増大である。これはヘリコプターで撒くという例と類似している。しかし現在の中央銀行による資金供給拡大の場合は、これとは基本的に異なっており、日銀が資金供給を増大してもそれがそのまま需要を拡大するという関係は存在しない。「インフレ・ターゲット論」者は、日銀の貨幣供給ルートと〃ヘリコプター・マネー〃の供給ルートとを同一視する基本的な誤りを犯している。ここから(3)の日銀がマネタリーベースをつうじてマネーサプライをコントロールできるという誤った主張も生じたのである。

(2) デフレは「相対価格」の変化ではなく、「物価」=「絶対価格」の下落の問題であるというのも奇妙な主張である。「インフレ・ターゲット論」者は日本の消費者物価の低下について、IT産業での生産性上昇、円高による輸入品の低廉化、中国等からの安い製品の輸入等による価格低下は「相対価格」の変化であって、「物価」＝「絶対価格」を変化させないからデフレの問題ではないという。しかし一般物価水準の下落は個々の価格の変化が積み重なって生じるのであって、一部の価格下落が他の物価上昇で相殺される必然性はない。物価＝「絶対価格」だけを問題にすれば良いというのは、いくつかの仮定にもとづく「(所得版)貨幣数量方程式」における貨幣数量の変化と価格との関係が現実に妥当するといっているにすぎない。現実の物価低下の考察において「絶対価格」だけを問題にすることは、一部商品の価格低下はつねにその他の商品購入の増大・価格の上昇をもたらすという仮定がなければ成り立たないことである。

(3) 日銀がマネーサプライをコントロールできるという主張は(1)の誤りにもとづく誤った見解である。日銀が当座預金の積増し等によって民間金融機関に対する資金供給の増大＝マネタリーベースの増大を進めたとしても、実体経済の側が経済停滞・設備過剰で銀行への資金需要が乏しいところでは、銀行の貸付けは低迷ないし減退し、マネーサプライは増大しない。日銀が貨幣供給を増大してもそれによって実体経済における資金需要を増大できるわけではないし、銀行の貸付けを増大できるわけでもない。事実、日銀が二〇〇一年三月以降、量的金融緩和政策によって巨額にのぼる資金供給の拡大を続けたにもかかわらず、銀行の貸付は減少しマネーサプライが減退傾向であったことはすでに明らかにしたとおりである。

(4)　デフレが不況の元凶であるという主張も、「インフレ・ターゲット」の実現で不況を克服できるという主張も一面的な誤りである。「インフレ・ターゲット論」者は最初から「貨幣現象」であるデフレだけを注目し、実体経済の側、需要供給の関係はほとんど無視しているので、不況の原因はもっぱらデフレによる実質金利上昇、実質賃金上昇、売上総額減少（？）にあるということになる。経済停滞のもとでの需給関係悪化による販売困難・生産過剰が物価下落をもたらす関係はまったく問題にならない。ここから現実分析での誤りが発生する。一例を挙げれば、デフレによる実質金利の上昇による債務（借入れ）負担の増大が不況要因として重視され、インフレによる実質金利の下落が債務（借入れ）負担を軽減し不況を克服する重要な要因だといわれる。しかし一九九〇年代以降では、超低金利を長期にわたって持続しても景気回復に役立たなかったのである。実体経済において国内外需要の縮小、設備過剰のもとで企業活動拡大・設備投資の意欲が冷え込んでいるところでは、金利引下げでは経済を活性化できないのである（↓一九〇頁以下）。したがって九九年以降の実質金利の若干の上昇が不況の主要な原因であるという主張も、インフレ目標達成による実質金利の若干の低下が景気回復力をもつという主張も、理解に苦しむが、「インフレ・ターゲット論」者はこれに対し説明をしてない。

また景気回復の説明では、「インフレ期待」が高まると貨幣供給の増大が資産取引に向かい資産価格が上昇し回復作用を果たすといわれる。しかし貨幣数量説ではストックの価格の問題は除外されており、資産価格と貨幣供給の変化との関係、一般商品の物価と資産価格との関係は明確にされていないのである。それにもかかわらず実際には「資産デフレ」解消がデフレ克服、不況克服で重要な役割を演じるというのでは論理一貫性がない。

(5) 「インフレ・ターゲット」政策をとっても、(1)と(3)の理由によって「インフレ・ターゲット」まで物価を的確に引き上げることはできないので、効果をあげることはできない。そればかりではなく、「インフレ・ターゲット」政策を続けると「インフレ・ターゲット」を超えてとくに資産価格の急騰が生じる危険性がある。岩田規久男氏は「インフレ・ターゲット論」に反対する論者が、日銀の貨幣供給量増大によって「インフレ・ターゲット」までインフレを起こすことはできないと主張するのと同時に、日銀の貨幣供給量増大の行き過ぎがハイパーインフレを惹起する危険があるというのは矛盾していると反論される。(44) しかし決して矛盾してはいない。

日銀によってインフレ目標どおりにインフレを起こすことができないことはすでに指摘した。しかし超低金利が持続するもとで、日銀が実体経済の資金借入れ需要・銀行貸付けの必要をはるかに超えて国債買切り、当座預金の積増しによって膨大なマネタリーベースの拡大を続け、しかも日銀が「インフレへの期待感」を喚起するならば、そこでは価格上昇を見込んだ土地の投機的買付けが始まり、銀行がこれらに貸出しを増加していけば、価格上昇と銀行借入れにもとづいた投機的買付けとが相互に促進しあう事態が生じる危険がある。そこでは日銀の資金供給増大は銀行の土地担保融資を膨張させる基礎となるのである。あるいは国際的に投機活動が拡がっているもとでこのような豊富な貨幣供給が続いているならば、かつての原油価格の暴騰のように、なんらかの契機で一般商品の価格高騰に投機が入り込み、物価の急上昇の生じる可能性もある。

(6) デフレ・スパイラルについての主張も納得できない。「インフレ・ターゲット論」者は先のようにデフレでは売上高の減少や実質金利上昇による金利支払い増大をカバーするために販売量を増大しなければならなくなり、この販売拡大が価格を下落させて「デフレがいっそうのデフレを引き起こし」デフレ・スパイラルに陥る危険があると主張される。しかし物価下落（デフレ）が「売上高の減少」を生むということも生産量一定の仮定のもとでのことで、物価下落は売上高を拡大する傾向もある。また一応「売上高の減少」が生じそれを埋め合わすための販売量の増大が行われるとしても、それによる若干の価格下落だけからはデフレ・スパイラルは論証できない。実体経済における過剰生産・過剰設備・販売困難による価格下落をいっさい認めようとはせずに、デフレを「貨幣現象」としていた論者が、このような販売量の増大による価格下落を重大視し、ここから「デフレがデフレをよぶ」デフレ・スパイラルに陥ると主張することは首尾一貫していないし理論的に無理である。

不況・恐慌でのスパイラル的下降は、実体経済における過剰生産・設備過剰の発生を基礎にしているのであって、過剰生産・販売困難と価格下落との相互促進が企業の経営悪化・倒産をも惹起しつつ、販売不能・設備過剰・倒産の急速な連鎖波及と価格の急落とを生み出していくのである。

(7) 最後に、「インフレ・ターゲット論」者は、物価上昇による景気回復の説明では、資産価格、とくに土地価格の上昇を取り入れて景気回復を説くことが少なくない。だが、住宅地価は大幅に下

第26表　地価の変動率（対前年比，公示価格）

年	東京圏住宅地	大阪圏住宅地	全国住宅地	東京圏商業地	大阪圏商業地	全国商業地	全国工業地
1991	6.6	6.5	10.7	4.1	8.1	12.9	13.5
1992	△9.1	△22.9	△5.6	△6.9	△19.5	△4	△0.4
1993	△14.6	△17.1	△8.7	△19.0	△24.2	△11.4	△4.7
1994	△7.8	△6.8	△4.7	△18.3	△19.1	△11.3	△3.7
1995	△2.9	△1.9	△1.6	△15.4	△15.3	△10	△2.3
1996	△5.0	△4.3	△2.6	△17.2	△15.8	△9.8	△3.6
1998	△3.0	△1.5	△1.4	△8.2	△6.8	△6.1	△2.4
2000	△6.8	△6.1	△4.1	△9.6	△11.3	△8.0	△5.0
2002	△5.9	△8.6	△5.2	△7.4	△11.3	△8.3	△7.4
2004	△4.7	△8.0	△5.7	△4.5	△8.8	△7.4	△8.7

資料出所：国土交通省土地総合情報ライブラリー「公示価格年別変動率」。

第27表　戸建住宅地[1]の住宅価格の国際比較（1998年1月）

	住宅価格[2]		住宅床面積	敷地面積
	(円)[3]	(指数)	(m^2)	(m^2)
東　京	114,500,000	100.0	150	200
大　阪	83,720,000	73.1	130	210
ロンドン	77,027,439	67.3	140	400
ロサンゼルス	49,349,880	43.1	186	650
フランクフルト	48,656,716	42.5	120	300
ニューヨーク	32,600,000	28.5	186	279
パ　リ	27,542,243	24.1	120	400

資料出所：国土庁土地局『世界住宅価格等調査について』1999年9月。（社）日本不動産鑑定協会が委託され実施した調査の報告書。

注：1. ここでの「戸建住宅地」とは各都市の都心から概ね1時間以内の一戸建住宅が集積している地域で，居住環境が良好な地域を対象としている。たとえば東京では杉並区成田東が調査地点として選定されている。

2. 「住宅価格」とは，「土地・建物の規模や用途，間取り等から判断して，地域において標準的規模の敷地を設定し，当該敷地上に最有効使用の状態にある，地域の標準的な住宅を想定して算出した」「土地・建物一体価格」である。

3. OECD購買力平価によって円換算したもの。

補足：住宅地・住宅の価格が大幅に下落した1998年においてなお東京・大阪の住宅価格が他の先進諸国の大都市に比してきわめて高いこと，敷地面積が非常に狭いことが明らかである。

落したとはいえ、一九八五年水準になったのであり、外国と比べると日本の住宅地・住宅の価格はいちじるしく高く、敷地面積はきわめて狭いのである。第2図や第27表の示す実態をどのように認識されているのであろうか。

＊　＊

「小泉構造改革」は「インフレ・ターゲット論」に対し明確な支持を公表してはいないが、竹中経済財政・金融相はこれを支持する発言をしている。(45) 速水日銀総裁は任期の最後まで「インフレ・ターゲット論」をとらないと言い続け、自民党の一部や「インフレ・ターゲット論」者の厳しい批判を浴びていた。日銀は、膨大な国債買切りと当座預金の積増しによってマネタリーベースの拡大を続けているということでは、「インフレ・ターゲット論」と類似した面があるのではあるが、速水日銀総裁はその政策をとらないと述べることによって、資金供給拡大措置は実体経済に資金をまわすようにすることであって、インフレに踏み込むことの危険を避けるべきだということを示す意図があったように思われる。

終りに

第一節　財政危機の意味するもの

財政危機を第II部第二章ではなく、「終りに」で取り上げるのは、財政危機が本書でみてきた日本経済のあり方、さまざまな国家政策が生み出してきたものであり、それらの誤りや弊害を総括的に表すものだからである。一九九〇年代以降の景気対策としての公共投資拡大政策、大規模開発政策の持続、九五年、九七・九八年の金融危機の阻止、膨大な「公的資金」投入、不良債権「最終処理」の強行などはことごとく財政赤字拡大に依存して展開されたものであり、問題・矛盾を財政赤字に移していったものである。そしてこの財政赤字が改善されなかったことは、これまでの国家政策が経済の再生・活性化をもたらすことができずに、さらに財政赤字拡大に依存する新しい政策を必要としていったことの結果である。この意味でこの財政危機は九〇年代以降の一連の国家政策が経済状況を改善できなかったことを端的に表すものといえる。

なお日本では一九八〇年代中葉、「経済大国」化を謳歌していたもとで「財政赤字依存構造」が定着しており（第I部第一章第二節第四項）、これを引きずっていたことが九〇年代以降における財政赤字問題をいっそう深刻にしたのである。

九〇年代以降における財政赤字の深刻化

一九九〇年代以降における財政悪化の原因の第一は、九二年度以降国債発行に依拠した大規模な公共投資拡大の景気対策が年々実施されたことと、これが経済の活性化をもたらさなかったことである。この結果、一般会計歳出の増大、国債費の膨大化が進むのに反し、経済停滞によって税収は九〇年度六〇・一兆円をピークにして大幅な減少傾向を続けていき財政赤字が累増していったのである。プライマリー・バランス＝基礎的財政収支（「借入れを除く税収等の歳入」から「過去の借金に対する元利払いを除いた歳出」を差し引いた財政収支）は九二年度以降赤字となり、この赤字の拡大傾向が続いている。（プライマリー・バランスが均衡している状態とは、「過去の借金に対する元利払い」を除いた歳出を税収等で賄い、新たな借金を生み出さない状態を意味するので、これは財政状況をみる一つの基準といわれている。）橋本内閣は九六年に「財政構造改革」を掲げ、まず実施したのが九七年四月一日からの消費税五％への引上げ等の国民負担増九兆円であったため景気冷え込みを倍加し、ただちに公共投資拡大路線へと政策転換したが九七・九八年経済状態は深刻化した。九八年夏の参院選挙での自民党惨敗によって橋本首相は退陣、替わって登場した小渕首相は財政赤字膨張を恐れずに景気回復を最優先する政策を掲げた。九八年「緊急経済対策」で過去最大の総事業費二三兆九〇〇〇億円を組み、一二月「財政構造改革法」凍結、法人税減税、所得税恒久減税、九八年度過去最大の三四兆円の国債新規発行（うち特例国債七兆一八〇〇億円）を行い、公共投資拡大政策を強化

第28表　国債発行の推移

（単位：億円，％）

年度	普通国債新規発行額 実績[1]	うち特例国債[1]	国債依存度（実績）[3]	国債残高	残高の対GDP比	国債費（当初）[2]	国債費比率[4]	借換債発行額
1965	1,972	1,972	5.2	2,000	0.6	220	0.6	—
1970	3,472	—	4.2	28,112	3.7	2,909	3.7	—
1975	52,805	20,905	25.3	149,731	9.8	10,394	4.9	4,156
1980	141,702	72,152	32.6	705,098	28.6	53,104	12.5	2,903
1985	123,080	60,050	23.2	1,344,314	41.1	102,242	19.5	100,649
1990	73,120	9,689	10.6	1,663,379	37.0	142,886	21.6	319,662
1995	212,470	48,069	28.0	2,251,847	45.0	132,213	18.6	474,938
1999	375,136	243,476	42.1	3,316,687	65.3	198,319	24.2	614,760
2000	330,040	218,660	36.9	3,675,547	71.6	219,653	25.8	692,532
2001	300,000	209,240	35.4	3,924,341	78.3	171,705	20.8	725,019
2002	349,680	258,200	41.8	4,210,991	84.6	166,712	20.5	821,911
2003	364,450	297,520	44.5	4,594,360	91.6	167,981	20.5	

資料出所：大蔵省・財務省『国債統計年報』1997年度，2002年度。

注：1,「実績」は一般会計歳入決算の「収納済公債金歳入額」。

2,「当初」は「当初予算」のこと。

3.「国債依存度（実績）」は一般会計歳入決算額に占める普通国債新規発行実績の％。

4.「国債費比率」は一般会計歳出額（当初）に占める国債費（当初）の％。当初予算で国債費が一般会計歳出を圧迫することを見るため，当初予算の％とした。

第29表　税収と歳出，税収比率の推移（年度）

（単位：億円，％）

	1990	1995	2000	2003[1]
租税収入(a)	601,059	519,308	507,125	417,860
歳出総額(b)	692,686	759,385	893,210	819,396
税収比率(a/b)％	86.8	68.4	56.8	51.0

資料出所：川北力編『日本の財政　2004年度版』26ページ。

注：1. 2003年度は補正予算後。

していった。「世界一の借金王」を自認する小渕首相のもとで財政赤字は格段と深化していった。九九年度財政では、国債発行額は過去最大の三七・五兆円となり、国債発行額はついに国の「純税収」（地方交付税を除く）を上まわった。主要先進国で国債発行額が「純税収」を上まわっている国は他にはない。九九年度、国債依存度は九〇年度の一〇・六％から過去最高の四二・一％へと大幅上昇した。国債残高は三三一・七兆円で九〇年度の一六六・三兆円の約二倍に膨張、国債費は超低金利のため増大が抑制されていたにもかかわらず一四・三兆円から一九・八兆円へと拡大した（第28表）。

「小泉構造改革」は財政危機克服に失敗

「小泉財政構造改革」の基本は「構造改革と経済財政の中期展望」（二〇〇二年一月閣議決定）で示され「構造改革と経済財政の中期展望─〇三年度改定」（〇四年一月閣議決定）で確認されたが、それは〇六年度までの一般政府の支出規模のGDP比を〇二年度の水準を上まわらないようにすること、および「二〇一〇年度初頭には国と地方を合わせた基礎的財政収支＝プライマリー・バランスの黒字化を目指す」ことであった。小泉首相は就任早々「国債三〇兆円以下」を公約した。しかしこれらはいずれも実行されなかったばかりか、その後財政はかえって悪化し、「財政構造改革」路線の行詰りは明らかとなっていった。

小泉内閣は一般会計の規模拡大を抑え、公共事業を三年連続で削減したが、しかし深刻な経済停滞の継続によって税収は急速な減少を続けピークの一九九〇年度六〇・一兆円（決算）から二〇〇〇年度五〇・七兆円（同）、〇三年度（補正後）四一・八兆円へと激減した。この税収が歳出総額を賄っている比率は過去最低の五一・〇％にまで落ちこみ（第29表）、国家歳出が国債によって賄われている比率は過去最高の四四・五％となった（若干の差は税収以外の収入）。基礎的財政収支＝プライマリー・バランスは〇四年度に赤字一九兆円と拡大しており、「小泉財政構造改革」の掲げたプライマリー・バランスの黒字化の道筋はまったくみえない。

また小泉首相の公約した「国債三〇兆円以下」は二〇〇一年度補正予算でこれを「堅持」した形式をとってはいるが、しかしこれは国債償還に充当すべき「国債整理基金特別会計」のNTT株式売却収入（↓六三頁）を取り崩して赤字を埋め合わせて「国債発行三〇兆円」の形式を整えた「ごまかし」であった。しかも翌年から国債発行は「三〇兆円」を大幅に上まわる拡大を続け、〇四年度予算では小渕内閣の九九年度過去最高の発行額に迫る三六・六兆円に増大した。また特例国債発行は三〇・一兆円で小渕内閣二四・三兆円を超える過去最大を記録した。国債発行依存度も過去最高の四四・五％となる。国債発行残高は四八二・六兆円と小渕内閣三三一・七兆円から大幅に拡大した。この国債発行残高は〇四年度一般会計の税収（予想）四一・七兆円の実に一一・六年分である。また国民一人あたり約三七八万円にもなる。過去最大の危機的財政状況に陥ったのである。

地方財政も一九九一年以降急激に悪化し、二〇〇四年度には文字どおり危機的となった。地方自治体の借入金残高は〇四年度末（見込み）には二〇四兆円になりこれは九一年度に比べ二・九倍、一三四兆円の増大となり、対GDP比は四〇・七%になる見込みである。大都市、その他都市、地方では事情が異なるが、基本的原因は経済状況の厳しさによる税収入の大幅減少のうえに、大規模開発政策・景気対策のための地方債発行の膨張と第三セクター、リゾート法関連事業の失敗である。

こうして二〇〇五年度(予算)では、国債発行残高のほかにあるさまざまな特別会計の借入金等を加えると「国の長期債務残高」は約六〇二兆円にも達し、さらに地方の長期債務残高約二〇五兆円を加えると「国・地方の長期債務」(国と地方の重複分を除く)は約七七四兆円となった。この長期債務はGDPの実に一五一%にも達し、世界最大の財政赤字国となった(第30表)。

EU諸国が経済・通貨統合のための条件を定めたマーストリヒト条約(↓一四五頁)では、国・地方政府等を含めた毎年の財政赤字がGDPの三%を超えないことと、政府の累積債務残高(グロス)の上限をGDPの六〇%とすること等としているが、これと比べると日本財政がいかに惨憺たる状況であるか明白であろう。

しかもこれら国債の保有者内訳をみると日銀が一五・〇%で、その他の公的機関(郵便貯金・簡易生命保険、公的年金、財政融資資金)が四一・四%、以上の公的機関保有合計が五六・四%をも占め、銀行・民間保険会社・企業年金が三三・七%を占めている。公的機関合計を除くと残りの七七%を金融機関等が保有するという金融機関への偏りが注目される。政府は「個人向け国債」発行で個人の購入を促進しているが家計はわずかに二・六%であり、海外も三・七%と低い。日銀の量的緩和政策のもとで、日銀の供給する資金でもって銀行等が企業貸付よりも国債購入を行い、その銀行保有国債を日銀が買い切るという不健全な関係（↓三〇一頁以下）で国債のかなりを消化していることになるが、日銀買切りも現規定の上限に近くなっているし、この関係のこれ以上の拡大はその不健全性からみて危険ラインを超える。国債発行の拡大はその購入面からも困難に遭遇している。

「隠れ借金」・「政府保証債務」残高の膨大化

さらに注目されるのは、「隠れ借金」ともいわれる「政府保証債務」の残高が「小泉構造改革」で大幅に拡大し二〇〇三年度末四八・六兆円にも達していることである。これは「国の行政の一端を担うものとしてきわめて公共性の高い業務を行っている特殊法人等に対し」政府が保証を付けて発行する「政府保証債（内国債）」および「政府保証借入金」の合計である（第31表）。「政府保証債」残高の最大なものは政府系金融機関のものであるが、これは特殊法人や第三セクター等への貸付けを行っており、ここに巨額の不良債権が存在すると予想されるが、これはいずれ国の財政から補塡され国民負担増となる。またこの他に「預金保険機構」や「日本道路公団」等がある。また「政府保証借入金」の大部分が「預金保険機構」借入金で、全体に占める比率は〇二年度末八四%、〇三年度末八二%にのぼる。これはすでにみてきたように、「小泉構造改革」における大手金融機関の不良債権「最終処理」をRCC中心に強行したこと、りそな銀行救済のための一兆九六〇〇億円の資本増強、産業再生機構での不良債権処理と企業再生の一体的処理によるものである。これらはいずれも、「小泉構造改革」によって膨大化してきたものである。これらは国債と同じように、

第30表　国及び地方の長期債務残高の推移と対GDP比

（単位：兆円）

年度末	1980	1990	1995	2000	2003	2004	2005
国	83程度	200程度	297程度	491程度	525程度	570程度	602程度
地方	39程度	67程度	125程度	181程度	198程度	203程度	205程度
国と地方の重複分	−4程度	−1程度	−12程度	−26程度	−32程度	−33程度	−34程度
国・地方合計(a)	118程度	265程度	410程度	646程度	692程度	740程度	774程度
(a)の対GDP比%	48.0	59.1	82.0	125.9	138.0	146.5	151.2

資料出所：財務省財政公表資料，2003年度までは決算，2004年度は補正後，2005年度は予算。

補足：1998年度以降はついに国・地方の長期債務残高は1年のGDPを上回り，04年度以降はGDPの1.5倍にもなってしまった。

第31表　政府保証債務の残高

（単位：億円）

(1)政府保証債（内国債・市場公募分）の残高[1)]

年度末	2002	2003
公営企業金融公庫	167,122	163,384
預金保険機構	61,200	90,000
中小企業金融公庫	25,401	27,650
日本道路公団	15,990	21,049
住宅金融公庫	7,116	7,116
合計	317,017	353,304

(2)政府保証借入金の残高[1)]

年度末	2002	2003
預金保険機構	147,536	108,791
銀行等保有株式取得機構	1,870	8,177
合計	175,538	132,800

資料出所：財務省「政府保証債務」から作成。

注：1. 主要な一部だけを示したので，合計額とは一致しない。

補足：以上のうちすでに損失確定のものもある。返済不能となるものがかなり生じると予想されるので，政府の長期債務に準ずるものといえる。

「預金保険機構」が(1)でも急速に増加し，(2)ではその大部分を占めていることが注目される。

返済が原則であるが、返済不能の場合には国の借金として国の財政が埋め合わせ、財政赤字の拡大となる。

「小泉構造改革」はその成果として、多数の特殊法人の廃止・民営化の実施と金融機関の不良債権最終処理を挙げているが、これらはこうした膨大な「政府保証債務」の累増を生み出しているのである。なお「公から民」へと民営化を強調しながら、政府系金融機関の規模がかえって拡大し、これらが抱える不良債権も拡大が予想されていることも注目に値する。しかも国債費と同様に、現在は超低金利のため金利負担は低いが、金利が上昇すれば「政府保証債務」を拡大する要因となっていく。

小泉財政危機対策の第一は国民負担増

小泉内閣は、このような内容で深化してきた財政危機の解決の第一を社会保障関係の国民負担増と増税に求めていった。二〇〇二年医療保険制度改革（七〇歳以上定率一割負担）、〇三年健保保険料引上げと被用者本人・家族入院費の三割負担、〇三年物価スライド制適用による年金給付引下げ、失業給付額の削減等が相次いで実施された。〇四年には年金制度改革関連法が成立したが、その内容は厚生年金の保険料率の段階的引上げ（一三・五八％から毎年〇・三五四％ずつ引上げ一七年に一八・三〇％へ）、国民年金保険料率引上げ（〇五年四月から毎年二八〇円ずつ引上げ）、給付水準は現役世代の平均的収入の五〇％以上を確保（ただしモデル世帯のみの給付開始時点での推計で将来は不透明)、基礎年金の国庫負担割合を〇九年度までに現行三分の一から二分の一に引き上げること等である(今後、政府も年金を含めた社会保障と税制との見直しを行う方針)。税金面でも〇四年以降、配偶者特別控除の廃止、〇五年以降、老年者控除の廃止等の増税措置が決定された。

小泉内閣は、年金制度の行詰りの根本原因を、高齢化・少子化によって社会保障給付が増大する一方、社会保障費を支払う層が減少しているためであると宣伝し、世代間の不平等を強調している。またすでに「政府税制調査会」の中間答申「少子・高齢化社会における税制のあり方」(二〇〇三年六月)は、財政問題の主な原因を「少子・高齢化」に求め、将来消費税の「二けた税率」や所得税引上げの必要があることを指摘している。しかし戦後の年金制度が始まってから長い期間、拠出積立金が給付金を上まわり巨額の年金基金が存在し、これら基金が財政投融資資金として産業発展に用いられそれぞれに大きく貢献してきたのである。他方、社会保険庁関係のポストは官僚の大量天下り先となっているばかりか、最近明るみにでたように全国一三ヵ所に無駄なグリーンピア(大規模年金保養基地)を建設し建設費一九一四億円を年金財源から支出してきたし(ほかに厚生年金基金などの福祉施設・全国二六七ヵ所、建設費一兆五七〇〇億円支出、公務員宿舎全国四〇ヵ所建設、社会保険事務所庁舎の建設費一二六億円支出等)、その乱脈経営によって年金基金に巨額の損失を与えてきたのである。こうしたもとで最近では国民の年金への不信から国民年金の未加入者が拡大している問題がクローズアップされている。他方、パートタイマー等の厚生年金適用外の非正規雇用者が急激に増加している問題、企業が年金等の企業負担を削減するためにこれら負担のないパートタイマー等の雇用を拡大している問題が生じている。これらは国民年金の未加入の拡大とともに厚生年金加入者の減少によってその基金に打撃を与えている。

「小泉構造改革」が規制緩和、競争市場原理を雇用・労働面にまで適用し、不安定就業者層を急速に拡大していったことは、将来日本において僅かの年金しか受給されない者、受給資格もない者を大量に生み出し、社会保険制度から排除された貧困層を生み出す基礎を作るものであるといっても過言ではない。

また財政危機を税収増大や社会保障関係の保険料増大・給付の減少で解決しようとすることはきわめて誤った政策選択である。これではすでに多くの国民が抱いている将来不安と消費の冷え込みをいっそう強め、経済停滞化を深化させることは明らかである。これまでも国家の景気対策が消費の冷え込みを倍加し経済停滞を深める作用をもっていることを指摘してきた（↓二四一頁以下）が、国民負担増による財政危機緩和政策はその誤りを格段と強化するものにほかならない。

最後に、重要ではあるがここでは取り上げられなかった問題を指摘しておく。

一つは、現状では国際的規模でのインターネット取引の発達が税金徴収を困難にするという大きな問題である。企業だけではなく個々人のあいだでも国際的インターネット取引が拡大するもとでは、税金徴収が困難になるばかりか、税金逃れの手段として悪用されることは不可避である。大規模な脱税が放置されることは国民の納税に対する意識を歪めることになる。

いま一つは、防衛関係費が二〇〇四年度一般会計予算で四兆九〇三〇億円にのぼり、あらたに「弾道ミサイル防衛（BMD）システム」導入、沖縄県の在日米軍基地の整理・統合のための費用などが増加していること、国民の合意のないイラクへの自衛隊派遣費用の未発表部分の追加があることである。

第二節　「現代資本主義の変質」のもとで

「現代資本主義の変質」はアメリカの膨大な貿易収支・経常収支の赤字の恒常化と結びついて、基軸通貨ドルの不安定性の恒常化、膨大な国際的投機的活動の恒常化というこれまで資本主義が経験したことのない事態を生み出した。これとともにアメリカ主導の新自由主義政策は、金融面だけではなくあらゆる経済分野において、また世界中に対して規制緩和・競争市場原理主義・民間活力の活用を推し進め、世界の市場開放を要求していったのである。日本はこのアメリカ主導で展開する新しい変質のもとで、アメリカによる自由化、規制緩和の強い要求に積極的に応じ、それによって規制されつつ、一九八〇年代に新しい展開を遂げてきたのであり、一九九〇年以降の長期にわたる経済状況の悪化もこれらの影響の拡大するもとで進んできたのである。

本書の最後に、日本経済が一九九〇年以降長期にわたって混沌とした状況に陥ったことについて、規制緩和・競争市場原理主義・民活＝民営化の徹底化と、日本がアメリカの不安定なドルに翻弄されつつドルとアメリカを支えている関係に関し、若干の指摘をしておく。

規制緩和・競争市場原理の徹底化と投機的活動の拡張

日本では中曾根内閣が最初に新自由主義政策を取り入れ規制緩和、競争市場原理、民間活力の活用(民活、民営化)を急速に推進していったが、そのさいアメリカを中心とする膨大な投機的活動の恒常化等の新しい事態について充分な知識も準備もないまま、遅れをとらないためにその実施が急がれた。日本はその当時、ME化を基礎にした輸出依存産業の躍進とME化の普及によって経済成長を続け、貿易収支黒字・経常収支黒字の拡大、本格的対外投資の開始、世界一の対外純債権国化を遂げていたので、新しく取り入れた規制緩和、競争市場原理主義は全面的に容認されていった。G5以降の大幅円高もそれを乗り切ることができたから、国際的投機活動のもとで生じたアメリカの株価高騰と暴落(ブラック・マンデー)の危険信号にも気づかずに、日本の政府、官僚、財界やかなりの経済学者はバブルを繁栄の姿とみて疑わなかった。

したがってまた一九九〇年代はじめに輸出依存的成長の破綻、バブルの崩壊が表面化しても、政府はこれまでの経済発展のあり方を問い直し国民生活の充実に根づいた内需主導経済構造への転換をはかろうともしなかったし、バブルが新しい国際的投機的活動のもとでの新しい質のものだという認識もなくバブル崩壊の影響をできるだけ早く除去することもしなかった。景気対策ではそれまでの規制緩和と結合した大規模開発政策を引き継いで公共投資拡大を主要な柱に据えていた。また九七・九八年には大手有力金融機関の相次ぐ破綻に対し大量の公的資金を投入している最中に、東京外為市場・株式市場の低迷を打開するために金融ビッグバンを急遽決定したが、それはこれまで同様に、その影響について充分な理解も準備もないまま、自由化に付随して行うべき規制措置もとらないまま、実施されたのである。

規制緩和と結びついた投機的活動はバブル崩壊後に一時沈静化していたが、アメリカにおける株式の異常高騰＝バブルが日本における再燃を促したうえ、金融ビッグバンは投機的活動の拡大に火をつける役割を果たした。金融ビッグバンによってあらゆる金融取引が銀行にも個々人にも開放されたため、バブル期よりもより公然とした形でハイリスク・ハイリターンの追求が急速に拡がっていった。さらにまた、「小泉構造改革」は規制緩和・競争市場原理主義・民営化による「効率」至上主義を徹底化し、金融ビッグバンを促進・強化していった。すでに指摘したように小泉首相は、二〇〇三年一月末の施政方針演説で、景気回復策の一環として外資の日本に対する直接投資を五年間で二倍にする方針を明らかにした。しかしアメリカのヘッジファンド等はすでに一九八〇年代末以降、日本の株式市場で「空売り」や「信用売り」をはじめさまざまな手法で投機的活動を展開しており、九〇年代中葉以降には外国人投資家（統計上の呼び名）の日本株式の売買におけるシェアは二五％程度となり、機関投資家だけが参加できる市場外取引でのシェアはその倍にもなるといわれている。その後はヘッジファンド・外国の投機筋による日本の株式市場での投機的活動は強まり、不良債権の安値買付け、株式取得による日本企業のM&A（mergers and acquisitions：合併・買収）が活発化し始めており、それをめぐる紛争や弊害も生じていたのである。日本の金融ビッグバンでは徹底的な自由化が、必要な規制措置をほとんどとらずに進められたため、日本企業は外国の投機筋の株式・為替市場の操作やM&A攻勢にさらされていたのである。したがって小泉首相がこうした現実に対しなんらの措置も講じないで、外国の日本に対する直接投資残高を二倍にする方針を掲げるのは事態の危険性を無視した無責任な主張である。

さらにまた「小泉構造改革」は国民に対して、金融資産をリスクをとって運用するよう奨励している。日本の「家計の金融資産」（個人企業を含む、「個人金融資産」とも呼ばれる）は経済停滞のもとで一九九一年三月末一〇四八兆円から増加を続け二〇〇二年三月末には一四一七兆円となり名目GDPの約三倍にもなったが、この内訳をみると「現金・預貯金」が四六・〇%から五四・一%へと上昇し、「保険・年金」は二〇・九%から二九・〇%へ上昇した。リスク・リターンの少ない「安全資産」といわれるこれらの合計は八三・一%である。他方リスク・リターンの大きい「リスク資産」といわれる「証券」（債券、投資信託、株式）は株価の大幅下落によって二七・三%から一三・一%へ低下している。(1)（なお以上の「家計の金融資産」については個人企業の運営資金を含むことの他、金融資産保有の階層格差が拡大していることに注目する必要がある）。日本のこの一三〇〇〜一四〇〇兆円にのぼる「家計の金融資産」の存在がこれまでのアメリカ側の金融市場開放の要求の一因であり、ヘッジファンド等がこれを狙っていることは周知の事実である。

日本の国民が長期にわたる超低金利にもかかわらず金融資産を「現金・預貯金」で保有しているのは、退職・失業・転職や病気に備えてすぐ利用できる形態を望んでいるためと、リスクの無い資産保有を望んでいるためである。国家はこれまで長い間、景気対策のため超低金利を続けることによって国民から金利収入を奪ってきたこと（↓二四二頁以下）に責任があるはずである。リスク商品の氾濫するもとで、国家が国民の希望する安全な預貯金にある程度の金利を保証する義務を果たさないで、国民に向かってリスクをとって金融資産を運用することを奨励するということは非常に無責任なことといえよう。

規制緩和・競争市場原理主義の暴走と投機活動の暴走に対する抑止を

「小泉構造改革」は規制緩和、競争市場原理、民営化を、教育、医療、保育、雇用・労働条件関係の労働法規にまでわたって適用していき、国民生活の根底にまで競争原理・「効率」至上主義を浸透させていったが、これは規制緩和・競争市場原理の暴走ともいえる事態である。国民の生命、健康、豊かで安定した生活を維持するために、国家は教育、医療、保育、労働法規、食の安全、自然環境、空気汚染、住宅環境、山林などについて、規制緩和ではなく、規制を強化すべきことが非常に多いのであり、「民」に委ねるのではなく、国家の責任において実施すべき領域も拡大しているのである。

また「小泉構造改革」では国家政策の中心が金融面に置かれる傾向がそれ以前よりもいっそう強まり、国民生活の安定・食の安全のために必要な生産や農業を安いアジアとの競争市場のもとに委ね、競争市場での敗者は市場から退出するべきであるという競争市場原理が貫徹しつつある。しかしこれまで強調してきたように、雇用の安定、将来不安の除去、消費の冷え込みの是正、国内産業の健全な発展の基礎作りをはかることなしには国内経済を活性化させることは不可能である。

また投機的活動が拡大していき、たんなる投機的操作によって短期に投機的利益を獲得する可能性が拡がっていくことは、企業が手段を選ばぬ手法で利益を獲得する傾向を強め、これまで企業が必要としてきた長期的事業計画を実現する堅実性や社会的信用を保っていこうという姿勢を失わせていく。日本でも世界各国でも、「公」、「民」をとわず、経営者、官僚、政治家をとわず、汚職、腐敗、不正が頻発し、社会では犯罪が横行し、モラルハザード（倫理の喪失）の時代となりつつある。これらがアメリカ主導の国際的投機的活動の恒常化から拡大していったものである以上、その抑止はきわめて困難であるが、しかしこの投機的活動の暴走を抑止していく方法を世界の人々が協力して確立し社会的モラルの回復を実現していかないかぎり、各国経済の安定と再生、国民生活の安定は実現できないであろう(2)。

不安定なドルに翻弄されつつドルを支える日本

アメリカは「現代資本主義の変質」のもとで、金融の自由化・規制緩和・市場開放を世界に要求するとともに、基軸通貨国の特権を乱用して巨額の貿易収支赤字・経常収支赤字を拡大して外国に年々巨額のドルを流出し、ドルの不安定性の恒常化、国際的規模での投機的金融活動の恒常化を生み出していった。

日本経済は変動相場制移行の後、とくに一九八五年G5において、さらには一九九〇年代以降の深刻な経済状態悪化のもとでも、しばしばドル安・円高の衝撃にさらされてきた。その根源には日本が輸出依存的成長の破綻した後も輸出にたよらざるをえない状態を続け、内容は変化し額は減少したとはいえ、貿易収支・経常収支の黒字を維持してきたことがある。アメリカは一九八〇年代以降、膨大な貿易収支赤字・経常収支赤字の拡大を続けているのであるが、アメリカ通貨当局はドル高政策が必要なときにはそれを無視しながら、ドル引下げ・円高を望むときにはたえず日本とのあいだの貿易収支赤字・経常収支赤字を理由にあげるのである。

日本の側は円が異常に高騰するさいにはつねにドル買い介入を余儀なくされるが、これはドルの大幅低下を緩和するとともに購入ドルの多くでアメリカ財務省証券を購入することによってアメリカの財政赤字をファイナンスしアメリカを支える役割を果たすことになるのである。日本経済の深刻さが一段と増大した一九九八年でも、日本のアメリカ財務省証券の保有額二九二六億ドルは世界で群を抜いた第一位で外国の保有額全体の二一・五％にのぼっている。九六年以降はG7でのドル安定（ドル安修正）の合意（逆プラザ合意）とアジア通貨危機によってドル高・円安となるが、それは短期間に終わった。

二〇〇一年以降のアメリカの対テロ戦争の拡大のもとで、アメリカの財政赤字と経常収支赤字の「双子の赤字」は、一九八〇年代はじめに騒がれたレーガン時代の「双子の赤字」をはるかに上まわる膨大なものになり、この基軸通貨国アメリカの無責任な「双子の赤字」のもとで、大幅なドル

第32表　アメリカの財政赤字の推移（会計年度）

（単位：10億ドル）

1980	1985	1990	1995	1998	2000	2001	2002	2004
△73.8	△212.3	△221.2	△164.0	69.2	236.4	127.4	△157.8	△520.7

資料出所：*Statistical Abstract of the United States : 2004-2005*, p. 308.

注：アメリカの会計年度は前年10月から当年9月まで。2004年度は推定。

補足：2001年の対テロ戦争開始により国防支出01年度3505億ドル，02年度3995億，03年度4619億ドル，04年度5141億ドル（推定）（同上資料 p. 327）と膨張，財政赤字はレーガン時代をはるかに上まわるようになる。

第33表　非居住者（公的部門および民間部門）による
アメリカ財務省証券の保有残高（各年末）　（単位：億ドル）

	1995	1998	1999	2000	2001	2002	2003	（構成比）
保有残高計	8,800	13,188	10,804	10,261	10,631	12,541	14,992	100.0%
日本	2,083	2,926	3,010	3,256	3,301	3,853	5,422	36.2%
イギリス	933	2,792	-	365	286	670	583	3.9%
ドイツ	595	1,002	589	507	429	380	438	2.9%
中華人民共和国	368	487	631	623	897	1,243	1,681	11.2%
香港	174	460	409	398	477	444	489	3.2%

資料出所：*Survey of Current Business*, July 1998, July 1999, July 2003, July 2004.

注：イギリスは「アメリカ財務省証券の主要な世界的市場センター」であることから「例外的に巨額な保有高」をもち，取引のための在庫を保有するとともに，非イギリス受益者の仲介者として機能していた（1998年）。*Ibid*., 1998, p. 29. その後は変化する。

第34表　非居住者（公的部門および民間部門）による
アメリカ株式の保有残高（各年末）　（単位：億ドル）

	1995	1998	1999	2000	2001	2002	2003	（構成比）
保有残高計	4,901	11,103	15,261	15,477	14,783	11,862	15,381	100.0%
西欧	2,731	6,863	9,487	10,162	9,159	7,145	9,297	60.4%
うちイギリス	1,254	3,024	3,568	3,810	2,892	2,134	2,693	17.5%
ドイツ	186	515	911	1,110	841	583	725	4.7%
カナダ	577	1,081	1,645	1,566	1,650	1,423	1,925	12.5%
日本	406	816	1,433	1,344	1,269	1,099	1,364	8.9%

資料出所：*Survey of Current Business*, July 1998, July 1999, July 2003, July 2004.

安傾向と、投機による不断の変動によって日本もユーロ圏も振りまわされている。日本経済はあらゆる指標で悪化していたにもかかわらず、ドルの大幅低下・円高騰に対し日本政府は〇三年一月一五日以降〇四年三月一六日までのあいだに、実に三二兆六七九億円にのぼるドル買いを行った(3)(日本のユーロ買い介入は七八五億円)。しかしドル安・円高はその後も修正されないまま、連日ドルの不安定な変動が繰り返されている。ブッシュ大統領はドル高政策をとっていると繰り返しているが、ドルの全面安＝円高・ユーロ高が続いているのに何ら有効な政策をとらないところからすれば、ドル安の事実上の容認といえる。こうしたもとでドル離れ・ドルからユーロへの資金移動が進んでドル安を倍加している。このドル安によるユーロ高・円高のうねりはEU経済、日本経済に打撃を与え経済の不安定化を加速している。ところがアメリカはドル離れ・ドル安が続いても、日本、中国、韓国等のアジア諸国が対米貿易収支黒字を続け、ドルの外貨準備を拡大し、アメリカの財務省証券取得や証券投資を拡大するので、アメリカはドル暴落の心配もなく、貿易収支赤字・経常収支赤字を放置し、ドルの不安定性を放置し続けるのである。第33表に明らかなように、日本の財務省証券保有高は〇一年からのわずか二年で二一二〇億ドルも拡大し、中国が大幅な拡大となっている。外国による財務省証券保有がこの二年で四三六一億ドルも拡大し、そのうち日本がその半分近くを担い、日本の財務省証券保有高は外国保有全体の三六・二%をも占めるようになっている。

ここには序章で明らかにしたようにアメリカの基軸通貨国としての特権の乱用と、特権を乱用しても他国によって支えられていくという構図がいぜんとして続いているばかりか格段と強化されている。これはドル不信に対し外国によるドルのいっせい引揚げやドルでの支払いの拒否によってドル暴落が生じないかぎり続くが、ドル暴落はアメリカ経済のみならず世界経済の大混乱を意味するのでそれを回避しようという外国の力が働くのであり、そのことにアメリカは安住しているのである。

日本が自国の経済が深刻化しているもとでもなお巨額のアメリカ財務省証券を購入し多額のアメリカの財務省証券を保有しているということは、ドル下落傾向が生じたさい、ドル売りでドル減価の損失を回避するよりも、自らの利益を守るためにもドル暴落の阻止に協力せざるをえない、いわば〝運命共同体〟になることを意味している。しかしこのような関係を続け、ますます不安定化するドルに翻弄されつつあることは、日本経済の混沌とした状況をさらにいっそう倍加するものである。いかに困難であっても、以上のようなドルとの関連から脱却していく途を模索していかないかぎり、日本経済の安定と再生はいっそう困難なものとなる。

注

本書では、『経済白書』→『経済財政白書』、『国民経済計算年報』、『通商白書』、『建設白書』、『情報通信白書』、日本銀行『経済統計年報』(九九年以降CD-ROM)や「労働力調査」(総務省)、「家計調査」(同)等によって一般的に確認できる数値については注記を省略した。ただし引用する場合には注記した。なお原則としてすべて西暦とし、白書類の年次も西暦に直して表示した。

序章

(1) 「初期IMF体制」が崩壊した後、IMF改組が検討された。一九七六年一月、IMF暫定委員会で合意が成立し、それに即して「IMF協定改正案」が作成され各国の批准を経て七八年四月に発効した。

この改正では、金にかんする規定をすべて削除し「金・ドル交換」を完全に廃棄するとともに、平価の設定・維持の義務を廃棄し、加盟各国それぞれが適当と判断する「為替取極」を選択できるとした。したがって「初期IMF体制」とはまったく変質してしまったが、名称は同じIMFとなっている。先進資本主義諸国は単独フロートとEC共同フロートを続け、アジア諸国の多くは米ドルとの固定レートを選んだ。

（2）序章では「金・ドル交換」停止、「初期ＩＭＦ体制」の動揺・崩壊、先進諸国の高度成長・高雇用の終焉等についての実証的裏付けは省略したので、井村喜代子『現代日本経済論（新版）――戦後復興、「経済大国」、90年代大不況』（有斐閣、二〇〇〇年）第四章、第五章を参照されたい。

（3）競争の支配する資本主義における恐慌の機能については井村喜代子『恐慌・産業循環の理論』（有斐閣、一九七三年）第三章第三節を、独占資本主義における恐慌の機能の変化と経済停滞についでは北原勇『独占資本主義の理論』（有斐閣、一九七七年）三〇四頁および第三編第四章を参照されたい。

（4）前掲『現代日本経済論（新版）』および井村喜代子「先進資本主義諸国の持続的成長とその破綻」、「現代資本主義の変質と新しい事態・新しい矛盾の展開」（北原勇・鶴田満彦・本間要一郎編著『資本論体系（10）現代資本主義』有斐閣、二〇〇一年、所収）を参照されたい。

（5）*Bank for International Settlements, 60th Annual Report*, p. 146（東京銀行調査部訳『ＢＩＳ国際レポート'90』一七七頁）。

（6）従来、企業年金は年々標準給与等に応じて拠出し、退職後に確定した年金が定給付される「確定給付型年金」が多かった。これに対し「確定拠出型年金」の四〇一（k）は、従業員・雇用主の拠出金を従業員が自己責任で運用するもので、もし運用に失敗して損失を出せば将来の年金が無くなる。企業はこれによって年金積立金の運用費用やリスクから解放される。これは主に証券、とくに株式高騰の時期には株式で運用され、国民の投機的株式運用熱を助長するとともに、株価上昇を促す役割を果たした。

日本でも二〇〇一年に「確定拠出型年金」（日本版四〇一Ｋ）が法的に容認されその導入が始まる。

（7）Milton Friedman, *Dollars and Deficits*, 1968（新開陽一訳『インフレーションとドル危機』日本経

済新聞社、一九七〇年、一八六、一八七、一九一頁)。この理論の誤りの基本は、非現実的な仮定のもとで変動相場制を考察しており、国際収支と為替相場との関連の分析において資本取引の役割をほとんど考慮していないことである。すなわちアメリカが基軸通貨国特権によって巨額の貿易収支赤字・経常収支赤字を恒常化し、そのもとで生み出された世界的な過剰流動性によって膨大な投機的資本取引が恒常的に行われ、この膨大な資本取引が為替相場を動かす大きな役割を果たすという変動相場制の現実的諸条件を考慮していないことである。したがってたとえば投機が安定化に貢献したという主張も、合理的投機業者はドル安にはドルを買うのでドルの値は上がって修正され、ドル高になるとドルを売るのでドルの値は下がって修正されるという単純な想定でしかない。しかしドル安になってもさらにドル安が進むと見込む投機業者はドルを売りドル安を促しドル安とドル売りが相互促進することは一般に起こっている。また巨額の資金を動かせる投機業者は意図的に大量のドル売り(多くは「空売り」)によってドル安を生み出した後にドルを買って投機的利益を獲得することもある。

変動相場制を規定している歴史的・現実的諸条件(一時的・偶発的なものではない)をまったく考慮にいれない理論は理論としての意味をもちえないし、現状分析・政策の基礎理論とはなりえない。

日本では、フリードマンの理論に依拠して変動相場制の自動的均衡化作用を容認する見解が普及していた。たとえば一九七三年版の『経済白書』は変動相場制の理論的特徴を次のようにいう。「第一に、変動相場制下では、国際収支の均衡はほぼ自動的に確保されることであり、第二に、国際収支の不均衡の代りに為替相場の変動が生じることである。すなわち、固定相場制の場合は、国際収支の不均衡によって生じる外国為替の需給のアンバランスは、中央銀行が介入して需給の均衡をはかり、……。変動相場制の場合は、需給のアンバランスは為替相場の変動によって調節される。/第三の特徴は、為替相場の変動が輸出入の相対価格をかえ輸出入量を変化させ、外国為替のアンバランスを縮小させることである。……／第四の特徴は、為替相場が変動することによって、国外における経済変動の衝撃が吸収されることである。……たとえば、世界的インフレーションの国際収支面を通じる波及は抑えられ、不況期における輸出ドライブも働きにくくなる。」（一〇六頁）。なお「投機的な資本移動が盛んになり、為替相場の急激な変動を招くのではないか」ということについては、日本についてはこれらはあまりみられず、「比較的為替相場は安定的に推移している。」（一〇八頁）という。以上のような見解は『通商白書』等にもみられ一般化していた。現実はこうした説明とまったく異なった展開を示していたのであるが。

第I部第一章

（1）国際的にデリバティブが大膨張をとげ、日本企業でもデリバティブの失敗で巨額の損失を出した例が生じていたが、日本政府の理解は乏しかった。『経済白書』が最初にデリバティブを取り上げたのは一九九五年版であるが、そこでは多くの頁が割かれているとはいえ解説であり、デリバティブの機能はリスク回避、リスク配分にあるとされ、失敗例はリスク管理・運用の不充分さのためという。

（2）『経済白書（一九七一年版）』一一〇頁。

（3）前掲井村喜代子『現代日本経済論［新版］』第五章第二節、第六章第二節。

（4）井村喜代子『現代日本経済論――敗戦から「経済大国」を経て』（有斐閣、一九九三年）三九二頁。

（5）日本電信電話公社の民営化により、政府は一九八六〜八八年にNTT株式五四〇万株を市中で売却し一〇兆一九七一億円にのぼる売却ネット収入を獲得した。これは国債償還に充当する「国債整理基金」に繰り入れられた。しかしこれは八七年度補正予算以降、内需拡大のための公共事業、第三セクター（民活法対象事業等）に無利子で貸し付けられた。八七年度四五八〇億円、八八年度一兆二七一七億円、八九年度一兆三〇〇〇億円。ここにも国家による民活化が赤字財政に依拠して出発し、後に返済不能に陥り財政赤字を拡大するという歪んだ関係が表れている。

（6） 一九八九年度末には世界の商業銀行の資産総額の上位一〇位に日本の大手銀行が八行、上位二〇位に一四行が並んでいる（前掲井村喜代子『現代日本経済論〔新版〕』四〇九頁、第六－一〇表）。

BIS規制によって国際的業務を行う金融機関に対し統一的な「自己資本比率」を義務づけることになった背景には、日本金融機関の世界的進出に脅威をもったアメリカ等が、自己資本比率の低い日本金融機関を抑制する意図があったといわれている。

第I部第二章

（1） 『経済白書』等のバブル・バブル崩壊についての認識はきわめて遅れていた。一九九一年版の『経済白書』は、八〇年代後半の地価、株価の高騰に「バブルの要因」が含まれていたと一言指摘しているのみで、全体としてこの資産価格高騰とその崩壊になんの危機意識ももっていない。一九九二年版では「総論」ではじめて「『バブル』の発生と崩壊」というが、「『バブル』の発生と崩壊の短期的な消費、投資等の需要面に及ぼす影響は限定的なものと考えられる一方、各企業において財務体質の悪化について、中期的にその健全化を図っていく、という方向性が出てきている」という認識である。ここでのバブルの規定についての筆者の批判は本文八六頁以下を参照されたい。

以上のような認識では、一九九〇年以降の事態に対し適切な対策をたてられるはずがない。

（2）『経済白書（一九九三年版）』一一三頁。
（3）『通商白書（総論）（一九九〇年版）』二二三頁。
（4）『通商白書（各論）（一九八七年版）、（九〇年版）』。ただしMOS型メモリーは『電子工業年鑑（一九九〇年）七八六頁。
（5）『通商白書（総論）（一九八九年版）』九六〜九七頁。
（6）日本語のバブルは「泡：bubble」であるが、たとえばジョン・K・ガルブレイスの『バブルの物語』の原語は「financial euphoria」であり、訳者はこの訳に苦心の注意書きを書いている（J. K. Galbraith, *A Short History of Financial Euphoria ; Financial Genius is Before the Fall*, 1990〔鈴木哲太郎訳『バブルの物語』（ダイヤモンド社、一九九一年）〕）。E・チャンセラー『バブルの歴史』の〃バブル〃は「financial speculation」の訳である（Edward Chanceller, *DEVIL TAKE THE HINDMOST : A History of Financial Speculation*, 1999〔山岡洋一訳『バブルの歴史——チューリップ恐慌からインターネット投機へ』日経BP社、二〇〇〇年〕）。またそれらがとりあげている旧くからの事例は内容にかなりの差異があって一般的規定を与えることはできない。
（7）『経済白書（一九九三年版）』一二五頁。
（8）同上、一二五〜一二六頁。
（9）同上、一二八頁。
（10）同上、一二八〜一三〇頁。
（11）同上、一三〇頁。
（12）翁邦雄・白川方明・白塚重典「資産価格バブルと金融政策：一九八〇年代後半の日本の経験とその

教訓」（日本銀行金融研究所ディスカッション・ペーパー・シリーズNo. 2000-J-11、二〇〇〇年五月）は、八〇年代後半のバブルにおいて日銀が低金利・金融緩和を続けた理由、それがバブルに及ぼした影響、教訓を分析した興味ある論文である。

日銀が低金利・金融緩和を早く転換できなかった理由を次のようにいわれる。日銀は三回目の公定歩合引下げを行った八六年夏頃からマネーサプライの伸びや資産価格の動向に「懸念を表明し」（一七頁）とくに八八年以降には、景気過熱への「警戒感」を「繰り返し表明していた」が、国際協調の立場、一般物価の安定、景気への期待、それらによって政界・財界・一般国民に理解されなかったことを指摘している。

翁氏たちは金融政策でバブル経済の発生は防げたか？　と設問して次のようにいわれる。「金融政策によってバブルの発生、少なくとも資産バブルの発生は防止できる」ことは一応認められるが、右のような状況下で、「仮に日本銀行としてバブルの可能性が高いと判断し得たとしても十分な確信が得られない中で、一挙に八％まで引き上げることが中央銀行として賢明な金融政策運営であるかどうかは明らかでない」（二二頁）と。政界・財界・国民がバブル経済を歓迎しているなかで、日銀だけではどうにもならないという苦渋の意見とも聞ける。しかしたとえ環境がそうであっても、低金利・金融緩和をあれだけ続けたこととの結果、金融引締めへの転換を行った場合の効果について、もっと突っ込んだ分析が必要であるし、それがないのでせっかくの教訓も明確さを欠いたものになっている。

結局、翁氏たちは日銀等（日銀だけではなく、一般の議論を含むようである）では「バブルの弊害に関する認識」が不足していた、「バブルが崩壊した場合の影響は、バブルの発生・拡大時の影響に比べて非対称的に大きいとの認識が不足していたということになろう」（三三頁）といわれる。

しかしこれではあまりにも一般的であろう。筆者の最大の不満は、翁氏たちが、この長文の論文で、日銀の低金利・金融緩和政策の長期継続のもとで、民間金融機関がいかに膨大な信用膨張をしたか、日銀政策がそれらに対してどれだけ関与していたかについてほとんど論及されていないことである。日銀政策がバブルを発生させたか、あるいはバブルを防げたかということを問題にする場合、日銀が直接、投機的取引を行う業者に融資するわけではないので、必要なことは民間金融機関が投機的取引に膨大な資金供給を行ったことに対し日銀の政策がどのように関与していたかを分析することのはずである。

(13) 翁氏たちの論文では、一九八七年二月、公定歩合をこれまでの最低の二・五%に引き下げた後、「できるだけ早く金利引き上げを図りたい」と考えていたが、「しかし、現実には一九八七年五月の中曾根首相・レーガン大統領の会談後の共同声明において、日本銀行の短期金利オペレーションについて言及がなされ、短期市場金利はさらに引き下げられた」(前掲論文、一七頁)という。また参考資料では、数度の公定歩合引下げの決定された日が、FRBの公定歩合の引下げや宮沢蔵相・ベーカー米財務長官の共同声明等の日と同一であったことの一覧が載っている(前掲四五頁、表2)。

(14) 「大型景気の下における企業経営動向について―『平成元年度主要企業経営分析』から」(日本銀行『調査月報』一九九〇年一一月号)一七頁。「平成元年度の金融および経済の動向―大型景気の実現と対外収支調整の進展」(同上、一九九〇年五月号)でも、「大企業製造業では、設備投資が極めて旺盛となっている最近時においても、実物投資をほぼ全額内部資金の増加分で賄える状態にある」という(三二頁)。

(15) 同右『調査月報』一九九〇年一一月号、一八頁。

(16) 以上はすべて日本銀行『経済統計年報（一九九二年）』による。
(17) 『経済白書（一九八九年版）』二八〇頁。
(18) 『経済白書（一九四七年版）』二八〜二九頁。「戦災によるもの」二一〇万戸、「疎開取壊」五五万戸、「海外引揚者の需要増」六七万戸、「戦時中の供給不足数」一一八万戸、合計四五〇万戸から、「戦災死による需要減」一〇万戸と「戦後の建設戸数」四〇万戸を控除した四〇〇万戸が現在の住宅不足数。これに火災、自然腐朽、世帯の自然増加の計二〇万戸を加えた四二〇万戸が現在不足し必要な額という。なお戦後直後の住宅建設は「真面目な勤労者の住宅よりも、インフレ利得者等の住宅建設が比較的容易に行われた傾向があった」と指摘されている（同二九頁）。
(19) 『建設白書（一九六〇年版）』四三頁、第一八表。
(20) 三井不動産（株）企画調査部『不動産関連統計集（第二三集）』（二〇〇〇年）六七頁。
(21) 日本銀行『経済統計年報（一九九二年）』により、全国銀行、信用金庫、住専、住宅金融公庫等すべての「住宅信用供与（割賦返済方式分）」新規貸出額を集計したものである。
(22) 同右年報による。
(23) 『経済白書（一九九三年版）』一六四頁。
(24) 『経済白書（一九八九年版）』では第四章第五節1のタイトルが「『資産大国』への課題」となっている。

第II部序節・第一章

(1) 序節の「アメリカの世界的覇権の強化と経済再生」についての実証的裏付けは、前掲井村喜代子

『現代日本経済論（新版）』第七章序節を参照していただきたい。

アメリカ経済の統計数値は、*Statistical Abstract of the United States : The National Data Book*. U. S. Dept. of Commerce, *Survey of Current Business*, *The Annual Report of the Council of Economic Advisers*（「CEA年次報告」）の各年による。日本では「CEA年次報告」と毎年年初の「大統領経済報告」は『アメリカ経済白書』（『エコノミスト（臨時増刊）』毎日新聞社、以下の引用はこれによる）として訳されている。

（2）『'99アメリカ経済白書』二二頁。

（3）人の遺伝情報の全体［ヒトゲノム］の解読は情報通信革命によって急速に進み、二〇〇〇年六月二六日、クリントン米大統領は国際研究グループ（米英を中心とし日独仏中を加えた六ヵ国）と独自開発を行ってきたアメリカ民間企業のセレラ・ジェノミクス社とが「ヒトゲノムのほぼ全体像」を解読したと公表した。

（4）八木健編『図説国際金融』財経詳報社、一九九六年、一七四頁。

（5）ＢＩＳ調査で対象国はアメリカ、日本、イギリス、ドイツ等の主要一〇ヵ国（『朝日新聞』一九九八年一二月二三日）。

（6）『'99アメリカ経済白書』一七五頁。

（7）『経済白書（一九九七年版）』三頁。

（8）『'94アメリカ経済白書』一八八～一九二頁。

（9）このため、国家が公定歩合の引上げ、不動産融資の規制を実施したことが不良債権を発生させたという批判が少なくないが、この批判は的外れである。

第一に国家政策のより大きな誤りは、この公定歩合の引き上げ、不動産融資の規制通達をもっと早く、地価高騰の初期において出すべきであったことである。しかしその政策をとらないでバブルを放置してしまった以上、その後に国家のなすべき政策はこのバブルによって生じる弊害をできるだけ早く処理することである。そこで経済低迷、倒産、混乱が生じるのは避けられないことである。

国家政策のいま一つの誤りは、公定歩合の引上げ、不動産融資の規制の政策をとるさい、それが惹起する資産価格の下落、投機的買付けの失敗、それらに融資していた金融機関の不良債権の発生をいちじるしく過小に見ており、したがって慌てて政策を反転させたことである。結局はバブル崩壊の契機を与えただけで、その弊害を除去することもなく、不良債権発生、金融機関の経営危機に対し一時しのぎ的対応策をとったことである。

(10)「一九九五年建設部門分析用産業連関表」(建設省)「概要」による。

(11)日本ではかつて株価下落に対し「株式買上げ機構」を設立した経験があった。一九六四・六五年の不況下で株価急落・証券業界の経営悪化が深刻化したのに対し、六四年一月株を買い上げて株価下落を阻止する目的で銀行・証券会社一八社が出資して「日本共同証券」を設立したが、これは多額の利益をあげて七一年一月解散した。この経験がＰＫＯのきっかけになったといわれているが、しかしこの経験は株価維持機構が株価維持に有効だという経験をつたえるものでは決してない。むしろ経済状況の本格的回復(いざなぎ景気)がなければ株買上げ機構が効果をあげられないことを示していたのである。また六四・六五年の株式市場の規模は九〇年頃に比べはるかに小規模であった。

第II部第二章

（1）国土交通省発表（『朝日新聞』二〇〇四年一二月七日）。

（2）以下、倒産とその負債については「帝国データーバンク情報部」資料による（帝国データーバンク情報部『倒産情報』講談社、二〇〇一年、同『大倒産最終章』日本実業出版社、二〇〇二年、および同ホームページ）。

（3）国土交通省都市・地域整備局「リゾート関係第三セクターの状況に関する調査結果」。

（4）国土交通省都市・地域整備局長ほかによる通知（全文、同省に情報請求）。

（5）総務省自治財政局長は、各都道府県知事、各指定都市市長宛に「第三セクターに関する指針の改定」を通知し、「点検評価の結果を踏まえつつ、必要に応じて、事業の見直し、廃止、民間譲渡、完全民営化等を行うことが望まれます」、「経営悪化が深刻化し第三セクターの存続が危ぶまれる場合には、問題解決を先送りすることなく、法的整理を含め抜本的な対応を行う必要があります」という。（全文、総務省ホームページ）。

しかしこのようなことは一〇年前に通達すべきことであったと考える。

（6）総務省二〇〇二年「第三セクター等の状況に関する調査結果」（全文、総務省ホームページ）。第三セクターの三五・九％が赤字である。

（7）シーガイヤについては、各種新聞、「帝国データーバンク」資料を参照してまとめた。

（8）総務省「二〇〇三年度土地開発公社事業実績調査結果概要」（〇四年一二月、総務省ホームページ）。土地開発公社の赤字拡大のため、〇一年頃から解散によって公社数は減少し、保有地も減少している。

年間の公有地先行取得額が最高水準であったのは九一年度三・七兆円、九二年度三・一兆円で九六年度まで二兆円台を維持していた。明らかに国家政策による拡大である。

(9) キャリートレードは異なる通貨において、金利差益と為替差益を求めて行われる投機的取引である。超低金利の日本の円は、しばしばヘッジファンド等によって大量に借り入れられ、多くはドルとして、為替差益だけではなく、各種の投機的利益を求めてアジア、アメリカで運用される。

(10) LTCMはノーベル経済学賞受賞のマイロン・ショールズ氏、ロバート・マートン氏や元FRB副議長デービッド・マリンズ氏も経営に参加して信用を高め急成長し、アメリカ最大のヘッジファンドといわれていた。投資家から集めた二二億ドルを担保に銀行から一二五〇億ドル借り入れて証券を購入、その証券を担保にデリバティブ契約を重ね、投資活動約一兆二五〇〇億ドルにのぼったという。ヘッジファンドのなかでも驚異的なレバレッジ(「てこ」の効果)で膨大化させた資金を動かし、失敗した。その破綻の影響は世界的に大きいので、アメリカの大手一四行が救済に乗りだしかろうじて生き残った。

(11) 第三項の「公的資金」の投入実績については、預金保険機構『預金保険機構年報』(各年、二〇〇三年度まで)を利用した。

(12) 同右。

(13) これは金融再生委員会「日本長期信用銀行に係る金融再生法第六二条に基づく損失の補てん」(二〇〇一年一月)、日本長期信用銀行「確定基準日(二〇〇〇年二月二九日現在)貸借対照表(確定版)」、「特別公的管理の破綻処理」業務概要(以上金融再生委員会ホームページ)、および預金保険機構『預金保険機構年報』(各年)から公式に記載されている額のみを筆者がまとめたものである。ただし「瑕疵担保条項」により預金保険機構が買い戻した債権額（〇四年三月末、条項終了後）は国会答弁で明らかになったもの（『朝日新聞』二〇〇四年一二月一日）。なお預金保険機構による長銀保有株式の買上げは二兆二八〇〇億円という記録もかなりあるが、その根拠ははっきりしなかった。

以上で注目されるのは政府・金融再生委員会はこの経緯、内訳、損失見込み等について、国民に説明義務を果たしていないことである。交渉過程では交渉中という理由で秘密にされ、破綻処理が終わっても正確な全部の情報開示はない。

(14) 二〇〇〇年三月一五日の参議院財政金融委員会で、谷垣禎一金融再生委員長（当時）は長銀の破綻処理費用が膨大となったことについての質問に対し、「清算するのが一番高くつく。特別公的管理（一時国有化）は真ん中。一番安くついたのは、どこかの金融機関と合併することだった」と答弁した（『朝日新聞』二〇〇〇年三月一六日）。

(15) 日債銀については「日債銀買収に係る基本合意書」（二〇〇〇年六月六日締結）、「特別公的管理の破綻処理」業務概要（金融再生委員会ホームページ）、預金保険機構『預金保険機構年報』（各年）により公的記載額のみを筆者がまとめたもの。ただし「瑕疵担保条項」による預金保険機構の買い戻し債権額（〇四年三月末、条項終了後）は国会答弁で明らかになったもの（『朝日新聞』二〇〇四年一二月一日）。

(16) 『朝日新聞』二〇〇二年五月一四日。

(17) 金融当局はこれまでの巨額の「公的資金注入」と大型金融グループ誕生により金融システムは安定したと楽観視していたが、二〇〇三年五月「りそな銀行」と持株会社「りそなホールディングス」が経営危機に陥り「公的資金注入」を申請した。三月末、りそな銀行の自己資本比率は二％前後に落ち込み「りそなホールディングス」の連結自己資本比率は三・五%程度の見込みとなった。「スーパー・リージョナル・バンク（大型地域金融機関）」を掲げて大和銀行ホールディングスが中心になって確立したが、その直後の経営危機であった。

今回は「預金保険法第一〇二条」に基づく「内閣総理大臣による例外的な措置の必要性の認定」によってその「第一項に基づく第一号措置（資本増強）」として一兆九六〇〇億円の公的資金が注入された（『預金保険機構年報（二〇〇三年度）』九〜一〇頁、七五頁）。

りそなグループには一九九八・九九年にすでに一兆円を超える「公的資金注入」が行われていたので、計三兆円を超す「公的資金注入」である。これによって政府は五割を超える普通株（議決権）をもつことになり事実上の国有化であるが、旧長銀・旧日債銀に適用された「特別公的管理」（一時国有化）とは異なり、株式上場も継続し株が無価値になることもなかった。

これに対し竹中金融相は「破綻処理ではなく再生のため」であると強調している。しかし「小泉構造改革」では金融機関の監督・監査による金融機関の「健全化」が強調されてきたのに、このような危機的状況に陥るまで把握できていなかったことに対し金融当局には大きな責任がある。

しかもこれだけの特別措置が行われるということは破綻状況のものを金融当局が「再生」させようとしたことであって、たんなる「再生」措置というにはあまりにも巨額の特別措置である。この三兆円を超える「公的資金」が果たして返済されるのか不安定要素もある。またこの措置では、金融関係当局の裁量で破綻状況の銀行の「破綻」と「再生」が左右されるという不透明さが残ることになった。

このことは、その直後に破綻した足利銀行についての金融当局の処置をめぐって大問題となる。

（18） 総務省統計局「全国消費実態調査（一九九九年）」は全国五万四七九二世帯（世帯人員二人以上）

を対象に行った調査である（総務省統計局ホームページ）。この調査は五年ごとに実施されている。

(19) 総務省統計局「家計調査（二〇〇二年）」（総務省統計局ホームページ）。住宅ローン返済世帯の占める比率も同上調査。

(20) 『朝日新聞』二〇〇五年一月二九日。

(21) 『経済財政白書（二〇〇二年版）』一六三〜六四頁。

(22) 倒産については前掲「帝国データーバンク情報部」資料（第II部第二章注2）による。

(23) 『情報通信白書（二〇〇三年版）』一四頁。

(24) これらについては、『情報通信白書』各年版、『電子工業年鑑』（電波新聞社）各年、日本ビジネス開発（株）『IT白書（二〇〇三年秋号）』、機械振興協会経済研究所『わが国機械産業の展望と新産業創生』（二〇〇四年三月）等を参照した。

(25) 戦後の農地改革の問題点とその後についての筆者の見解は、前掲井村『現代日本経済論（新版）』で明らかにしている。

(26) 日本の大企業における「長期雇用制度」は定年制を前提としており、就業者の大部分は定年後に再就職を余儀なくされている。定年は延長されてきたが、昇格・昇給なしや嘱託等のもの、定年前の関連会社への再就職等が少なくない。筆者はこのような「長期雇用制度」を「終身雇用制」と呼ぶことは「内容的にまったく不適当である」と反対してきた。前掲井村『現代日本経済論』（旧版）二〇七〜一一〇頁。

(27) 前掲『現代日本経済論』（旧版）二一二〜一一三頁。

(28) 日本におけるＢＳＥ問題は「食の安全」の侵害、薬害問題等に共通するものがある。問題は、最初に発生したイギリスがその感染経路はBSE発症牛を原料とする肉骨粉であると判定し、日本政府はその報告や使用禁止の勧告を受けながら、その輸入・使用の禁止措置をとらなかったことである。ついに二〇〇一年九月BSE牛が発生し数頭となった後に〇二年六月BSE対策法が成立、これにより肉骨粉の輸入・使用の禁止や死亡牛のBSE検査等を法的に実施することになった。

また二〇〇一年BSE対策として解体牛肉買取り制度が設けられたのに対し、雪印食品が輸入牛を国内牛と偽装して業界団体に買い上げさせた事件が発生、その後牛肉偽装表示が拡大、同年日本ハムの偽装工作による買上げも発覚した。

政府、官僚、業界の「食の安全」に対する注意の欠如とモラルの喪失の深刻さが社会に衝撃を与えた。

(29) 「小泉構造改革」についての引用はすべて、「今後の経済財政運営及び経済社会の構造改革に関する基本方針」(二〇〇一年六月)、いわゆる「骨太の方針」以降の一連の公式文書による。

(30) 小泉首相は二〇〇三年一月三一日の「施政方針演説」で次のようにいう。「海外から日本への直接投資は、新しい技術や革新的な経営をもたらし、雇用機会の増大にもつながります。脅威として受け止めるのではなく、日本を外国企業にとって魅力ある進出先とするための施策を講じ、五年後には日本への投資残高の倍増を目指します」(内閣府ホームページ)。

(31) 『経済財政白書(二〇〇一年版)』八〇〜八二頁。

(32) 二〇〇二年度「会計監査院決算検査報告」データーベース(会計監査院ホームページ)。これはRCCが旧住専から引き受けた債権約四兆六六〇〇億円の残部にかんするもので、RCC全体の不良債権買取り・回収については、このような赤字発生の可能性ははるかに大規模に存在する。回収が長期にわたって行われることになっているので、赤字発生の可能性、国による埋め合わせ・国民負担の現れるのが先送りされているのである。

(33)「特殊法人等改革の成果」(行政改革ホームページ)による。

(34)『経済財政白書(二〇〇三年版)』七三～八一頁。ただしそこでは、マネタリーベースの高い伸びにもかかわらず、民間金融機関の貸出しが増大しなかった主要な原因を、「金融機関は、多額の不良債権を抱え、リスク許容力が低下したため、新たなリスクをとることに慎重になっていること」、「過剰債務を抱えた企業を中心に信用リスクが上昇し」ていることに求めている。「したがって、政府は、不良債権処理を促進し、一刻も早く間接金融の正常化を図るなど」が必要だというのである(八〇～八一頁)。

しかし、問題は経済停滞化のもとで企業の側に旺盛な資金需要がないことであって、不良債権を処理さえすればそれによって健全な資金需要・資金供給の関係が生じるわけではない。また金融機関がリスクをとることに慎重になって中小企業に対し貸し渋ることについては、政府が急速な不良債権処理を迫ることがその原因の一つになっているのである。

(35)日銀の二〇〇二年九月一八日の公表文(日銀ホームページ)。

(36)経済企画庁物価局『物価レポート一九九九』三五頁。

(37)『経済白書(一九九四年版)』第二章第四節のタイトルは「ディスインフレーションの進行」である。

(38)内閣府ホームページ。

(39)『経済財政白書(二〇〇一年版)』三九頁。

(40)インフレ・ターゲット論にも差異があるが、ここでは代表的論者である岩田規久男氏の説を中心に取り上げる。参照は、①岩田規久男『デフレの経済学』（二〇〇一年、東洋経済新報社）、②「金融政策を大転換せよ」（岩田規久男編『まずデフレをとめよ』（二〇〇三年、日本経済新聞社）、③「予想形成に働きかける金融政策を：小宮論文批判」（小宮隆太郎・日本経済研究センター編『金融政策論議の争点――日銀批判とその反論』（日本経済新聞社、二〇〇二年）、④「〝金融緩和無効派〟の矛盾を指摘する」（『エコノミスト』二〇〇二年五月二八日号、毎日新聞社）、⑤新聞論評「上限決めてインフレに」（『朝日新聞』二〇〇二年九月七日）、「日銀はインフレ約束を」（同二〇〇三年一月二一日）等。引用は主として①による。

(41)　岩田①、八四頁。

(42)　岩田①、一二三～二四頁。フリードマンの主張に依拠したもの。

(43)　岩田①、一五八～五九頁。

(44)　岩田①、三五五～五八頁。

(45)　二〇〇二年一〇月三日、竹中金融担当相は日銀速水総裁との会談で、日銀総裁に、「インフレ目標」の導入を要請したと報道されている（『朝日新聞』二〇〇二年一〇月五日）。〇三年一月二七日衆議院予算委員会での答弁でも「インフレ目標を掲げること」の効果を述べている（同、〇三年一月二七日夕刊）。

終りに

(1)　日本銀行「資金循環統計」による。

(2)　アメリカのエール大学教授ジェイムズ・トービンは、外国為替市場での行き過ぎた投機を抑制するために、短期的な国際資本の移動に課税することを提案したが、アメリカでも日本でもこの提案への論議は少ないし、ジャーナリズムでも取り上げられていない。

本書で強調してきたように、投機は「現代資本主義の変質」によってこれまでの投機とは異なって、恒常的に大規模に展開し、その弊害は社会のすみずみにまでに及んでいる。したがって国際的にこの投機を抑制していくことは、現代の経済、さらには社会にとって最も重要な課題の一つと考える。

投機の抑制と関連して、「初期IMF体制」崩壊後にアメリカの要求によって世界中に広がっていった国際資本の移動の全面的自由化についても、IMFが積極的に容認しているが、各国の経済状況によって一部制限を容認すべきものと考える。ヨーロッパではアメリカのグローバル化への対応として検討が始まっているし、ユーロのもとで今後これらが論議されていくと予想される。

(3) 日銀公表の毎月の為替介入額から計算したもの。

あとがき

二〇〇五年は新年早々から大きな事件が相次いだ。長いあいだ膨大な有利子負債を抱え金融機関の不良債権増大の一因となってきた大手総合スーパー・ダイエーの「産業再生機構」による不良債権処理と再生、および西武鉄道の有価証券報告書虚偽記載に端を発しグループ支配者の堤義明氏の逮捕にいたった西武グループ解体の始まりについで、ライブドアとフジテレビによるニッポン放送株式争奪戦が連日テレビで放映され多くのメディアで騒がれた。また四月二五日には尼崎で一〇七名の死者、四六〇名の負傷者を出した痛ましいJR西日本の脱線事故が発生した。「民営化」議論では、「民営化」による採算性向上、効率上昇、技術向上、サービス改善の成功例としてしばしば引き合いに出されていたJRであるが、ここで明らかになったのは採算性・効率性のみを追求したためのスピード運転、過密ダイヤ、不充分な自動安全装置のもとでの一人運転制等と、大惨事におけるJR西日本勤務者のボーリング大会や宴会等、信じられないような人心荒廃の姿であった。

JRの悲しい事故の背景を含め、これらはいずれもが本書で注目してきた問題の象徴的な表れであって、このことは本書の分析の妥当性を示すもののように思われた。

私は本書のタイトルにはじめて「混沌」という概念を用いた。これは一九九〇〜二〇〇四年現在における日本経済の状況が「恐慌」、「金融恐慌」、「大不況」、「経済停滞」、「長期停滞」というようなこれまでの経済学的概念のあてはまらないものであり、このような経済学的概念では解明できないものであるというかねてからの私の見解を鮮明に示すためであった。投機は資本主義成立の前から存在していたし、金融が実体経済から離れて独自の展開をとげるということは資本主義の競争段階での金本位制のもとでも生じていたので、現状をそれらの深化として把握する見解が少なくない。しかしたんなる量的な拡大・深化としたのでは、日本経済がこれまで経験したことのない新しい深刻な事態に陥っていることを明らかにすることはできない。

私は一九九三年に出版した『現代日本経済論―敗戦から「経済大国」を経て』(有斐閣)においてすでに、第二次世界大戦終結後における資本主義の変貌＝「現代資本主義」の特質と、さらに七〇年代の「金・ドル交換」停止・「初期IMF体制崩壊」と新自由主義政策によって生じた「現代資本主義の変質」に注目して、それらとの関連で日本経済の展開を解明する立場にたっていた。二〇〇〇年の『現代日本経済論〔新版〕』では「現代資本主義の変質」の影響がさらに格段と拡張していったことに注目して、「旧版」の分析に加筆し、九〇年代の日本経済分析を追加した。

ところが〔新版〕を出版した直後の二〇〇〇年以降、日本経済はいっそう深刻な状態となった。これに対し「構造改革」を掲げて小泉首相が登場するが、強力な諸政策をとっても事態はいっこうに解決されずに新しいより強力な政策が発動されることが繰り返され、政策も経済もすべてが「混沌」たる状態に陥っていった。〇一年アメリカでは繁栄の終焉・株価の大幅下落が始まったところに、九月に同時多発テロが発生、アメリカ主導の対テロ戦争の拡大と泥沼化が進み、戦争も経済も先行き不透明な状況に陥っていった。

私は本書で、一九九〇年以降、国家政策も経済もすべてが「混沌」たる状況に陥っていった全貌を、その根源である「現代資本主義の変質」にもとづいて明らかにしようとした。そのさいできるだけ基本的な関連・特質を摘出したいという願望をもっていたが、しかし「混沌」たる状態に陥った全貌を明らかにするという課題とこの願望とを両立させることは、その性質からしてきわめて困難なものであった。試行錯誤したものの、「混沌」とした全体像を明らかにするためにはどうしても多様な問題を取り上げた雑然とした構成とならざるをえなかった。こうしたなかから多様な問題が錯綜し展望も見出せない日本経済の厳しい実態を理解していただくことを願うのみである。

とはいえ本書はいくつかの重要な問題を対象から除いている。アメリカ主導の対テロ戦争はイラクにおいても終わることなくさらに世界的に拡がる危険性をもっているが、本書ではそれがアメリカ経済へ及ぼした影響に言及しただけで、この新しい戦争を取り上げてはいない。また世界的に問題となってきている人間の生存を脅かす自然破壊・環境破壊の問題も今後の課題として残されている。

本書は共同研究者である北原勇の協力に支えられてなんとか完成することができたが、私たちが痛感したことは、世界の経済も日本経済もいっそう複雑で波乱と変動に充ちたものとなり先行き不透明となり、日本経済の総体的把握はますます困難となってきたということである。だが困難であればあるだけ、意欲を燃やして今後の日本経済分析に挑戦していきたいと考えている。

最後になったが、お世話になった方々に厚くお礼を申し上げる。資料収集については慶應義塾大学経済学部、同大学院博士課程の私のゼミナール出身者である栃木晃氏（土地関連）、田上幹夫氏（新聞報道）、河原田麻衣子さん（公共投資ほか）に協力していただいたほか、多くの方々の協力を得た。河原田さんには煩雑な校正についても協力してもらった。

勁草書房の宮本詳三氏には予定枚数をはるかに超えた本文、煩雑な図表や資料等と校正段階での修正でご苦労をおかけしたうえ、読みやすくするための貴重な助言をしていただいた。印刷関係の方々には面倒な仕事と修正でご苦労をおかけした。

私のささやかな仕事のために苦労をともにして下さった皆さんに心からお礼を申し上げる。

二〇〇五年五月三日

井村　喜代子

著者略歴

1930 年　金沢市に生まれる
1952 年　慶應義塾大学経済学部卒業
1958 年　慶應義塾大学大学院経済学研究科博士課程修了
1955 年　慶應義塾大学経済学部副手，その後，専任講師，助教授，教授
1995 年　定年退職　慶應義塾大学名誉教授
経済学博士

主著『恐慌・産業循環の理論』有斐閣，1973 年
『「資本論」の理論的展開』有斐閣，1984 年
『現代日本経済論――敗戦から「経済大国」を経て』有斐閣，1993 年
『現代日本経済論〔新版〕――戦後復興，「経済大国」，90 年代大不況』有斐閣，2000 年

日本経済――混沌のただ中で

2005 年 6 月 15 日　第 1 版第 1 刷発行
2007 年 4 月 25 日　第 1 版第 2 刷発行

著　者　井《い》村《むら》喜《き》代《よ》子《こ》

発行者　井　村　寿　人

発行所　株式会社　勁《けい》草《そう》書　房

112-0005 東京都文京区水道 2-1-1　振替 00150-2-175253
(編集) 電話 03-3815-5277／FAX 03-3814-6968
(営業) 電話 03-3814-6861／FAX 03-3814-6854
精興社・鈴木製本

ISBN978-4-326-55049-4　Printed in Japan

＊落丁本・乱丁本はお取替いたします。

http://www.keisoshobo.co.jp